THOMAS B. ALLEN
Besessen
DIE WAHRE GESCHICHTE EINES EXORZISMUS

Aus dem Amerikanischen
von Hans-Joachim Maass

W0034574

GOLDMANN VERLAG

Originaltitel: Possessed
Originalverlag: Bantam Books, a division of Bantam Doubleday
Dell Publishing Group, Inc., New York

Der Abdruck der Texte aus dem *Rituale Romanum*
erfolgte mit freundlicher Genehmigung
des Christiana Verlags, Stein am Rhein/Schweiz.

Umwelthinweis:
Alle bedruckten Materialien dieses Taschenbuches
sind chlorfrei und umweltschonend.
Das Papier enthält Recycling-Anteile.

Der Goldmann Verlag
ist ein Unternehmen der Verlagsgruppe Bertelsmann

Ungekürzte Taschenbuchausgabe Juli 1995
© der Originalausgabe 1993 by Thomas B. Allen
© der deutschsprachigen Ausgabe 1993 by
C. Bertelsmann Verlag GmbH, München
Umschlaggestaltung: Design Team München
Umschlagfoto: TIB/Obremski, München
Druck: Elsnerdruck, Berlin
Verlagsnummer: 43035
SK · Herstellung: Stefan Hansen
Made in Germany
ISBN 3-442-43035-6

10 9 8 7 6 5 4 3 2 1

Zum Gedenken an
Pater William S. Bowdern, S. J.

Inhaltsverzeichnis

Vorwort

Im Jahre 1973 begann die Propagandamaschine von Hollywood, für den Film *Der Exorzist* die Werbetrommel zu rühren, einen Horrorstreifen, der nach dem gleichnamigen Bestseller gedreht worden war. In Buch und Film geht es um den Exorzismus eines zwölfjährigen Mädchens, das von Teufeln besessen ist. Der Roman hatte das Interesse der Öffentlichkeit an dem uralten Mysterium der Teufelsbesessenheit wiederbelebt. Der Film mit seinen realistisch wirkenden Spezialeffekten bewirkte noch mehr. Er barg weit mehr als den üblichen Horror-Hokuspokus. *Der Exorzist* sprach tiefsitzende Schichten des Unbewußten an und setzte namenlose Ängste frei.

Der Film brach Zuschauerrekorde und löste so viele Anfälle von Hysterie aus, daß in einigen Großstadtkinos Krankenschwestern bereitstanden. Kinobesucher fielen in Ohnmacht oder mußten sich übergeben. Viele Menschen bemühten sich um psychiatrische Hilfe, um Ängste loszuwerden, die sie sich nicht erklären konnten. Psychiater begannen über Fälle von »Kino-Neurose« zu schreiben.

Unter den Kinobesuchern waren auch zwei Priester, Pater William S. Bowdern und Pater Walter Halloran, Angehörige der Jesuitengemeinschaft an der St. Louis University. Sie sahen sich den *Exorzisten* in einem Kino in St. Louis, Missouri, an, einer eher langweiligen Stadt im Mittelwesten, die nur wegen ihrer Brauereien und ihrer Baseball-Mannschaft bekannt geworden ist und bislang nicht durch Mystizismus aufgefallen war. Doch genau in dieser Stadt hatte Bowdern einen echten Exorzismus vollzogen, bei dem Halloran ihm assistiert hatte. Dieser Exorzismus hatte den Anstoß zu Buch und Film gegeben.

Pater Bowdern war zeitlebens überzeugt, aus einer gepeinigten Seele einen Teufel ausgetrieben zu haben. Er war auch der Meinung, daß Enthüllungen über den Exorzismus den Menschen helfen würden, die Realität des Bösen zu verstehen. Doch Bowdern hatte seinen Oberen versprochen, den Exorzismus geheimzuhalten.

In der fiktiven Filmfigur der Regan MacNeil war der Junge versteckt, der zu Buch und Film die Anregung gegeben hatte. Der Firnis des Fiktiven überdeckte eine schreckliche Realität. Es hatte tatsächlich einmal einen Jungen gegeben, der besessen gewesen war. Es hatte einen echten Exorzismus gegeben. Ein realer Junge hatte reale Schrecken durchlitten. Die Geschichte seiner Besessenheit ist bis heute nie erzählt worden.

Ich kann diese Geschichte jetzt vorlegen, weil ich durch eine ungewöhnliche Reihe von Zufällen das Tagebuch über diesen Exorzismus in die Hände bekommen habe, das auf Bitten des Exorzisten – Pater Bowdern – geführt worden ist.

Als ich mich für diesen Exorzismus zu interessieren begann, wußte ich noch nichts von der Existenz des Tagebuchs. Ich wußte nur das, was ich in einem Zeitungsartikel gelesen hatte, der meine Neugier geweckt hatte: daß es einen lebenden Zeugen des Exorzismus von 1949 gab, der den Anstoß zu Blattys Roman und dem späteren Film gegeben hatte. Dieser Artikel in einer Klatschspalte der *Washington Post* teilte in wenigen dürren Worten mit, ein Priester, der an dem Exorzismus teilgenommen hatte, habe einem Reporter in Lincoln, Nebraska, ein Interview gewährt. Neugierig geworden, bestellte ich mir eine Kopie dieses Artikels. Der Priester, der das Interview gegeben hatte, Pater Walter Halloran, hatte ein paar aufregende Einzelheiten über den Exorzismus mitgeteilt, die meine Neugier weiter steigerten. Ich wollte in Erfahrung bringen, ob er noch mehr Informationen besaß. Doch als ich die Universität von Nebraska anrief, an der er unterrichtet hatte, war er nicht mehr dort. Und niemand wollte mir sagen, wohin er gegangen war.

Indem ich mir das Wissen zunutze machte, das ich in meinen sechs Jahren als Schüler und Student von Jesuiten erworben hatte, begann ich, Jesuiten an Universitäten und Bibliotheken

10

überall in den Vereinigten Staaten anzurufen. Ich machte Pater Halloran schließlich in einer Kleinstadt in Minnesota ausfindig, wo er als Gemeindepfarrer arbeitete. Nachdem ich mich am Telefon vorgestellt und ihm den Grund meines Anrufs genannt hatte, fiel mir plötzlich ein, daß es Halloween war, der Abend vor Allerheiligen. Wir mußten beide darüber lachen und stellten fest, daß wir denselben Sinn für Humor hatten, und das war irgendwie alles, was wir brauchten. Kurz darauf unterhielten wir uns, als würden wir uns schon lange kennen.

Eine Zeitlang war es uns wegen beruflicher Inanspruchnahme nicht möglich, uns zu treffen, doch bis dahin unterhielten wir uns oft am Telefon. Bei einem dieser Gespräche erwähnte Pater Halloran beiläufig, ein Jesuit, der dem Exorzisten assistierte, habe ein Tagebuch geführt. Diese Neuigkeit erstaunte mich. Ich hatte noch nie von einem Bericht über einen Exorzismus in der Neuzeit gehört. Ein von einem Jesuiten geführtes Tagebuch mußte eine vertrauenswürdige Beschreibung des mysteriösen Ritus sein, der lange Zeit von abergläubischen Vorstellungen umhüllt war. Ein Augenzeuge war genau das, was ich suchte.

Ob ich das Tagebuch mal einsehen könnte? Pater Halloran zögerte mit seiner Antwort. Die römisch-katholische Kirche hält alle ihre Akten über Exorzismen in Geheimarchiven verborgen. Vielleicht hatte ich mich zu weit vorgewagt. Doch man darf nie den Fehler machen, einen Jesuiten zu unterschätzen. »Ich glaube«, erklärte er, »daß ich eine Kopie auftreiben kann.« Ein paar Tage später erhielt ich von Pater Halloran ein Päckchen.

Mir zitterten die Hände, als ich dieses Päckchen aufriß, das vierundzwanzig maschinegeschriebene Seiten enthielt. Ich begann zu lesen: *Satan ... teuflisch ... ein riesiger roter Teufel.* Ich las die Worte eines Augenzeugen! Der Tagebuchschreiber notierte, es gebe vierzehn Zeugen, darunter neun Jesuiten, die »verschiedene Phänomene bezeugen und bestätigen könnten«, die mit dem Exorzismus zusammenhingen. Ich habe mir die Echtheit des Tagebuchs später von anderen Quellen bestätigen lassen, darunter auch von einem Nicht-Jesuiten, der mir die fehlende Seite 25 lieferte.

Jetzt hatte ich den gründlichsten und verläßlichsten Bericht

11

über einen Exorzismus, der im zwanzigsten Jahrhundert geschrieben worden war.

Meine Rekonstruktion der Ereignisse beginnt genau dort, wo auch das Tagebuch beginnt: mit dem, was der Tagebuchschreiber den »Hintergrund des Falls« nennt, des Falls von einem Jungen, der besessen war.

Kapitel 1

»Bist du es, Tante Harriet?«

Robert Mannheim* wurde 1935 in eine Familie hineingeboren, die in der Zeit der großen Weltwirtschaftskrise hart ums Überleben kämpfen mußte. Sein Vater, Karl Mannheim, arbeitete wie viele Familienväter aus dem Washingtoner Vorort Mount Rainier in Maryland für die Bundesregierung. Das Gehalt war niedrig, aber dafür war der Job sicher. Als die Weltwirtschaftskrise andauerte, zog Großmutter Wagner zu ihnen. Haushalte mit drei Generationen waren damals nicht ungewöhnlich, denn, wie die Menschen sagten, in harten Zeiten kann man sich nur auf die eigene Familie verlassen. Als Robby heranwuchs, bekam er diesen Satz oft zu hören.

Im Januar 1949, ein paar Monate vor Roberts vierzehntem Geburtstag, ging das Leben seinen gewohnten Gang: Der Junge stand auf, frühstückte, ging in die Schule, kam nach Hause, hörte sich im Radio seine Lieblingsprogramme an, machte Schularbeiten, aß zu Abend, ging zu Bett. Er war schmächtig, wog etwa fünfundachtzig Pfund und hatte keine auffallenden Probleme, weder körperlich noch mental. Eher unsportlich, zog er Brettspiel am Küchentisch anderen Beschäftigungen vor.

Als Einzelkind waren die Erwachsenen im Haushalt seine Spielgefährten. Eine von ihnen war Tante Harriet, Karl Mannheims Schwester, die in St. Louis lebte, die Mannheims jedoch oft besuchte. Sie teilte Robbys Interesse für Brettspiele und brachte ihm eines Tages ein neues mit – das Ouija-Brett.

---

* Name vom Autor geändert. Alle anderen Familienmitglieder haben ebenfalls Pseudonyme erhalten.

13

Tante Harriet zeigte ihm, wie man die Finger leicht auf die Planchette legt, ein Holzbrett, das sich auf kleinen Rollen über die blankpolierte Holzoberfläche des Ouija-Bretts bewegt. Am Rand des Bretts befinden sich die Buchstaben des Alphabets, die Zahlen Null bis Neun und die Wörter »Ja« und »Nein«. Robby war fasziniert. Er liebte es, wenn die Planchette hin und her eilte, von einem Buchstaben zum nächsten jagte und Antworten auf die Fragen gab, die er oder seine Tante stellten.

Das Ouija-Brett – dessen Name das französische *Oui* und das deutsche *Ja* verbindet – war mehr als ein Spielbrett. Tante Harriet war Spiritistin, und sie sah das Spiel als Möglichkeit an, eine Verbindung mit dem Jenseits herzustellen. Die Planchette, so erklärte sie Robby, werde sich manchmal auch auf Antworten von Geistern der Toten hin bewegen. Die Geister kommunizierten mit den Lebenden, indem sie sich in das Bewußtsein der Menschen am Spielbrett drängten. Sie erzeugten Impulse, die durch das Medium auf die Planchette übertragen würden, und diese wiederum bewege sich nach den Befehlen der Toten und buchstabiere Wörter oder zeige auf »Ja« oder »Nein«.

Harriet hatte etwas Exotisches an sich, das durch ihr Gerede über Spiritismus noch verstärkt wurde. Wenn seine Tante nicht da war, spielte Robby manchmal allein am Ouija-Brett. Er war daran gewöhnt, allein zu spielen und sich selbst zu beschäftigen.

Einen großen Teil ihrer Zeit und Energie verbrachte Harriet mit Versuchen, Kontakt zu den Geistern der Toten aufzunehmen. Robbys Mutter Phyllis hatte sich jahrelang von ihrer Schwägerin etwas über Spiritismus erzählen lassen. Phyllis betrachtete sich selbst nicht als Spiritistin, glaubte aber an einiges von dem, was Harriet verkündete. Robbys Vater dagegen schenkte all dem nicht viel Glauben, Großmutter Wagner ebensowenig.

Tante Harriet erzählte Robby und Phyllis, Geister könnten auch ohne Ouija-Brett versuchen, mit dieser Welt in Verbindung zu treten, z. B. durch Klopfzeichen an Wänden. Bei Spiritisten war dieses Phänomen bekannt. Sie konnten viele Fälle nennen, in denen durch Klopfzeichen Kontakt hergestellt worden war. Ein lebender Mensch könne durch Zählen der Klopfzeichen und

Antworten mit der gleichen Zahl ein Verständigungssystem aufbauen und einen Code entwickeln. Klopfzeichen seien jedoch langsamer und weniger wirkungsvoll als das Ouija-Brett, doch wenigstens könne ein Geist sich auch so Gehör verschaffen.

Roberts Tante glaubte, daß man mit der Welt der Geister am besten bei einer *Séance* in Verbindung treten könne. Dabei halten die Teilnehmer eine als Medium ausgewählte Person bei den Händen und lassen ihre seelischen Energien auf sie überströmen. Bei einer erfolgreichen Séance bemächtigt sich ein Geist des ganzen Körpers des Mediums statt nur der Finger und Hände. Trotz ihrer spiritistischen Erfahrungen hatte Harriet in Maryland noch nie an einer Séance teilgenommen. Wie die folgenden Ereignisse zeigen, waren der Familie also mehrere Möglichkeiten vertraut, mit den Toten Verbindung aufzunehmen.

Tante Harriet war also eine Hüterin übernatürlicher Kräfte. Für eine Spiritistin wie sie waren Versuche, mit den Toten Verbindung aufzunehmen, weder heidnisch noch gefährlich. Die meisten Spiritisten hielten sich für gute Christen, und glaubten an den Heiland, der durch seine Auferstehung den Streit um ein Leben nach dem Tode entschieden habe. Allerdings hielten sich die Spiritisten nicht an die biblischen Warnungen vor dem Umgang mit Geistern. Das Fünfte Buch Moses verbietet »Wahrsagerei, Hellseherei, geheime Künste oder Zauberei« sowie »Bannungen oder Geisterbeschwörungen oder Zeichendeutung« ausdrücklich und sagt: »Denn jeder, der so etwas tut, ist dem Herrn ein Greuel.« Im Dritten Buch Moses lesen wir: »Männer oder Frauen, in denen ein Toten- oder Wahrsagegeist ist, sollen mit dem Tod bestraft werden. Man soll sie steinigen, ihr Blut soll auf sie kommen.«

Diese drohenden Worte der Bibel zeigen, wie tief die Furcht vor den Toten in der menschlichen Seele verankert ist. In der biblischen Geschichte von Saul greift sogar ein einst von Gott gesegneter König zum Einsatz eines Mediums. Saul begibt sich in Verkleidung zu »einer Frau, die über einen Totengeist Gewalt hat« – der Hexe von En-Dor. Er bittet sie, den Propheten Samuel »heraufsteigen zu lassen«, und dieser fragt: »Warum hast du mich aufgestört und mich heraufsteigen lassen?« Samuel, der in Sauls dunkle Zukunft sehen kann, erzählt ihm, er werde im Kampf sterben, was kurz darauf auch geschieht.

Vor und nach Saul haben viele Menschen nach einem Weg gesucht, in die Zukunft zu sehen. Sauls Besuch bei dem Weib von En-Dor verrät den Glauben, die Toten im Jenseits könnten künftige Ereignisse sehen und menschliches Verhalten vorhersagen. Dieser Glaube hat sich bis heute erhalten, ebenso die Furcht davor, mit den Toten in Verbindung zu treten. Der mögliche Gewinn – Hellseherei, Macht, Wissen – scheint den Menschen aber manchmal das Risiko wert zu sein.

Versuche, mit den Toten Kontakt aufzunehmen, erfolgen traditionsgemäß durch ein Medium. Er oder sie beschwört einen Geist herauf, der sich dann des Mediums bemächtigt. Dies ist bereits eine Art von Besessenheit. Spiritisten wie Tante Harriet sind jedoch nicht der Meinung gewesen, mit ihrem Glauben die Besessenheit akzeptiert zu haben. Ob sie nun Séancen abhalten oder am Ouija-Brett sitzen – Spiritisten haben sich an einem Phänomen versucht, das die Bibel vehement verdammt.

Am Sonnabend, dem 15. Januar 1949, gingen Karl und Phyllis abends aus und ließen Robby und seine Großmutter allein im Haus zurück. Kurze Zeit nachdem Robbys Eltern das Haus verlassen hatten, hörte Großmutter Wagner irgendwo etwas tropfen. Sie untersuchte mit Robby jeden Wasserhahn des Hauses, konnte die Quelle des Geräuschs aber nicht finden.

Sie gingen in jedes Zimmer, blieben stehen, lauschten und gaben sich jede erdenkliche Mühe, den beharrlichen, rhythmischen Laut zu orten. Schließlich kamen sie zu dem Schluß, das tropfende Geräusch müsse aus Großmutter Wagners Schlafzimmer unter dem schrägen Dach im Obergeschoß kommen. Während sie im Zimmer standen und dem lauten Tropfen lauschten, sahen sie plötzlich, wie ein Christusbild an der Wand zu zittern begann, als würde jemand hinter der Wand mit den Fäusten dagegenschlagen.

Als Karl und Phyllis Mannheim nach Hause kamen, hatte das Tropfen aufgehört. Doch inzwischen hatte ein anderes merk-

16

würdiges Geräusch begonnen: ein Scharren, als würden Krallen auf Holz kratzen. Alle vier standen in Großmutter Wagners Zimmer und horchten. Karl bückte sich und sah unters Bett. Das Kratzen schien von dort zu kommen. Er lächelte und sagte, wahrscheinlich habe eine Maus oder eine Ratte beschlossen, aus der Winterkälte ins Haus zu kommen, um unter Großmutters Bett ein Nest zu bauen. Das Kratzen hörte schließlich auf, und alle gingen zu Bett. Doch Angst oder Staunen empfanden alle.

Am folgenden Abend gegen sieben Uhr begann das Kratzen unter Großmutter Wagners Bett erneut. Wieder gab Karl einer Maus oder Ratte die Schuld. Er ließ einen Kammerjäger kommen, der eine Fußbodendiele aufriß, um nach Anzeichen von Nagetieren zu suchen. Er fand keine, legte aber Rattengift aus für den Fall, daß der Nager nur vorübergehend verschwunden war.

Das Scharren ging an den nächsten Abenden weiter. Es begann etwa um sieben Uhr und hörte gegen Mitternacht auf. In der Familie wurde nur wenig über das allabendliche Geräusch gesprochen. Nach außen hin war jeder Karls Meinung: Eine Ratte oder Maus, und irgendwann würde der Spuk aufhören. Das Kratzen war lästig, mehr nicht. Gleichwohl hatte Karls Suche etwas Hoffnungsloses an sich, und er riß noch weitere Bodendielen und einen Teil der Wandtäfelung auf.

Späteren Berichten zufolge wurden zu dieser Zeit innerhalb der Familie kaum Spekulationen über die Ursache der Kratzgeräusche angestellt. Doch zumindest Phyllis begann zu überlegen, ob das Tropfen und Kratzen irgendwie mit Tante Harriet und deren Versuchen zusammenhängen konnte, mit den Geistern in Verbindung zu treten.

Am 26. Januar, elf Tage nach den ersten Kratzgeräuschen, starb Tante Harriet in St. Louis, wo die Familie Mannheim viele Verwandte besaß. Robby, dem ihr Tod sehr nahegegangen sein muß, wandte sich wieder dem Ouija-Brett zu. Er verbrachte Stunden damit. Seine Eltern und die Großmutter interessierten sich nicht dafür, welche Fragen er stellte und welche Antworten er vielleicht las, als sich die Planchette auf dem Brett bewegte. Er dürfte mit ziemlicher Sicherheit versucht haben, mit Hilfe des

17

Ouija-Bretts Tante Harriet zu erreichen. Ob mit Erfolg oder nicht, sie blieb tatsächlich ein Teil des Haushalts, zumindest insofern, als ihr Andenken in Ehren gehalten wurde.

Etwa um die Zeit von Tante Harriets Tod hörten die Kratzgeräusche im Zimmer der Großmutter auf. Karl verkündete, das laute Nagetier sei entweder gestorben oder verschwunden. Dafür begannen oben in Robbys Zimmer neue Geräusche, Laute, die zunächst nur er hörte. Er beschrieb sie als das Knarren von Schuhen. Es war, als ginge jemand in knarrenden Schuhen um sein Bett herum. Das Geräusch scheint ihn nicht geängstigt zu haben. Es begann pünktlich genau in dem Augenblick, in dem er sich seinen Schlafanzug anzog und ins Bett ging.

Nachdem er sechs Nächte lang das Knarren von Schuhen gehört hatte, gingen Phyllis und Großmutter Wagner mit in Robbys Zimmer und legten sich zu ihm auf sein Bett. Nun hörten alle drei die Schritte, und die Füße schienen im Takt von Trommeln zu marschieren. Vom Fuß- zum Kopfende, wieder zurück, wieder zum Kopfende, wieder zurück...

Phyllis konnte es nicht mehr ertragen. »Bist du es, Tante Harriet?« fragte sie plötzlich.

Keine Antwort.

Phyllis wartete einen Augenblick und sagte dann: »Wenn du Harriet bist, klopf dreimal.«

Die drei auf dem Bett spürten so etwas wie eine Druckwelle. Sie schien durch sie hindurchzugehen und den Fußboden unter ihnen zu treffen. Vom Fußboden hallte der Laut eines Klopfens wider. Eine neue Druckwelle. Wieder ein Klopfen. Eine dritte Druckwelle. Ein drittes Klopfen.

Phyllis wartete wieder und sagte dann: »Wenn du Harriet bist, bestätige es mir, indem du viermal klopfst.«

Eine Druckwelle und dann ein Klopfen. Eine Druckwelle. Ein Klopfen. Eine Druckwelle. Ein Klopfen... Eine Druckwelle und das vierte Klopfzeichen.

Da vernahmen sie in der Matratze, auf der sie lagen, so etwas wie das Kratzen einer Kralle. Sie spürten, wie das Geräusch in Wellenbewegungen durch die Matratze ging, ohne daß die Bewegungen sie jedoch berührten. Als sie einander hinterher von

18

ihren Reaktionen erzählten, erinnerten sich Phyllis und die Großmutter, daß beide in ihrer Angst versucht hatten, so zu tun, als hörten sie das Kratzen nicht. Später ging ihnen auf, daß die Matratze genau in diesem Augenblick zu beben begonnen hatte, zunächst sanft, dann heftiger.

Als die Erschütterungen aufhörten, flog der unter der Matratze festgestopfte Saum der Bettdecke hervor. Wie die Frauen später berichteten, hätte er sich »leicht zusammengerollt über das Bett erhoben, als wäre er mit Stärke steif gemacht worden«.

Ohne ein Wort zu wechseln standen Robby, seine Mutter und Großmutter aus dem plötzlich ruhigen Bett auf und berührten die steife Bettdecke. Dann fielen plötzlich die Seiten wieder herunter, und das Bett sah ganz normal aus.

Das Kratzen an der Matratze hörte jedoch weder in jener Nacht noch in der nächsten oder übernächsten auf. Es ging Nacht für Nacht weiter, mehr als drei Wochen lang.

Diese beunruhigenden Erscheinungen waren jedoch nicht nur auf das Haus der Mannheims beschränkt. In Robbys Schule gab es altmodische Schulbänke, bei denen Schreibplatte und Sitz miteinander verbunden waren. Im Januar und Februar begann Robbys Bank mehrmals plötzlich umherzurutschen, knallte mit anderen Bänken zusammen und löste im Klassenzimmer Tumulte aus. Obwohl der Lehrer natürlich davon ausging, daß Robby seine Bank mit den Füßen bewegte, schwor der Junge, er habe sie nicht geschoben. Sie bewege sich von selbst, sagte er. Als er seiner Mutter später den Vorfall schilderte, sagte Robby, die Bank sei wie eine Planchette auf dem Fußboden hin und her gerutscht.

Es gibt weltweit eine Unmenge von Literatur über solche Ereignisse – bizarre, unerklärliche Geschichten. Viele haben sie erlebt und zu beschreiben versucht. Die Berichte breiten sich in konzentrischen Kreisen aus, etwa wie Wellen es tun, wenn man einen Stein ins Wasser geworfen hat. In der Mitte befinden sich die verängstigten und stammelnden Augenzeugen. Drumherum, im ersten, engen Kreis, findet man verblüffte Verwandte und Freunde, die sich alles anhören und staunen, die den Augenzeugen zwar vertrauen, sich aber dennoch ungläubig zeigen. Im zweiten Kreis befinden sich die Nachbarn und Gerüchteköche, die weitererzählen, was sie selbst nur aus zweiter Hand gehört haben oder gehört zu haben glauben. Sie garnieren die Geschichte, mit der sie weder direkt noch indirekt etwas zu tun haben, mit fehlerhaften Details, die von anderen Geschichten stammen oder die sie sich selbst ausgedacht haben. Aus diesem schwachen und immer größer werdenden Kreis stammen meist die Berichte, die irgendwo hinten in den Zeitungen auftauchen und von Skeptikern mit einem höhnischen Grinsen gelesen werden. Irgendwann finden die Berichte ihren Weg in die Zeitschriften und Bücher der wirklich Gläubigen, der Zeloten, deren Glaube an das Unerklärliche kein entsprechendes Bedürfnis nach Tatsachen gegenübersteht.

Doch den Berichten über das, was im Haus der Mannheims vorging, war ein anderes Schicksal beschieden. Im ersten Kreis befanden sich nicht nur Verwandte und Freunde, sondern auch Pfarrer, Psychologen und Priester, die später aufschrieben, was sie gehört und gesehen hatten. Durch ihr Zeugnis wurden die Ereignisse, in deren Mittelpunkt Robby stand, nüchtern aufgezeichnet und festgehalten.

An den nächsten Tagen gab es jedoch zunächst nur den engsten Familienkreis. Kein Außenstehender erlebte die Nächte mit, die mit Angst und Schrecken begannen. Im Haus waren nur Robby und seine Familie anwesend, um zu hören und zu sehen, was immer sie zu hören und zu sehen meinten.

Wenn etwas Rätselhaftes passierte, war immer Robby dabei. Ein Mantel auf einem Bügel flog plötzlich aus einem begehbaren Kleiderschrank und segelte quer durch den Raum. Eine Bibel erhob sich von einem Bücherregal und landete vor Robbys Füßen. Er stand in der Nähe, als andere sahen, wie eine Apfelsine und eine Birne quer durch das Zimmer flogen. Eines Tages kippte der Küchentisch um. An einem anderen rutschte das Schneidebrett von der Küchenbank und landete klappernd auf dem Fußboden. Einmal schimpfte Phyllis morgens mit Robby, weil er seine Kleider überall in der Küche verstreut habe. Robby schwor, er habe sie vor dem Zubettgehen alle auf einen Stuhl in seinem Zimmer gelegt.

20

Eines Sonntags kamen Verwandte zu Besuch. Alle saßen im Wohnzimmer, als der große Polstersessel, in dem Robby saß, sich plötzlich ein wenig in die Luft zu erheben schien, um dann umzustürzen. Robby fiel mit einem Purzelbaum auf den Fußboden. Die sprachlose Familie versammelte sich um den Sessel. Anschließend setzten sich Robbys Vater und Onkel nacheinander in den schweren Sessel und versuchten, ihn umzustürzen. Es gelang beiden nicht.

Während sich die Familienmitglieder noch über den umgestürzten Sessel unterhielten, zeigte einer auf einen kleinen Tisch. Ganz langsam erhob sich dort eine Vase in die Luft. Einen Augenblick schien sie zu schweben, dann flog sie quer durch den Raum und zerschellte an einer Wand.

Die Mannheims versuchten zunächst, ihr normales Leben weiterzuführen. Robby machte sogar Witze über die komischen Dinge, die um ihn herum passierten. Eines Tages setzte sich die ganze Familie in Karls Wagen und fuhr zu Freunden, die in einer gut sechzig Kilometer entfernten Stadt lebten. Die Fahrt verlief ohne Zwischenfälle. Die Mannheims waren froh, einmal den häuslichen Sorgen zu entrinnen, und setzten sich zu ihren Freunden ins Wohnzimmer. Während sich die Erwachsenen unterhielten, sahen sie etwas, was später alle einmütig bezeugten: Der Schaukelstuhl, in dem Robby saß, begann sich wie ein Kreisel zu drehen. Robbys Füße schwebten in der Luft. Es schien unmöglich zu sein, daß der Schaukelstuhl so herumwirbelte. Dennoch hatten sie es mit eigenen Augen gesehen.

Irgend etwas geschah mit Robby. Aber was? Seine völlig verängstigten Eltern versuchten die Phänomene zu erklären. Sie sagten, es seien Streiche von Robby, irgendwelche Tricks, die er in irgendeinem Buch über Magie gelernt habe. Doch Robby beteuerte immer wieder: *Ich habe es nicht getan! Ich habe es nicht getan!** Doch in der Schule hatte ihm auch niemand geglaubt, als er das gesagt hatte, und jetzt passierte ihm das auch zu

---

* Hier wie auch an anderen Stellen im Buch ist kursiv Gedrucktes nach den Akten rekonstruiert (siehe Quellen). Zitate in Anführungszeichen finden sich wörtlich in den Akten oder sind durch Augenzeugenberichte belegt.

Hause und im Haus der Freunde. Er erklärte, er schäme sich so, daß er nicht in die Schule gehen könne. Seine Eltern ließen ihn einige Tage zu Hause bleiben, während sie sich überlegten, was sie als nächstes tun sollten.

Die Zwischenfälle dieser Wochen blieben den Augenzeugen nicht als zusammenhängendes Ganzes in Erinnerung, sondern als Bruchstücke, als Mosaiksteinchen. Als sie später von den Ereignissen erzählten, erklärten die Eltern wiederholt: »Wir haben alles versucht.« Die Reihenfolge der von ihnen unternommenen Schritte ist nirgends festgehalten. Was hingegen bekannt ist, das ist ihre Verzweiflung. Sie sahen sich in einem Wirbel furchterregender Ereignisse gefangen und wandten sich in ihrer Not an einen Arzt, einen Psychologen, einen Psychiater, eine als »Medium« bekannte Person sowie an einen Pfarrer.

Der Arzt, der Psychiater und der Psychologe haben ihre Erkenntnisse nicht schriftlich hinterlassen – mit Ausnahme einer Bemerkung des Psychiaters. Er erklärte, er glaube nicht an die Phänomene. Und er berichtete, er halte Robby für »normal«. Der Arzt äußerte ebenfalls, er habe an Robby nichts Auffälliges feststellen können, erklärte allerdings, was angesichts von Robbys damaligem Zustand eine bemerkenswerte Untertreibung ist, Robby erscheine ihm »etwas überdreht«. Das »Medium« wiederum meinte, man könne nichts tun. Vielleicht wollte es damit sagen, man müsse abwarten, bis die Angelegenheit sich irgendwie von selbst erledige.

Der Psychologe praktizierte in einer sogenannten Nervenheilanstalt. Dort wurde Robby untersucht und in einer bestimmten Reihenfolge verschiedenen Tests unterzogen. Man stellte seinen Intelligenzquotienten fest, testete sein visuelles und auditives Gedächtnis und bat ihn, Holzstücke zu bewegen und Pflöcke in Löcher zu stecken, während eine Stoppuhr festhielt, mit welcher Genauigkeit und Geschwindigkeit seine Feinmotorik funktionierte.

Wahrscheinlich hat man durch zwei andere grundlegende Tests auch seine seelische Verfassung einzuschätzen versucht: durch Wortassoziation sowie Reaktionen auf eine Reihe von Bildern. Man wird ihn aufgefordert haben, zu jedem Bild eine

22

einfache Geschichte zu erzählen. Diese Variation des Rorschach-Tests mit seinen Tintenklecksen galt damals als verläßliche Methode zur Einschätzung der geistigen Gesundheit eines Menschen.

Eine Psychiaterin, die sich in den damaligen Praktiken auskennt, hat Spekulationen darüber angestellt, welchen Untersuchungen man Robby damals im einzelnen ausgesetzt hat. »Spezifische Fragen dürften nicht gestellt worden sein«, erklärte sie. »So bezweifle ich etwa, daß ein Psychologe der Klinik eine Frage wie: ›Wie lange fühlst du dich schon so?‹ gestellt hat. Mentalhygieniker begnügten sich damals mit der Beschreibung des Patienten.«

Sie vermutete, daß Robby nicht allzuviel über das gesagt haben dürfte, was um ihn herum vorging. »So mancher kleine Patient«, sagte sie, »versteht sich darauf, seine Symptome zu verbergen und Fremden keine Geheimnisse anzuvertrauen, da dies unter Umständen zur Folge hat, daß man ihn in ein Krankenhaus steckt und von seinen Eltern trennt.«

Bei schweren Formen von Geisteskrankheit, etwa Schizophrenie, Dementia praecox oder bei dem, was man damals ungenau als »Depressionen« bezeichnete, wurden bei der psychiatrischen Behandlung bevorzugt Elektro- und Insulinschocks eingesetzt. Stirnlappen-Lobotomien wurden allgemein praktiziert. Man führte sie bei Menschen durch, die sich aggressiv verhielten oder Symptome schwerer Paranoia aufwiesen.

Höchstwahrscheinlich entging Robby einer solchen Behandlung, weil niemand genau einschätzen konnte, was mit ihm los war. Der protestantische Pfarrer jedoch, an den sich die Mannheims kurz darauf wandten, hatte seine eigene Theorie.

Reverend Luther Miles Schulze von der nahegelegenen protestantischen Trinity Church unterhielt sich mit Robby und seinen Eltern und hörte sich höflich an, was sie über die Ereignisse in ihrem Haus zu erzählen hatten. Phyllis und Karl Mannheim sagten Schulze, sie hätten sich an ihn gewandt, weil sie inzwischen überzeugt seien, daß Robby das Opfer eines bösen Geists sei. Phyllis fragte sich, ob es vielleicht Tante Harriet wäre.

Bei mehreren Besuchen beobachtete Schulze, wie sich Möbel-

23

stücke bewegten, anscheinend ohne von jemandem geschoben zu werden. Er sah Teller durch die Luft fliegen und wurde Zeuge, wie Robbys Bett zu schaukeln begann. Schulze behielt für sich, daß Robby seiner Ansicht nach diese seltsamen Ereignisse selbst verursachte. Er hielt sie für schlau eingefädelte Streiche und nicht für rätselhafte Erscheinungen. Doch waren sie real und erschreckend genug, um das Wohlbefinden einer Familie zu bedrohen, die er mochte und der er seine Hilfe versprochen hatte. Folglich zog er einen weiteren protestantischen Pfarrer hinzu, und die beiden planten gemeinsam, das Problem auf religiösem Wege anzugehen, um es für die Familie zu lösen oder zumindest zu lindern. Aber Schulze schwebte noch etwas anderes vor, etwas, was mit Religion nichts zu tun hatte.

Kapitel 2

Die Jagd nach einem Poltergeist

Die ersten Berichte über die Ereignisse in Robby Mannheims Zuhause ergeben kein zusammenhängendes, schlüssiges Bild, denn die Ansichten darüber gehen auseinander. Robby selbst ist in diesem Stadium nur eine nebelhafte Gestalt, der nur in Umrissen erkennbare Mittelpunkt von Ereignissen, die zunächst nur seltsam waren, schnell jedoch höchst erschreckend wurden. Einzelheiten sind oft nur verschwommen erkennbar und stammen aus den Erzählungen der verzweifelten Eltern und einer verängstigten Großmutter. Nach der Hinzuziehung Schulzes haben die Berichte über das, was sich Tag für Tag im Haus der Familie Mannheim zutrug, größere Glaubwürdigkeit erhalten. Schulze war der erste Außenstehende, der die Not der Familie miterlebte und schriftlich aufzeichnete, was er sah. Er kam hin, um einem Hilferuf zu folgen, einem Ruf, der von dem Glauben getragen war, Schulze werde irgendwie die Religion als Waffe gegen das einsetzen – was immer es war –, was das Haus der Mannheims heimsuchte.

Sie hätten zunächst geglaubt, so erzählten Robbys Eltern Schulze, daß jemand schlafgewandelt sei und dabei die Geräusche gemacht und die Gegenstände bewegt habe. Eine weitere Möglichkeit sei, daß jemand die Phänomene verursacht habe, um der Familie einen Streich zu spielen. In beiden Fällen war Robby der Verdächtige. Doch jetzt, erklärten sie, hörten und sähen sie Dinge, die Robby nicht verursacht haben könne. Eine Nacht sei besonders entsetzlich gewesen.

Im Haus war es still. Robby schlief in seinem Zimmer. Plötzlich aber begann er zu schreien. Seine Eltern und die Großmutter rannten in sein Zimmer. Als er schreiend auf dem Bett lag, sahen sie, wie eine schwere Kommode quer durch den Raum zur Tür glitt und ihnen den Weg versperrte. Dann öffneten und schlossen sich volle Schubladen.

Und, so erzählten sie Schulze, Robby sei dabei, sich zu verändern. Er sei mürrisch und halte sich abseits. Nachts hätten sie gehört, wie er sie im Schlaf verwünscht und dabei Obszönitäten benutzt habe, die sie dem Pfarrer gegenüber nicht zu wiederholen wagten. Sie hätten nicht einmal gewußt, daß Robby solche Wörter überhaupt kenne. Von Schlafwandeln und Streichen könne keine Rede mehr sein. Sie wären inzwischen überzeugt, daß irgendein Geist – vielleicht Tante Harriet – in ihr Haus eingedrungen sei und möglicherweise sogar versuche, sich Robbys zu bemächtigen. Schulzes Bericht zufolge fragten sich Robbys Eltern zu diesem Zeitpunkt bereits, ob ihr Sohn wohl vom Teufel besessen sei. Sie hatten damals jedoch nur nebulöse Vorstellungen von Besessenheit. Und Schulze selbst war kaum in der Lage, mehr zu ihrer Aufklärung beizutragen.

Als evangelisch-lutherischer Pfarrer wußte er sehr wohl, daß Martin Luther sämtliche Geisteskrankheiten als Fälle von Teufelsbesessenheit angesehen hatte. Aufgeklärte Lutheraner wie Schulze glaubten dies jedoch natürlich nicht mehr. Eine seiner ersten Empfehlungen lautete, die Familie solle sich um psychiatrische Hilfe bemühen. Doch die Ängste der Familie vor einer Art von Besessenheit konnte Schulze nicht zerstreuen.

In theologischer Hinsicht hatte die evangelisch-lutherische Kirche keine Möglichkeit, sich mit Teufelsbesessenheit zu befassen. Luther hatte viele der uralten Rituale des Katholizismus abgeschafft, darunter auch den Exorzismus, die Teufelsaustreibung. Er war der Ansicht, der Ritus des Exorzismus stelle den Teufel nur »zur Schau«, und zog es vor, ihm mit »Gebet und Verachtung« entgegenzutreten.

Schulze scheint weder intellektuell noch geistlich von der Möglichkeit der Besessenheit überzeugt gewesen zu sein. Und so folgte er Luthers Anweisungen. »Zunächst versuchte ich es mit Gebeten«, erzählte er später einem Interviewer. »Ich betete mit den Eltern und dem Jungen bei ihnen zu Hause und später mit dem Jungen bei mir. Und in der Kirche wurde ebenfalls für den

26

Jungen gebetet.« Er drängte die Mannheims auch, jeden Sonntag zum Abendmahl zu kommen. Einmal hatte er »das, was immer es war, was den Jungen heimsuchte, im Namen des Vaters, des Sohnes und des Heiligen Geistes aufgefordert, zu verschwinden und ihn in Ruhe zu lassen«. Weiter näherte er sich einem Exorzismus jedoch nicht.

Schulze zufolge schlug die Familie seinen Rat in den Wind, Robby von einem Psychiater untersuchen zu lassen. Die Familie behauptete jedoch gegenüber anderen, daß sie einen Psychiater konsultiert hatte, der Robby für normal erklärte.

Gemeinsam mit einem anderen Pfarrer versuchte Schulze, der Familie durch Einberufung von Gebetskreisen in der Kirche zu helfen. Diese Kreise trugen wahrscheinlich dazu bei, daß Geschichten über Robby in der Gemeinde die Runde zu machen begannen. Sein Zuhause wurde zum Spukhaus, und er wurde der von Geistern heimgesuchte Junge.

Mount Rainier liegt an der nordöstlichen Grenzlinie des District of Columbia, etwa neun Kilometer vom Weißen Haus entfernt. Es könnte aber ebensogut eine Hunderte von Kilometern von Washington entfernt liegende Kleinstadt sein. Seine Holzhäuser und weiß verputzten Villen liegen eng beieinander, und die Dächer der meisten Häuser ragen über Vorderveranden hinaus, so daß die Haustüren tief im Schatten liegen. Die Gärten sind klein und eingezäunt. Auf den von Bäumen gesäumten Straßen gewinnt man den Eindruck, daß die Menschen hier ruhig und ungestört leben wollen. Mount Rainier ist ein Ort, in dem der Bürgermeister die Leute, die schon lange dort wohnen, alle kennt, und die meisten der Neuankömmlinge außerdem. Es dauerte nicht lange, da wußten viele Menschen, daß im Haus der Mannheims in der Bunker Hill Road 3210 sehr seltsame Dinge geschahen.

Den Gerüchten über das Spukhaus schenkten die Pfarrer keinerlei Glauben. Sie teilten auch nicht den Verdacht der Eltern, Robbys Erlebnisse könnten irgendwie mit dem Bösen zusammenhängen. Was die Pfarrer sahen, waren ein kleiner Junge und seine Familie, die Qualen durchleiden mußten. Die beiden beteten, Gott möge die Mannheims von dieser Qual erlösen.

27

Die Vorstellung von Teufelsbesessenheit verursachte Schulze Unbehagen. Für ihn war der Gedanke, der Satan könne von einem Menschen Besitz ergreifen, eine ausgesprochen katholische Vorstellung. Seit der Antike war es christliches Denken gewesen, daß der Teufel als Anführer der aus dem Paradies verstoßenen Engel ein mächtiger Gegenspieler sei. Der christlichen Theologie zufolge gehörte zu seinen hinterlistigen Fähigkeiten auch die Gabe, von einem Menschen Besitz zu ergreifen.

Von Schulzes protestantischer Sicht aus mußte Besessenheit ein Relikt aus dem Mittelalter sein, etwas, das man den Katholiken überlassen hatte, als die von Luther angeführte Reformation die christliche Welt geteilt hatte. Doch es gab noch zwei weitere religiöse Sammelbecken, die Schulze beide bekannt waren. Einige konservative Protestanten, darunter auch Lutheraner, glaubten an einen realen Teufel, ein Wesen, das den Menschen Böses zufügen konnte. Mit dieser fundamentalistischen Weltsicht wollte Schulze jedoch nichts zu tun haben. Er wandte sich einer anderen Vorstellung zu, einer Mischung aus dem von Tante Harriet praktizierten Spiritismus und einem von Schulzes besonderen Interessengebieten, der Parapsychologie.

Die Spiritismusbewegung in den Vereinigten Staaten geht auf einen Fall von Klopfzeichen in einem Farmhaus in Hydesville im Staat New York im Jahre 1848 zurück. Zwei Schwestern, Kate und Margaretta Fox, zwölf beziehungsweise vierzehn Jahre alt, hörten mehrere Nächte lang Klopfzeichen. Als eines Abends wieder ein Klopfen ertönte, schnippte Kate aus einer Laune heraus mit den Fingern, und ihren späteren Berichten zufolge wurde jedes Fingerschnippen mit einem Klopfzeichen beantwortet. Sie erarbeitete mit dem »Klopfer« einen Code, der, wie sie behauptete, sich als Mann zu erkennen gab, der in ihrem Haus ermordet worden war.

Die Sensationsgeschichten über die Fox-Schwestern und ihre später unter Beweis gestellte Begabung als Medien lösten eine Erneuerung des Glaubens an die Kommunikation mit den Toten aus und führten zur Gründung der spiritistischen Kirche in den USA. Dem *Spiritualist Manual* zufolge hat Tante Harriet »an die Kommunikation zwischen dieser Welt und der Geisterwelt

28

durch Medien geglaubt«. Dieser mediale Zustand ist eine gutartige Form der Besessenheit.

Spiritisten glauben nicht an Teufelsbesessenheit, denn sie glauben nicht an böse Geister. »Kein Lebewesen ist von Natur aus ›schlecht‹«, heißt es im *Manual*. Es gibt ihrer Meinung nach jedoch Geister, die »in völliger Unkenntnis von Glaubensgesetzen diese Welt durchlaufen haben und in die Geisterwelt eingetreten sind«. Spiritisten glauben auch, daß einem Menschen, der als Medium agiert, nichts Böses widerfahren kann.

Wenn Tante Harriet also Robby mit dem Spiritismus bekanntmachte und er als Medium diente, handelte sie nur als wohlmeinende Mentorin in dem Glauben, Robbys intellektuelles und spirituelles Wachstum zu fördern. »So wie der Meistermusiker das Instrument verbessert, auf dem er spielt«, heißt es im *Manual*, »verleiht auch ein Geist, der einen menschlichen Organismus zum Zweck nützlichen Denkens kontrolliert, sowohl dem Gehirn wie dem Geist des Mediums größere Kraft.«

Schulze erwarb sein Wissen über den Spiritismus auf dem Umweg über die Parapsychologie; sie ist die Lehre von Ereignissen, die durch die herkömmliche Wissenschaft nicht erklärbar zu sein scheinen. Wie die Parapsychologen glaubte er, daß bestimmte Menschen in unterschiedlichem Umfang die Fähigkeit zu übersinnlicher Wahrnehmung besitzen. Experimente zur übersinnlichen Wahrnehmung konzentrierten sich damals wie heute auf drei Phänomene: die Telepathie, d.h. die Fähigkeit, Gedanken zu übertragen, ohne dabei die normalen Sinne zu gebrauchen; die Hellseherei, also die Wahrnehmung von Ereignissen oder Dingen, die sich in großer Entfernung abspielen oder sonstwie dem Blick verborgen bleiben sowie die Psychokinese, die Bewegung oder Beherrschung von Gegenständen allein durch die Macht des Gedankens – ein Sieg des Geistes über die Materie.

Der Unterschied zwischen Spiritismus und Parapsychologie ist ein Unterschied zwischen Glaube und Wissenschaft. Spiritisten akzeptieren intuitiv Phänomene der übersinnlichen Wahrnehmung sowie die Idee, man könne mit Hilfe von Medien mit den Toten in Verbindung treten; Parapsychologen verfolgen das

Ziel, die übersinnliche Wahrnehmung zu beweisen und eine wissenschaftliche Erklärung dafür zu finden.

Schulze interessierte sich besonders für die Psychokinese – bei Parapsychologen unter dem Kürzel PK bekannt. Während seiner ersten Gespräche mit Robbys Eltern hörte er von den Gegenständen, die sich in den Zimmern des Hauses bewegt hätten, und vielleicht hat er selbst einige Fälle von PK mit eigenen Augen gesehen. Doch Schulze sagte sich, daß es sich um das Haus handelte, in dem Robby lebte. Er hätte die Phänomene bewußt oder unbewußt durch Manipulation herbeiführen können.

Anfang Februar hatten Karl und Phyllis Mannheim das Gefühl, kurz vor dem Zusammenbruch zu stehen. Nacht für Nacht wälzte sich Robby stundenlang in seinem Bett herum. Manchmal war er im Halbschlaf, manchmal hellwach. Wenn er schließlich einschlief, schrie er und wurde von Alpträumen heimgesucht oder murmelte Wörter und Sätze, als spräche er mit jemandem. Irgend etwas quälte ihn. Wenn dieser entsetzliche Zustand anhalte, erklärten seine Eltern Schulze, werde Robby noch verrückt. Ob er ihnen mehr anzubieten habe als Gebete?

Schulze zögerte, ihnen zu erzählen, was ihm vorschwebte. Er hatte sich inzwischen eine Theorie zurechtgelegt. Ohne den Mannheims etwas davon zu sagen, betrachtete er die Ereignisse im Haus allmählich als Phänomene, die Robby selbst auslöste. Seine Theorien stimmten anscheinend mit der Erklärung überein, die sich Nachbarn und Freunde der Mannheims hinter deren Rücken zusammengereimt hatten: Die seltsamen Ereignisse seien die Streiche eines heranwachsenden Jungen in der beginnenden Pubertät.

Diese Erklärung ist altvertraut. Sie taucht immer wieder in Berichten über sogenannte Poltergeister auf. Die meisten Fallgeschichten entfalten unfehlbar zwei Elemente: einen Teenager und geräuschvolle, unerklärliche Ereignisse in dessen unmittelbaren Umgebung. In Berichten über Poltergeister finden sich meist zahlreiche Hinweise auf Geräusche und Lärm – auf Trommeln, Pochen, Klopfen, Kratzen, Stampfen, Dröhnen – sowie auf Gegenstände, die sich bewegen. In Tausenden aktenkundiger Fälle, die acht Jahrhunderte zurückreichen, gleichen sich die

30

Einzelheiten der Berichte auf verblüffende Weise: Betten verrükken sich, Teller fliegen durch die Luft, Stühle bewegen sich, Bettwäsche wird anscheinend von Geisterhand vom Bett gerissen. Poltergeister, schrieb der britische Dichter Robert Graves einmal, »zeigen eine erschütternde Gleichförmigkeit des Verhaltens. Sie sind humorlos, sinnlos, unkoordiniert.«

Die Geräusche im Haus der Mannheims erinnerten an das, was aus zahlreichen anderen Wohnungen und Häusern berichtet wurde und wofür mangels einer besseren Erklärung oder eines geeigneteren Etiketts Poltergeister verantwortlich gemacht wurden. Viele solcher Ereignisse ähneln dem, was im Januar 1949 in Robbys Umfeld geschah, auf unheimliche Weise. Im Jahre 1862 beispielsweise begann ein Schweizer Rechtsanwalt, in einem Zimmer seines Hauses »ein wiederholtes, seltsames Klopfen zu hören, etwa zehn bis zwölf Schläge, die am Ende sehr schnell aufeinander folgten ... Ich suchte und fand mit dem Ohr an der Wand die exakte Quelle der Geräusche, die jedoch häufig den Ort wechselte. Da ich annahm, es müsse sich um ein Lebewesen handeln, etwa eine Ratte, schlug ich gegen die Wand, um das Tier zu verjagen. Statt dessen antwortete es mehr als einmal mit dem gleichen Geräusch, dem manchmal ein oder zwei kräftigere Schläge folgten, als hätte jemand mit der Faust gegen die Wand geschlagen.«

Die erhalten gebliebenen Unterlagen über den Fall zeigen, daß im Haus des Anwalts auch drei Teenager und ein elfjähriges Kind lebten. Die Familie flüchtete aus dem Haus und ließ hinter sich zurück, was immer sie heimgesucht hatte. Dieses Muster kam Schulze vertraut vor: Die meisten sogenannten Poltergeister folgten ihren Opfern nicht an einen anderen Ort. Das Phänomen schien auf den von einem Teenager bewohnten Ort beschränkt zu sein, obwohl Robby auch in der Schule vor Zeugen solche Erlebnisse hatte. Schulze ging davon aus, daß Robby an einem völlig unvertrauten Ort nicht in der Lage sein würde, irgendwelche Tricks anzuwenden, die den Schluß nahelegten, ein Poltergeist belästige ihn.

Der Pfarrer schlug vor, Robby solle eine Nacht bei ihm zu Hause verbringen. Robbys Eltern erklärten sich einverstanden,

31

vielleicht auch aus keinem anderen Grund als dem, ihrem Sohn wenigstens eine Nacht ruhigen Schlafs zu verschaffen. Am Donnerstag, dem 17. Februar, brachte Karl Mannheim seinen Sohn zu Schulzes Pfarrhaus. Die beiden Erwachsenen unterhielten sich darüber, was bei Robby zu Hause passiert war. »Heute nacht wirst du gut schlafen«, sagte Schulze zu Robby. »In diesem Haus passieren solche Dinge nicht.«

Als Karl Mannheim gegangen war, setzte sich Schulze, ein freundlicher, einfühlsamer Mann, zu Robby. Der Pfarrer versuchte einen Zugang zu dem Jungen zu finden, wollte ihn dazu bewegen, mit eigenen Worten zu erzählen, was seine Eltern ihm, Schulze, erzählt hatten. Als Robby keinerlei Anstalten machte, ihm irgendwelche Geheimnisse anzuvertrauen, war der Pfarrer klug genug, nicht weiter in ihn zu dringen und ihn womöglich gegen sich aufzubringen. Schließlich sagte Schulze, es sei Zeit, schlafen zu gehen.

Schulzes Frau zog sich in ein Gästezimmer neben dem Schlafzimmer zurück, in dem der Pfarrer und Robby schlafen sollten. Schulze und Robby zogen sich ihre Schlafanzüge an, sprachen ihr Nachtgebet und wünschten einander gute Nacht. Dann legte sich jeder in eins der beiden großen Himmelbetten.

Gegen Mitternacht wurde Schulze durch ein Geräusch geweckt. Robbys Bett erzitterte. Der Pfarrer streckte eine Hand aus und berührte es. Es bebte, sagte er später, »wie eins dieser Motelbetten mit Vibratoren, aber viel schneller«. Robby war wach und lag reglos im Bett. Seine Gliedmaßen, sein Kopf und Körper waren vollkommen still.

Schulze wollte das Zimmer mit Robby so schnell wie möglich verlassen. Er erhob sich und sagte mit ruhiger Stimme, sie sollten beide aufstehen und etwas Kakao trinken. Er rührte das Getränk an, und sie gingen in Schulzes Arbeitszimmer. Robby bedankte sich höflich für den Kakao, sprach aber sonst kaum. Er war ruhig und schien nicht besorgt zu sein. Er hatte sich inzwischen offenbar so sehr an Dinge wie zitternde Betten und umherrutschende Kommoden gewöhnt, daß er keine äußere Reaktion mehr zeigte. Die beiden tranken ihren Kakao aus und gingen wieder ins Schlafzimmer.

Der Pfarrer geleitete Robby zu einem Sessel und meinte, er solle versuchen, lieber dort zu schlafen als im Bett. Er beschloß auch, das Licht brennen zu lassen. Robby setzte sich in den Sessel. Schon nach wenigen Sekunden begann der, sich zu bewegen. Was dann geschah, beschrieb Schulze so: »Robby zog die Beine hoch, so daß die Füße auf dem Rand des Stuhls standen und er das Kinn auf die Knie stützen konnte. Der Sessel rückte acht Zentimeter gegen die Wand. Als er sich in dieser Richtung nicht mehr weiterbewegen konnte, kippte er langsam um...«

Schulze schätzte, daß es mehr als eine Minute dauerte, bis der Stuhl umfiel und Robby sanft auf dem Fußboden landete. Es spielte sich alles wie in Zeitlupe ab, und der Junge machte keinen Versuch, aus dem Sessel aufzustehen. Er schien sich in einer Art Trance zu befinden.

Der Pfarrer hatte vor dem Stuhl gestanden. Als Robby langsam vom Boden aufstand, setzte sich Schulze in den Sessel und versuchte, ihn umzustürzen. Der schwere Ledersessel hatte »einen sehr tief liegenden Schwerpunkt«. Es gelang dem Pfarrer nicht, ihn umzukippen.

Jetzt kam Schulze zu dem Schluß, daß der Fußboden für Robby wohl der sicherste Platz sei. Er ließ den Jungen sich vor dem Fußende eines Bettes auf zwei auf dem Boden liegende Decken legen und ging selbst wieder zu Bett. Das Licht blieb an.

Etwa um drei Uhr wurde der Pfarrer wach und sah, wie sich Robby mit den Decken quer durch den Raum bewegte. »Der Junge und das Bettzeug bewegten sich wie eine Einheit langsam unter dem Doppelbett hindurch. Die Ränder der Decken, die nicht gefaltet waren, blieben vollkommen gerade und ohne jede Falte.« Schulze, völlig erschöpft und benommen, hatte endgültig genug. »Hör auf damit!« rief er und sprang aus dem Bett.

»Aber ich tue doch gar nichts!« entgegnete Robby nur.

Mit den Decken rutschte der Junge nun unter ein Bett. Schulze bückte sich und sah entsetzt, wie Robby vom Fußboden hochgefedert und dabei gegen die Sprungfedern geschleudert wurde, auf denen die Matratze lag. Robby war ganz steif und anscheinend wieder in einem Trancezustand, denn er zuckte nicht einmal zusammen, als er mit dem Gesicht gegen die Sprungfedern stieß. Als Schulze ihn unter dem Bett hervorzog, wies sein Gesicht an mehreren Stellen Schnittwunden auf.

Falls der Pfarrer gedacht haben sollte, daß Robby alles nur vorgetäuscht hatte oder daß der Junge das Opfer eines Poltergeistes war, so mußte er jetzt die Möglichkeit in Betracht ziehen, daß Robby besessen war. Daß sich irgend etwas dieses dreizehnjährigen Jungens bemächtigt hatte, der sein Schicksal so beängstigend gleichgültig hinzunehmen schien.

Am nächsten Tag brachte Schulze Robby nach Hause. Er wußte keinerlei Erklärung für das, was er gesehen hatte.

Wenn man sich in den Archiven Poltergeist-Fälle ansieht, findet man Berichte über Begebenheiten, in denen nicht nur von herumfliegenden Tellern und hüpfenden Matratzen die Rede ist, sondern von weit unheilvolleren Dingen. Aus welchem Grund auch immer die Opfer attackiert wurden, sie litten darunter. In einem wohldokumentierten Fall ging es um ein zwölfjähriges rumänisches Mädchen namens Eleonora Zugun, die sich 1925 beklagte, ein Dämon namens Dracu belästige und quäle sie. Zunächst gab es das übliche Klopfen in den Wänden und Gegenstände, die sich bewegten. Dann tauchten schließlich Kratz- und Bißwunden in ihrem Gesicht auf, an den Armen, am Hals und auf der Brust.

Was immer Schulze bis dahin über Parapsychologie und die relativ gutartigen Poltergeister gewußt haben mag, so glaubte er jetzt, nach dieser schrecklichen Februarnacht, die Präsenz irgendeiner ungeheuren Kraft gespürt zu haben. Dabei kam es nicht darauf an, ob diese Kraft eine Halluzination war, ein Ausbruch übernatürlicher Kräfte, ein Fall von Parapsychologie oder der Ausbruch eines psychologischen Gespaltenseins bei Robby. Der Junge litt unvorstellbare Qualen. Stumm und scheinbar gleichgültig schien Robby immer tiefer in etwas abzugleiten, was Schulze nicht ermessen konnte.

Am Tage schien Robby völlig normal zu sein, wenn auch müde und teilnahmslos. Nachts fand er keinen Frieden. Im Schlaf verfolgten ihn immer noch Alpträume. Das Kratzen und Scharren in der Matratze ging Nacht für Nacht weiter. Und

34

dann, am Sonnabend, dem 26. Februar, tauchten an Robbys Körper die ersten Kratzwunden auf.

Die Kratzer sahen aus wie die einer Katze. Es waren lange und flache Kratzspuren, wie Krallen sie hinterlassen. Sie tauchten an Armen, Beinen und auf der Brust auf. Einige von ihnen schienen Buchstaben zu formen, die jedoch keine Wörter ergaben. Noch nicht.

Schulze erkannte jetzt, daß alle seine Bemühungen nicht ausreichten, um Robbys Qualen zu beenden. Zunächst hatte irgendeine Kraft Robby von außen gequält. Jetzt schien diese Kraft in ihm zu sein und sich dadurch zu zeigen, daß sie aus seinem Körper heraustrat und sich in blutigen Linien manifestierte. Schulze mußte seine Ratlosigkeit und damit seine Niederlage eingestehen. Wie sich Robbys Vater oder seine Mutter erinnerte, sagte er nur leise: »Sie sollten einen katholischen Priester aufsuchen. Die Katholiken kennen sich in diesen Dingen aus.«

Kapitel 3

»Sondern erlöse uns von dem Bösen«

Schulze hatte zunächst geglaubt, die Streiche eines Poltergeistes mitzuerleben. Aber die Kratzspuren deuteten auf mehr hin. Sie waren etwas, das über sein Wissen und seine Erfahrung weit hinausging. Seine Bemerkung, »Katholiken kennen sich in diesen Dingen aus«, war ein doppeltes Eingeständnis. Als Zeuge von Robbys Qual hatte er nun den Verdacht, eine böse Macht sei anwesend. Doch als moderner Lutheraner mußte er eine theologische Realität anerkennen: daß nämlich die meisten protestantischen Kirchen dem Satan keine große Aufmerksamkeit mehr zuteil werden lassen. Für die römisch-katholische Kirche hingegen ist der Satan ein integraler Bestandteil des christlichen Glaubens. Dem entspringt die Überzeugung, daß Teufelsbesessenheit etwas Reales ist und daß ein Exorzismus sie heilen kann.

Die meisten protestantischen Glaubensgemeinschaften waren der Meinung, Besessenheit und Exorzismus seien ein Vermächtnis des Mittelalters und hätten in einer wissenschaftlich aufgeklärten Welt keinen Platz mehr. Als Robbys Eltern andeuteten, ihr Sohn sei vielleicht von einem Dämon besessen, wandten sie sich einer Idee zu, die älter als das Christentum ist und doch von diesem noch längst nicht aufgegeben wurde. Die Möglichkeit von Besessenheit war im Glauben vieler einfacheren Kulturen fest verankert. Christliche Missionare sind solchen Vorstellungen überall auf der Welt begegnet, in Dörfern Malaysias und Afrikas, in Indien und Nepal sowie in Brasilien und auf Trinidad. Teufelsbesessenheit war jedoch nichts, was ein Pfarrer wenige Meilen außerhalb von Washington im Jahre 1949 zu finden erwartete.

Die gesamte Christenheit hat Satan einmal als existierendes

Wesen behandelt und geglaubt, er könne sich eines Menschen bemächtigen. Die gesamte Christenheit besaß einmal ein Ritual, mit dessen Hilfe man den Satan austreiben konnte. Dieses Ritual war der Exorzismus, der seit den Anfängen des Christentums bis tief in das Mittelalter hinein häufig und rigoros praktiziert wurde. Die Quelle des christlichen Glaubens an den Exorzismus ist das Neue Testament mit seinen Schilderungen des titanischen Kampfes Satans mit Jesus. Der Satan zeigt seine Macht unter anderem dadurch, daß er von Menschen Besitz ergreift, und Jesus zeigt seine Macht, indem er den Teufel austreibt.

Sowohl im Matthäus-Evangelium wie auch bei Markus und Lukas finden wir Teufelsaustreibungen durch Jesus beschrieben. Das Opfer der bekanntesten biblischen Geschichte von Besessenheit ist der Mann aus Gerasa. Diesen Mann konnte man »nicht bändigen, nicht einmal mit Fesseln. ... Als er Jesus von weitem sah, lief er zu ihm hin, warf sich vor ihm nieder und schrie laut. ... Jesus hatte nämlich zu ihm gesagt: Verlaß diesen Mann, du unreiner Geist! Jesus fragte ihn: Wie heißt du? Er antwortete: Mein Name ist Legion: denn wir sind viele ... Nun weidete dort an einem Berghang gerade eine große Schweineherde. Da baten ihn die Dämonen: Laß uns doch in die Schweine hineinfahren! Jesus erlaubte es ihnen. Darauf verließen die unreinen Geister den Menschen und fuhren in die Schweine, und die Herde stürzte sich den Abhang hinab in den See. Es waren etwa zweitausend Tiere, und alle ertranken.«

Bei einem anderen Exorzismus sieht Jesus, während er in Kafarnaum am Sabbat in einer Synagoge lehrt, einen von einem unreinen Geist besessenen Menschen. Jesus bedroht den unreinen Geist und spricht: »Schweig und verlaß ihn!« Der unreine Geist zerrte den Mann hin und her und verließ ihn mit lautem Geschrei.« In den Evangelien lesen wir auch davon, wie Jesus aus Maria Magdalena sieben Teufel austreibt sowie einen Teufel aus der kleinen Tochter einer Griechin. Er läßt einen Dämon aus einem Jungen ausfahren, der Schaum vor dem Mund hat und mit den Zähnen knirscht. Nach dem Exorzismus liegt der Knabe leblos da, so daß die Menge ihn für tot hält. »Jesus aber faßte ihn an der Hand und richtete ihn auf, und der Junge erhob sich.«

37

(Mediziner von heute sind der Meinung, der Junge habe an Epilepsie gelitten.)

Die Exorzismen durch Jesus wurden von den meisten Protestanten oft ignoriert oder umgedeutet, vor allem von Lutheranern. Die protestantische Theologie hat sie mit der Bemerkung abgetan, diese Handlungen zeigten nur, daß Jesus die herrschenden lokalen Glaubensvorstellungen akzeptiert habe. Die Menschen von damals, so sagten die modernen Theologen, hätten ebensosehr an Besessenheit geglaubt wie daran, daß die Sonne die Erde umkreise. Es habe nicht zu Jesu Mission gehört, den Volksglauben oder falsche Vorstellungen von der Natur zu korrigieren.

Der Katholizismus hat den dogmatischen Glauben an Besessenheit zwar bewahrt, jedoch in der heutigen Welt nur selten die Existenz von Besessenheit anerkannt. In Rom und in anderen Orten gab es nur wenige Priester, die als Exorzisten ausgewählt waren. Sie haben einen großen Teil ihres Lebens dem Gebet und dem Studium der Besessenheit geweiht. Nur äußerst selten wurden sie von ihren Kirchenoberen in Fällen möglicher Besessenheit zu Rate gezogen. Jeder katholische Priester weiß, daß man ihn theoretisch eines Tages rufen kann, um seine Seele gegen den Satan einzusetzen. In der heutigen Zeit jedoch dürfte kein Priester, vor allem kein junger amerikanischer Gemeindepriester, erwarten, daß er sich einmal als Exorzist betätigen muß.

An einem frühen Abend Ende Februar, kurz nachdem Schulze gesagt hatte, Katholiken wüßten in solchen Dingen Bescheid, rief Karl Mannheim im Pfarrhaus von St. James an, einer katholischen Kirche, die nur rund vierhundert Meter vom Haus der Mannheims entfernt war. Er sagte nur, er wolle einen Priester sprechen. Die Haushälterin holte Pater E. Albert Hughes ans Telefon. Hughes sprach kurz mit Mannheim und bat ihn, am nächsten Morgen ins Pfarrhaus zu kommen.

Protestanten bekamen katholische Priester damals nicht oft zu sehen. Nach uralter katholischer Tradition betraten Katholiken keine protestantischen Kirchen. Sehr strenge Katholiken betraten eine protestantische Kirche nicht einmal, um der Beisetzung oder der Hochzeit eines Freundes beizuwohnen. Soge-

38

nannte Mischehen gab es bei Katholiken nur selten, und diejenigen, die außerhalb ihres Glaubens heirateten, stießen unfehlbar auf großen Widerstand bei Priestern und Familienmitgliedern.

Mannheim war ein verzweifelter Mann, ein Lutheraner, der bei einem katholischen Priester um Hilfe nachsuchte, ein Vater, der seinen Sohn von etwas erlösen wollte, was er zwar beschreiben, jedoch nicht verstehen konnte. Am nächsten Morgen stand er früh vor dem Pfarrhaus, läutete, wartete. Ihm war äußerst unwohl zumute.

Hughes geleitete Mannheim in ein kleines Zimmer nahe des Hauseingangs. Robbys Vater war es unangenehm, mit Pater Hughes zu sprechen, doch dieses Gefühl war beiderseitig. Hughes, ein draufgängerischer, gutaussehender neunundzwanzigjähriger Mann, war noch nicht vielen Protestanten begegnet und wußte zudem wenig von Besessenheit oder Exorzismus. Er war kein Intellektueller. Er glaubte an die Lehren seiner Kirche und lehrte und praktizierte pflichtgemäß ihre Dogmen, war aber kein tiefgründiger Denker. Viele von Hughes' Gemeindemitgliedern, vor allem die älteren, verglichen ihn oft mit dem unbekümmerten und witzigen Priester, den der Schauspieler und Sänger Bing Crosby in dem Film *Going My Way* gespielt hatte. Eine Frau aus seiner Gemeinde sagte später von ihm: »Er war jung und verwöhnt – ein richtiger Ire, wissen Sie, der immer genau das sagte, was die Leute hören wollten. Von einfachen Menschen und vom wirklichen Leben verstand er so gut wie nichts. Trotzdem glaubte er, über alles Bescheid zu wissen.«

Hughes hörte sich Mannheim geduldig an, hatte jedoch nur wenig Trost zu bieten. Die Geschichte hörte sich verrückt an. Er versprach, für Robby zu beten, und schenkte Karl Mannheim eine Flasche mit Weihwasser und geweihte Kerzen. Er wies ihn an, Robbys Zimmer mit etwas Weihwasser zu besprengen und dort die Kerzen anzuzünden, wenn... wenn es begann, was immer es auch war. Weihwasser ist gewöhnliches Wasser, das von einem Priester gesegnet worden ist. Das aus dem vierten Jahrhundert stammende Gebet zur Segnung des Wassers treibt alle Dämonen aus, die sich in dem Wasser befinden könnten. Die Kerzen, die aus Bienenwachs und niemals aus Talg oder Stearin gemacht werden, stammten aus einem Vorrat, der ebenfalls gesegnet war und aus dem die Kerzen entnommen und auf den Altar gestellt wurden, wo sie bei der Messe und anderen Zeremonien angezündet wurden.

Robbys Vater gab Phyllis das Wasser und die Kerzen. An jenem Abend öffnete sie die Flasche mit dem Weihwasser, ging im Haus herum und besprengte jeden Raum damit. Dann stellte sie das Weihwasser auf eine Kommode, zündete die Kerzen an und verteilte sie an mehreren Stellen in Robbys Zimmer.

Am nächsten Morgen rief Phyllis Hughes an. *Die Flasche wurde von irgendwas aufgehoben und dann zerschmettert. Als ich eine der Kerzen anzündete, schossen die Flammen bis an die Decke, so daß ich sie ausblasen mußte, weil ich Angst hatte, das Haus könnte in Brand geraten.*

Was als nächstes geschah, ist nicht ganz klar. Hughes mußte ihr gesagt haben, sie solle es noch einmal versuchen. Sie rief gleich wieder zurück. Er hörte ein Krachen. *Der Telefontisch ist gerade in hundert Stücke zerbrochen.*

Da muß sich Hughes entschlossen haben, zum Haus der Mannheims zu kommen und mit Robby zu sprechen. Er wollte in Erfahrung bringen, was mit dem Jungen los war. Die Unklarheit über die Reihenfolge dessen, was Hughes tat, ist möglicherweise auf die Verwirrung des Priesters zurückzuführen. Was Hughes kurz darauf widerfuhr, setzte seinem Gemüt und seinem Gedächtnis so sehr zu, daß er lange Zeit unfähig war, klar und zusammenhängend über seine Bemühungen um Robby zu sprechen.

Einer Version zufolge hörte Hughes Robby lateinisch sprechen, obwohl der Junge diese Sprache nie gelernt hatte. Robby soll gesagt haben: »*O sacerdos Christi, tu scis me esse diabolum. Cur me derogas?*« (O Priester Christi, du weißt, daß ich der Teufel bin. Warum tadelst du mich?)

Ein derart fließendes Latein verblüffte Hughes. Ihm kamen erste Vorahnungen, es könnte sich um einen Fall von Besessenheit handeln. Zu diesem Zeitpunkt dürfte er sein *Rituale Romanum* aufgeschlagen haben, die kirchenamtliche Sammlung liturgischer Texte der katholischen Kirche. Es umfaßt Texte, die

40

bis ins erste Jahrhundert zurückreichen, und wurde 1614 zum erstenmal veröffentlicht. Seitdem hat es sich kaum verändert. Jeder Priester besitzt ein Exemplar, obwohl die meisten es nur selten einmal aufschlagen dürften, um unter dem Stichwort »Der Exorzismus an den vom Teufel Besessenen« nachzuschlagen. Rund hundert Seiten des Buches sind dem Exorzismus gewidmet. In der zweisprachigen lateinisch-deutschen Ausgabe des *Rituale Romanum* beginnt das Exorzismus-Kapitel mit einundzwanzig ausführlichen Anweisungen. Die dritte von ihnen lautet:

Vor allem dürfte er nicht ohne weiteres annehmen, jemand sei vom Teufel besessen, sondern er muß jene Merkmale kennen, durch die ein Besessener sich von jenen unterscheidet, die an einer Krankheit, namentlich seelischer Art, leiden. Die Merkmale einer teuflischen Besessenheit können folgende sein: Wenn einer ausführlich eine ihm unbekannte Sprache spricht oder einen versteht, der in einer solchen redet; wenn er Entferntes oder Verborgenes kundtut; eine Kraft aufweist, die über sein Alter und seinen Zustand hinausgeht. Wenn derartige Tatsachen zugleich in größerer Anzahl auftreten, so sind sie als um so bedeutsamere Anzeichen zu bewerten.

Die Fähigkeit, in einer unbekannten Sprache zu sprechen, ist demnach traditionsgemäß ein solcher Beweis. Die Vorschriften im *Rituale Romanum* besagen, daß Beweise »dem Ordinarius« vorzulegen seien, d. h. demjenigen, der nach dem Kirchenrecht in kirchlichen Angelegenheiten die rechtsprechende Gewalt vertritt. Der Ordinarius prüft die Beweise und entscheidet dann, ob er einem Exorzismus zustimmt. Er wählt auch den Exorzisten aus. Hughes' Ordinarius war der Erzbischof von Washington, Patrick A. O'Boyle.

O'Boyle war ein Schützling des mächtigsten katholischen Prälaten in Amerika, Francis Kardinal Spellman, des Erzbischofs von New York. O'Boyle war 1896 geboren worden und bei seiner verwitweten Mutter aufgewachsen. Sie wurde Haushälterin bei Priestern, und O'Boyle wuchs mit dem Wunsch auf, wie

41

diese zu sein. Er trat ins Priesterseminar ein, sobald er alt genug war.

Nach seiner Priesterweihe wurde er der Erzdiözese New York zugeteilt und unterrichtete eine Zeitlang in einem Fürsorgeheim auf Staten Island. Dem damaligen Bischof Spellman fiel der energische junge Priester O'Boyle auf. Als Spellman 1939 Erzbischof von New York wurde – der wichtigsten Erzdiözese der USA –, nahm er O'Boyle unter seine Fittiche. Nach dem Eintritt der USA in den Zweiten Weltkrieg wurde Spellman vom Papst zum obersten Militärseelsorger der amerikanischen Streitkräfte ernannt. Spellman machte O'Boyle zum Direktor einer kirchlichen Wohlfahrtsorganisation, des Catholic War Relief, und förderte dessen Karriere durch den Einsatz in der Administration der Amtskirche.

Als der Erzbischof von Baltimore und Washington im Mai 1947 starb, teilte der Vatikan diese Erzdiözese auf und schuf zwei neue, die Erzdiözese Baltimore und die Erzdiözese Washington. O'Boyle, damals in New York als geschäftsführender Leiter katholischer Wohlfahrtseinrichtungen tätig, wurde zum Erzbischof der neuen Erzdiözese Washington ernannt. Es war das erste Mal, daß ein Monsignore, ein Mann mit dem kirchlichen Titel, den O'Boyle innehatte, in Amerika zum Erzbischof ernannt wurde, ohne vorher als Bischof gedient zu haben. Am 14. Januar 1948 weihte Spellman O'Boyle in der St. Patricks-Kathedrale in New York zum Erzbischof. Wenige Tage später ging O'Boyle nach Washington, um dort sein neues Amt anzutreten.

Als Hughes im Februar 1949 also daran dachte, mit O'Boyle über einen möglichen Exorzismus zu sprechen, war der Ordinarius ein Erzbischof, der keine praktische Erfahrung als Seelsorger besaß, keine spezialisierte theologische Ausbildung durchlaufen hatte und bei seiner bisherigen Karriere eher mit Verwaltungsarbeit als mit geheimnisvollen Angelegenheiten wie etwa Besessenheit zu tun gehabt hatte. Hughes begab sich zunächst zu einem von O'Boyles Mitarbeitern, dem Kanzler der Erzdiözese, der ihm den Rat gab, behutsam und langsam vorzugehen. Der ungestüme Hughes entgegnete: *Ich bringe damit bereits zwei*

Wochen zu, und das ist langsam genug. Der Kanzler gab nach und gewährte ihm einen Gesprächstermin bei O'Boyle.

Alle Informationen über das Treffen von Hughes mit O'Boyle befinden sich in dem Geheimarchiv der Erzdiözese Washington und dürfen nur von dem jeweiligen Erzbischof gelesen und an andere weitergegeben werden. Kirchenmänner, die sich über Exorzismen zu informieren suchten, haben aus O'Boyles Akten jedoch etwas über den Fall erfahren können. Diese Akten lassen erkennen, daß O'Boyle sich kaum für das interessierte, was Hughes ihm vorlegte. O'Boyle war ein strenger Prälat. Einmal sah er einen jungen Priester in Hemdsärmeln und ordnete sofort an, sämtliche Priester in seiner Erzdiözese müßten schwarze Priesterhüte sowie schwarze Anzüge und römische Priesterkragen tragen, wo immer sie sich befänden oder was sie auch täten. Er war nicht der Mann, der der ersten Anweisung des *Rituale Romanum* für Exorzismen große Beachtung schenkte:

Der Priester, der durch eine besondere und ausdrückliche Vollmacht des Ordinarius die vom Teufel Besessenen beschwört, soll sich durch Frömmigkeit, Klugheit und unbescholtenen Lebenswandel auszeichnen. Nicht auf seine eigene, sondern auf die Kraft Gottes gestützt, und losgelöst von jedem menschlichen Verlangen, vollziehe er aus Liebe und mit Standhaftigkeit und Demut dieses Gott so wohlgefällige Werk. Es geziemt sich ferner, daß er reifen Alters sei und nicht bloß wegen seines Auftrages, sondern auch wegen seines sittlichen Ernstes Achtung verdient.

Pater Hughes, dieser junge, leicht aufbrausende Mann, der nicht gerade eine Aura von Heiligkeit verbreitete, war als Exorzist ein eher unwahrscheinlicher Kandidat. Nichts deutet darauf hin, daß er oder O'Boyle die nächste Anweisung befolgten:

Damit er seines Amtes richtig walte, soll er sich viele wissenswerte Kenntnisse von bewährten Autoren ... und aus eigener Erfahrung aneignen ...

43

In dem unveröffentlichten Bericht eines Dritten über die Berufung Hughes' heißt es einfach: »Der Erzbischof... ermächtigte Pater (Hughes), mit dem Exorzismus zu beginnen. Pater (Hughes) war klar, daß dies von einem sehr frommen Mann getan werden mußte, weil der Teufel die Sünden des Priesters zu enthüllen pflegt; folglich begab sich der Pater nach Baltimore und legte dort eine Generalbeichte ab.« Es ist nicht ungewöhnlich, daß sich jemand in eine andere Diözese begibt, um eine Generalbeichte abzulegen, die sich insofern von einer gewöhnlichen Beichte unterscheidet, als sie einen längeren Lebensabschnitt umfaßt. Es ist zu vermuten, daß Hughes sein bisheriges Leben einer Prüfung unterzog, seine Schwächen entdeckte und sie einem Priester beichtete, der dazu berufen war, anderen Priestern die Beichte abzunehmen. Eine Generalbeichte vor einem Exorzismus ist, wie es ein Priester einmal sagte, wie die Nachtwache, die ein Ritter im Mittelalter am Vorabend einer Schlacht hielt.

Hughes war von der theologischen Theorie überzeugt, daß der Satan während eines Exorzismus die Sünden, die bei der Beichte vergeben worden sind, nicht ausnutzen oder auch nur nennen konnte. Wenn Hughes also eine erfolgreiche Beichte ablegte, durfte er zumindest sicher sein, daß der Satan ihn nicht wegen seiner Sünden verhöhnen würde. Im übrigen jedoch tat Hughes nur wenig, um sich auf die geistig-seelische Zerreißprobe des Exorzismus vorzubereiten.

Aus heutiger Sicht erscheint es unglaublich, daß O'Boyle den Auftrag keinem der Dutzenden von Theologen gab, die an der Katholischen Universität Washingtons oder am Trinity College zur Verfügung standen. Er hätte sich auch an die Theologen oder Psychologen der Georgetown University wenden können, einer Einrichtung der Jesuiten.

Hughes kann nur ein oberflächliches Wissen in Dämonologie besessen haben, dem Teil der katholischen Theologie, der sich mit dem Teufel und seinen Dämonen befaßt. Die Dämonologie, die Teufelslehre, wird in der theologischen Ausbildung meist mit der Angelologie, der Engelslehre, verbunden. Theologiestudenten und Priesterseminaristen verwandten jedoch weder viel Zeit

44

noch Aufmerksamkeit auf sie. Von den jungen Seminaristen wurde erwartet, daß sie lernten, Priester zu werden – und nicht Exorzisten.

Aber nun war da Robby. Und an einem Winterabend des Jahres 1949 waren sie alle drei, Hughes, O'Boyle und Robby, in einen Exorzismusversuch verwickelt. O'Boyle soll Hughes angewiesen haben, nichts über den Exorzismus zu Papier zu bringen und nichts darüber verlauten zu lassen. Weitere Anweisungen scheint er dem jungen Priester nicht gegeben zu haben.

Robbys Zustand verschlimmerte sich. Er ging nicht mehr in die Schule und tat auch sonst kaum etwas. Das Kratzen und Scharren kam unweigerlich jede Nacht. Das bißchen Schlaf, das er überhaupt bekam, war der unruhige Schlaf der Erschöpfung. Am Tage schien er oft wie in Trance zu sein oder unter einem Bann zu stehen, und manchmal erweckte er den Eindruck, als brauche er psychiatrische Behandlung.

In den Regeln für den Exorzismus heißt es:

Der Besessene soll für den Exorzismus, wo möglich, in die Kirche oder an einen geweihten und angemessenen Ort, fern von der Masse, gebracht werden. Ist er aber krank oder liegt ein entsprechender Grund vor, kann der Exorzismus in einer Privatwohnung vollzogen werden.

Es gab niemanden, an den Hughes sich wenden, niemanden, dem er sich anvertrauen konnte. Ein Gemeindemitglied, damals Chorknabe, erinnert sich an »einen alten, weißhaarigen, schmächtigen Priester«, der in jener Zeit in der Gemeinde seelsorgerisch gearbeitet habe. Hughes selbst jedoch erwähnt in seinem knappen und ausweichenden Bericht über den Fall mit keinem Wort Beratungen mit einem anderen Priester.

Das gleiche Gemeindemitglied erinnert sich auch an Hughes: »Eines Morgens kam er herein. Er sah schrecklich aus. Sein Gesicht war voll hektischer Flecken. Es sah aus, als hätte er Nesselfieber. Er war erschöpft und schien völlig aufgelöst zu sein. Er sah aus, als befände er sich in einer ausweglosen Lage.«

Hughes kam zu dem Schluß, daß Robby in ein Krankenhaus

45

und unter strenge Aufsicht gehörte. Robby wurde ins Georgetown Hospital eingeliefert, das zu dem von Jesuiten geleiteten Komplex der Georgetown University und deren Medical School in Washington gehörte. Hughes scheint dies aus eigenem Antrieb und heimlich getan zu haben, ohne einen Arzt hinzuzuziehen. In einem anderen Bericht heißt es, ein Psychiater habe die Aufnahme arrangiert. Als Robby sich widerspenstig zeigte, habe der Psychiater Hughes kommen lassen. Eine dritte Version bekräftigt, im Krankenhaus sei man sich durchaus bewußt gewesen, daß es zu einem Exorzismus kommen würde. Dies ist sehr glaubwürdig, da es sich um ein katholisches Krankenhaus mit einer entsprechenden Atmosphäre handelte. In den Korridoren bewegten sich Nonnen, von denen die meisten Krankenschwestern waren, die alle ihr weißes Habit und weiße Hauben trugen. An den Wänden hingen Kruzifixe, und in der krankenhauseigenen Kapelle wurde jeden Tag die Messe gelesen.

Irgendwann zwischen Sonntag, dem 27. Februar, und Freitag, dem 4. März, wurde Robby ins Georgetown Hospital gebracht und unter einem falschen Namen dort aufgenommen. Die Mutter Oberin der Nonnen erteilte strikte Anweisung, über den Exorzismus nichts verlauten zu lassen und nichts schriftlich niederzulegen. Auf Anordnung von Hughes wurden Gurte am Bett befestigt und quer über die Bettdecke gespannt, so daß sie Robbys zarten Körper festhielten. (In den Anweisungen zum Exorzismus heißt es, »bei Gefahr« dürfe der vom Teufel Besessene gefesselt werden.)

Robby lag mit geschlossenen Augen auf dem Rücken. Über das, was nun vor sich ging, gibt es nur Berichte aus zweiter oder dritter Hand. In einem heißt es, Hughes sei mit einem Chirurgenkittel über seinem Chorhemd und der Soutane eingetreten, und Robby habe ihm sofort mit machtvoller Stimme befohlen, ein Kreuz zu entfernen, das an der Wand hing, von dem Jungen aber nicht gesehen werden konnte. In einer anderen Geschichte heißt es, als eine Nonne mit einem Tablett ins Zimmer gekommen sei, wäre es ihr plötzlich entglitten, durch die Luft gesegelt und krachend gegen die Wand geflogen.

In einem erst Jahre später erstellten dritten Bericht wird die

Szene mit den folgenden Worten beschrieben: »An den Wänden hingen Kruzifixe, und die Krankenschwestern waren Nonnen. Das Krankenhausbett rutschte scharrend wie von selbst kreuz und quer durch den Raum. Plötzlich tauchten unter den Augen der Nonnen Kratzspuren auf der Brust des Jungen auf. Die Nonnen konnten das Bett nicht festhalten.« Eine auf Hughes' Erzählungen beruhende Darstellung beschreibt, wie Robby plötzlich in einer fremden Sprache zu fluchen begonnen habe – später hieß es, es sei Aramäisch gewesen, eine in biblischer Zeit gesprochene semitische Sprache. (In einem weiteren wohldokumentierten Bericht über Robbys Fall wird eine solche Sprachbegabung dagegen mit keinem Wort erwähnt.)

Rekonstruiert, muß sich die Szene wie folgt abgespielt haben: Hughes, der sich immer streng an Regeln und Vorschriften hielt, hat an diesem Tage die Messe gelesen und wohl besonders für den Erfolg seiner Bemühungen gebetet. Über seiner schwarzen Soutane trug er ein gestärktes weißes Chorhemd und auf dem Kopf sein schwarzes Birett, das er sich ganz gegen seine sonstige Gewohnheit nicht schräg, sondern gerade aufgesetzt hatte. Um die Schultern hatte er sich eine violette Stola gelegt, deren breite Enden über dem Chorhemd herabhingen. Als er den Raum betrat, trug er in den Händen eine golden glitzernde Weihwasserschale, die zur Hälfte gefüllt war. Er begann, den Raum mit Weihwasser zu besprengen, stellte die Weihwasserschale dann auf einen Tisch und näherte sich dem Bett. Robby lag noch immer mit geschlossenen Augen da.

Hughes kniete mit dem *Rituale Romanum* in der Hand neben dem Bett nieder. Er begann, die Allerheiligenlitanei zu rezitieren – das »Who's Who des Himmels«, wie fromme Witzbolde wie Hughes sie zu nennen pflegten: »Heilige Mutter Gottes ... Heiliger Michael, Heiliger Gabriel ... Ihr heiligen Engel ... Ihr heiligen Jungfrauen und Mönche ... Ihr heiligen Väter und Mütter ... Alle Heiligen Gottes ...« Hughes betete: »Herr, befreie uns ... Von der Versuchung durch den Teufel, von Zorn, Haß und allem bösen Willen ... Von einem plötzlichen Tode, von der ewigen Verdammnis.« Der Priester sprach diese Gebete auf lateinisch, ebenso das folgende:

»*Ne reminiscaris, Domine*... Herr, gedenke nicht unserer Vergehen noch jener unserer Väter, und strafe uns nicht wegen unserer Sünden...« Als er sich schließlich für die Exorzismusgebete bereit machte, sprach Hughes das Vaterunser. »*Pater noster*...«

Der Exorzist ist gehalten, das Gebet »unhörbar« zu sprechen bis zu dem Satz »*Et ne nos inducas in tentationem*« (Und führe uns nicht in Versuchung). In diesem Augenblick sollten die anderen Anwesenden – wahrscheinlich eine Nonne und ein Krankenpfleger – das Gebet gemeinsam mit Hughes hörbar beenden: »*Sed libera nos a malo*« (Sondern erlöse uns von dem Bösen). Dann sollte Hughes einen Psalm sprechen und mit dem ersten der Exorzismusgebete beginnen.

In diesem Moment begann sich einer von Robbys Armen kaum wahrnehmbar unter dem Gurt zu bewegen. Dann machte der Junge seine Hand frei. Niemand bemerkte es, als er die Hand am Bett hinuntergleiten ließ und es irgendwie schaffte, eine der Sprungfedern aus dem Rahmen zu lösen.

Hughes schrie auf, kam mühsam auf die Beine. Schlaff hing sein linker Arm herab. Blut befleckte Chorhemd und Stola. Robby hatte den Arm des Priesters von der Schulter bis zum Handgelenk aufgeschlitzt. Mehr als hundert Stiche waren nötig, um die Wunde zu vernähen.

In seinem Bericht über den Exorzismus an den Erzbischof erwähnt Hughes diesen Zwischenfall mit keinem Wort. Er setzte die Teufelsaustreibung nicht fort, und kurze Zeit nach seiner Verwundung verschwand er von St. James. Er soll einen Nervenzusammenbruch erlitten haben. Später sah ihn ein Mitglied seiner früheren Gemeinde an anderen katholischen Kirchen in der Erzdiözese predigen. Vor dem Altar konnte er nur eine Hand heben, wenn er während des heiligsten Augenblicks der Messe die geweihte Hostie hochhielt. Menschen, die ihn damals sahen, erklärten, er habe einen gehetzten und in sich gekehrten Eindruck gemacht, als würde er nur noch in sich selbst hineinblicken.

Kapitel 4

Die Spuren der Krallen schreiben »St. Louis«

Nachdem Robby Pater Hughes verletzt hatte, wurde er unverzüglich aus dem Krankenhaus entlassen. Der Zwischenfall konnte so gut vertuscht werden, daß nur wenige Angehörige des ärztlichen Personals erfuhren, daß überhaupt etwas geschehen war. In Mount Rainier wurde den Gemeindemitgliedern von St. James erklärt, ihr Priester habe einen Unfall gehabt und werde einige Zeit nicht da sein. Doch in der Gemeinde kochte die Gerüchteküche. *Dieser Junge der Mannheims! Hat Pater Hughes niedergestochen! Er soll nur knapp mit dem Leben davongekommen sein.* Einige Leute behaupteten, sie hätten irre Schreie aus dem Haus gehört, von dem Lichter ausgestrahlt hätten. Wieder einmal wurde Robby zum Mittelpunkt von Angst und Schrecken. Nachbarn, die über das Spukhaus und den verhexten Jungen zunächst Scherze gemacht hatten, gingen den Mannheims jetzt aus dem Weg. Die Polizei erhielt anonyme Anrufe, bei denen die Beamten aufgefordert wurden, die Ereignisse im Haus der Mannheims näher zu untersuchen.

Die Mannheims zogen in aller Stille in ein rund achthundert Meter entferntes Haus um, das etwa die gleiche Größe hatte wie das alte. Robby schien immer tiefer in seinen Bann zu versinken, wie seine Eltern es nannten, nachdem er Pater Hughes verletzt hatte. Phyllis war mehr denn je überzeugt, daß sich ihr Sohn im Würgegriff von etwas Bösem befand, von etwas, das nicht von dieser Welt war. Der evangelische Pfarrer Schulze hatte die Vorstellung, Robby könne vom Teufel besessen sein, zunächst mit ein paar spöttischen Bemerkungen abgetan. Doch dann hatte er sich immerhin so weit überzeugen lassen, daß er sogar einen katholischen Priester hinzuzog. Und Pater Hughes war immerhin so überzeugt gewesen, daß er einen Exorzismus begonnen hatte. Doch nun hatte er aufgegeben, und Phyllis schien es ähnlich zu gehen. »Die waren drauf und dran, das Handtuch zu werfen«, wie sich eine Vertraute später erinnerte.

Doch Phyllis brauchte ihren Sohn nur anzusehen, um zu wissen, daß sie diese Prüfung bis zum Ende durchstehen mußte, wie schwer es auch sein würde. Sie sprach mit ihrem Mann Karl über einen weiteren, wenn auch nur vorübergehenden Umzug. Phyllis war in St. Louis, Missouri, geboren, wo sowohl sie als auch Karl Verwandte hatten. Sie konnten Robby dort bei Angehörigen unterbringen. Vielleicht würde es ihm in einer neuen Umgebung, weit weg von Mount Rainier, gelingen, das abzuschütteln, was ihn in der Gewalt zu haben schien.

Robbys Eltern sprachen noch immer über den Plan, ihren Sohn nach St. Louis zu bringen, als sich etwas ereignete, was zu ihrer Entscheidung den letzten Anstoß gab. Eines Abends, als Robby gerade ins Bett gehen wollte, sah er in den Badezimmerspiegel und schrie auf. Seine Mutter rannte ins Bad. Robbys Pyjamajacke hing offen. Er zitterte. Quer auf seiner schmalen Brust waren Kratzer zu sehen, die aus Blut ein einziges Wort bildeten: *Louis.*

Phyllis Mannheim versuchte, Ruhe zu bewahren. Sie nahm Robby in die Arme und spürte, wie sein Herz pochte. Sie brachte ihn in sein Zimmer. *Wir werden nach St. Louis gehen*, sagte sie ihm. *Wir gehen nach St. Louis.* Sie redete schnell auf ihn ein und sagte, sie würde sich sofort an die Vorbereitungen machen. Es werde aber einige Zeit dauern. Karl Mannheim mußte sich Urlaub nehmen, es mußten Verwandte angerufen und Fahrkarten für die Bahn gekauft werden... Plötzlich krümmte sich Robby vor Schmerz und stöhnte auf. Er zog seine Pyjamahose herunter. Seine Mutter sah, wie an seiner Hüfte Blut durch die Haut drang. Es war, als kämen die Kratzer von innen, als würde etwas von innen heraus die Haut zerkratzen. Die blutenden Kratzer bildeten ein Wort: *Sonnabend.*

Phyllis Mannheim war wie vor den Kopf geschlagen. So entging ihr, daß Robbys Körper wie ein Ouija-Brett agierte. Sie fragte: *Wie lange?* Als Robbie wieder aufschrie und das Gesicht

50

vor Schmerz verzog, erkannte sie zu ihrem Entsetzen, daß ihre Frage ihm Schmerzen bereitete und eine neue Antwort in Blut auslöste. Diesmal erschien sie auf seiner Brust: Kratzer, denen sie entnahm, sie würden *dreieinhalb* Wochen in St. Louis bleiben.

Später erklärte sie, sie habe sich gezwungen gefühlt, den Botschaften zu gehorchen. Der Verstand hätte ihr eigentlich sagen müssen, dem zu widerstehen, da die schrecklichen, blutenden Botschaften anscheinend von der Kraft ausgelöst worden waren, die auch Robbys Pein verursachte. Doch irdische Logik hatte sich schon lange von dieser Familie verabschiedet. Robbys Körper hatte ihnen Zeichen gegeben, und sie würden diesen Zeichen folgen.

Am Sonnabend, dem 5. März, fuhren Robby, Phyllis und Karl Mannheim zur Union Station in Washington, wo sie einen Nachtzug nach St. Louis bestiegen. Während sie die Landschaft an sich vorüberziehen sah, hatte Phyllis Mannheim Zeit und Ruhe, sich noch einmal vor Augen zu führen, was in den letzten sieben turbulenten Wochen geschehen war, und sich darüber klar zu werden, was sie gesehen und erlebt hatte.

Als am 15. Januar mit dem Kratzen in der Matratze alles begann, hatte Tante Harriet noch gelebt. Als sie am 26. Januar starb, schien eine Veränderung eingesetzt zu haben: als wüchse das, was sich Robby immer mehr näherte. Jetzt war es in ihm. Robbys Mutter konnte nicht beschreiben, was sie fühlte – die Präsenz, das Anpirschen. Sie hatte nichts von dem aufgeschrieben, was geschehen war. So konnte sie keinen Tag mit dem nächsten vergleichen. Es konnte jedoch keinen Zweifel darüber geben, daß sich die Dinge veränderten. Die Kratzspuren, die sich noch im Januar an den Wänden gezeigt hatten, erschienen jetzt am Körper ihres Sohnes.

Hatte sie sich das alles nur eingebildet? Phyllis begann zu zählen, wer außer Karl und ihr das alles auch gesehen hatte: Verwandte, Freunde, der evangelische Pfarrer, ein katholischer Priester, Krankenschwestern, Nonnen. Und die Lehrer und Kinder in der Schule. Die Nachbarn. Diese freundlichen Nachbarn, die ihre Hilfe angeboten hatten. Sie hatten die Gerüchte gehört und angedeutet, ihrer Ansicht nach seien das alles Tricks von Robby. Manche von ihnen nahmen ihn für eine Nacht bei sich auf, denn, so erklärten sie, ihr werdet schon sehen, daß das, was bei euch passiert ist, bei uns nicht passieren kann.

Blaß und stammelnd waren sie früh am nächsten Morgen wiedergekommen. Sie erzählten, Gegenstände seien durch die Luft geflogen, und die Möbel hätten sich bewegt. Sie hätten es mit eigenen Augen gesehen. Phyllis zählte vierzehn Zeugen. Es waren jetzt vierzehn Menschen, die mit eigenen Augen Dinge gesehen hatten, für die es keine rationale Erklärung gab.

Was ging in Robbys Gemüt vor? Woher hatte er die Kraft – und die Schlauheit –, seine kleine Hand zu den Sprungfedern hinuntergleiten zu lassen und aus einer Feder eine einfache, aber wirksame Waffe zu machen? Hatte er Wut empfunden, als er auf Pater Hughes losging? Was trieb diesen zartgliedrigen Jungen? Und wohin wurde er getrieben?

Sprache ist manchmal verräterisch. So dürfte uns meist nicht bewußt sein, was wir sagen, wenn wir etwa den folgenden Satz äußern: *Welcher Teufel hat uns geritten, gerade das zu tun?* »Geritten«, das heißt von ihm Besitz ergriffen. Dahinter steckt die Vorstellung, daß es Kräfte gibt, die in eine Seele eindringen und sie überwältigen können. Wir haben diese primitive Furcht unter Schichten von Logik und Wissenschaft begraben. In unserer Welt, in der Welt von Phyllis Mannheim, ist Besessenheit der Stoff, aus dem die Alpträume sind. In anderen Kulturen ist Besessenheit jedoch eine alltägliche Realität, ein Glaube, der von allen Angehörigen der Gemeinschaft geteilt wird.

In der Vorstellungswelt von Phyllis und Karl Mannheim war für Besessenheit kein Platz, und mit dem gewalttätigen Ende des Behandlungsversuchs im Georgetown Hospital glaubten sie auch nicht mehr an den Exorzismus. Sie waren Eltern, die zwar in einer Welt lebten, die für Dinge wie Besessenheit zu kultiviert und zu gebildet war, die jenseits der tiefen Kluft jedoch einen Sohn sahen, der sich in einer fremden Welt, in der es Besessenheit gab, vor Schmerzen wand. Jetzt strebten sie nur noch danach, ihn dort zu erreichen und ihn zu retten. Es war ein Streben ohne Anleitung, aber nicht ohne Wissen.

52

Um Robby zurückzuholen, mußten sie sich in die Bereiche des Aberglaubens und des Übernatürlichen vorwagen. Sie mußten einen Weg beschreiten, den in neuerer Zeit nur wenige gegangen waren.

Die Verwandtschaft der Mannheims in St. Louis war religiös gespalten. Einige waren katholisch, andere protestantisch. Doch alle Verwandten mochten Robby und hatten großes Mitgefühl mit den Mannheims. Alle boten ihre Hilfe an. Als Phyllis und Karl in St. Louis ankamen, standen sie vor einer Wahl, die den Konflikt zwischen einem katholischen und einem nichtkatholischen Ansatz gegenüber der Besessenheit darstellte. Nach der erschütternden Erfahrung mit Pater Hughes beschlossen sie, sich wieder an einen protestantischen Pfarrer zu wenden – und, man glaubt es kaum, es mit einer neuen Art von Ouija-Brett zu versuchen.

Am Montag, dem 7. März, setzten sich im Haus protestantischer Verwandter in St. Louis Robbys Tante und Onkel mit zwei oder drei anderen Verwandten um einen Küchentisch. Einer von ihnen schrieb das Alphabet auf ein Blatt Papier und hielt einen Bleistift darüber. Alle Anwesenden saßen in tiefem Schweigen da, auf der Suche nach etwas, was sie ein alphabetisches Medium nannten. Der Tisch bewegte sich, und die Person, die den Bleistift hielt, unterstrich einen Buchstaben. Eine andere Person am Tisch schrieb den Buchstaben auf ein anderes Blatt Papier. Der Tisch bewegte sich erneut, und wieder unterstrich die Person mit dem Bleistift einen Buchstaben, während die andere ihn neben dem ersten niederschrieb.

Und so ging es weiter – Tischrücken, dann ein unterstrichener Buchstabe ... Tischrücken, unterstrichener Buchstabe –, bis die Menschen am Tisch ihre Botschaft bekamen. Sie war von Tante Harriet: Sie war der Geist, der die unerklärlichen Erscheinungen ausgelöst hatte. Es war nicht der Teufel.

Anschließend begaben sich die Verwandten in ein Schlafzimmer, um auf einen Beweis Tante Harriets zu warten, daß sie tatsächlich hier irgendwo herumschwebte. Als sie dort standen, bewegte sich ein schweres Bett etwa einen knappen Meter, obwohl niemand in seine Nähe gekommen war.

53

Robby hatte unterdessen in einer Ecke gesessen und in einem Comicheft gelesen. Plötzlich schrie er auf und krümmte sich vor Schmerz. Phyllis ahnte, was geschehen war, knöpfte ihm das Hemd auf und sah die inzwischen beinahe vertrauten Kratzer, aus denen frisches Blut tropfte. Da dies so unmittelbar nach der Botschaft des Tischrückens erfolgte, bezögen sich, dachte sie, die Worte wahrscheinlich auf Tante Harriet. Wer diese Botschaften in Blut gesehen hatte, berichtete später, wo auf Robbys Körper die Schrift erschienen war und um welche Worte es sich handelte. Doch über diese Botschaft wurde später nichts mehr geäußert.

Robby ging zu Bett, und nachdem die Verwandten ihm gute Nacht gewünscht hatten, ließen sie ihn allein. Kurz darauf hörten sie Geräusche im Schlafzimmer und stürmten hinein. Das Bett erzitterte heftig. Robby lag fast reglos da. Phyllis trat nahe ans Bett heran und beugte sich vor, um zu lauschen. Sie konnte das Kratzen hören, Geräusche, die sich in der Matratze von oben nach unten und von unten nach oben bewegten, als wäre in der Matratze irgendein wildes Tier gefangen, das herauswollte. Verwandte, die den Mut aufbrachten, traten ebenfalls ans Bett und stellten sich neben Phyllis. Sie erklärten später, sie hätten die Kratzgeräusche ebenfalls gehört. Die ganze Nacht hindurch gingen Menschen ins Schlafzimmer, um das Bett zittern zu sehen und dem Kratzen zu lauschen. Robby schlief unruhig, doch als er aufwachte, war er merkwürdig ruhig.

Am nächsten Tag, Dienstag, dem 8. März, zogen die Mannheims in das Haus anderer Verwandter – zu Robbys katholischer Tante Catherine, die mit Karl Mannheims Bruder George verheiratet war. Wie Karl war auch George als Protestant aufgewachsen, ging jedoch so gut wie nie in die Kirche. Der Familie seiner Frau zuliebe hatte er in einer katholischen Kirche geheiratet. Als Bedingung für diese »Mischehe«, wie die katholische Kirche solche Verbindungen nennt, hatte George sich einverstanden erklärt, seine und Catherines Kinder katholisch zu erziehen. Sie hatten zwei Söhne und eine Tochter. Billie war jünger als Robby, Marty etwa in Robbys Alter. Elizabeth besuchte bereits die St. Louis University, die von Jesuiten geleitet wird.

Wie alle Verwandten der Mannheims in St. Louis hatten auch

54

George und Catherine jede Einzelheit über Robby gehört. Sie wußten auch, daß Phyllis' Verwandte einen protestantischen Pfarrer um Hilfe gebeten hatten. Dieser war jedoch noch schneller wieder verschwunden als Pfarrer Schulze. In einer Wiederholung dessen, was in Mount Rainier geschehen war, hatte der protestantische Pfarrer in St. Louis den Verdacht geäußert, es könne sich um Teufelsbesessenheit handeln, und vorgeschlagen, ein katholischer Priester solle sich Robby ansehen. Nach dieser Empfehlung hatte es der Pfarrer sehr eilig gehabt, sich zu verabschieden.

Karl und Phyllis – vor allem Phyllis – widersetzten sich der Idee, noch einen Priester hinzuzuziehen. Phyllis klammerte sich noch immer an die Vorstellung, die durch die Séance mit dem Tischrücken auf unheimliche Weise bestätigt worden war, daß Tante Harriet aus irgendeinem unbekannten Grund Robby heimsuchte. Phyllis sah es lieber, daß eine Tante in Gestalt eines Geists von ihrem Sohn Besitz ergriff, als ein Dämon, der mit dem Teufel im Bunde war. Und die Attacke auf Pater Hughes war zuviel für sie gewesen. Robby mochte schreien und zucken, Betten mochten sich bewegen und Vasen durch die Luft fliegen, doch bis zum Beginn des katholischen Exorzismus hatte es keine Gewalt gegeben. Das war die Assoziation, die sich in Phyllis festsetzte: Exorzismus und Gewalt.

Den ganzen Dienstag hindurch schien Robby einigermaßen zufrieden zu sein. Als sein Vetter Marty von der Schule nach Hause kam, spielten die beiden Jungen. Bis nach dem Abendessen gab es keinerlei Zwischenfall. Als die vier Erwachsenen später unter sich waren, beglückwünschten sie sich dazu, Robby von dem erlöst zu haben, was ihn gequält hatte. Phyllis begann an die Botschaft *dreieinhalb Wochen* zu denken und beschloß, Robby, der inzwischen schon so viele Schultage versäumt hatte, in Martys Schule anzumelden.

Sie rief Robby zu sich und teilte ihm ihre Entscheidung mit. Robby sah sie kalt an, schnitt kurz eine Grimasse und knöpfte sich das Hemd auf. Die Kratzer besagten: *Keine Schule*. Bei einer anderen Gelegenheit hielt Robby die Handgelenke hoch, als sie von der Schule sprach. Auf jedem Handgelenk war ein gekratztes blutiges *Nein* zu lesen. Dann zog er die Hosenbeine hoch. An jedem Bein war ein großes *N* zu sehen. Sie erschauerte. Dies war nicht Robby. In ihm steckte irgendeine neue Kraft. Sie hatte Angst. Von Schule war danach nicht mehr die Rede.

Am Dienstag abend ging Robby mit Marty zu Bett. Die Erwachsenen begaben sich nacheinander ins Schlafzimmer, um den Jungen gute Nacht zu wünschen. Ihnen war nicht wohl dabei. Den Jungen schien es aber gut zu gehen. Sie wirkten so, wie sie schon bei früheren Besuchen ausgesehen hatten: wie zwei Vettern, die mal gemeinsam übernachteten und sich schon auf die Kissenschlacht freuten, die in dem Augenblick beginnen würde, in dem die Eltern gingen. Schon wenige Minuten später ertönten die ersten Geräusche aus dem Zimmer der beiden.

Phyllis und Karl waren die Laute deprimierend vertraut. Für George und Catherine waren sie erschreckend neu. Alle vier rannten ins Schlafzimmer. Kratzlaute schienen von überall her zu kommen, ursprünglich aber aus der Matratze heraus. Als sie hinblickten, hüpfte die Matratze wie wild auf und ab. Dann begann sie sich vorwärts zu bewegen und drückte gegen die beiden Bettpfosten am Fußende. Beide Jungen lagen vollkommen still und reglos auf dem Rücken.

Jetzt war es an Martys Eltern, sich zu ängstigen. Ihr eigener Sohn lag inmitten dieser vibrierenden, kratzenden Bedrohung, die von seinem Schlafzimmer Besitz ergriffen hatte. Etwas Unbekanntes, Unheimliches war in ihr Haus eingedrungen. Man mußte etwas tun! Catherine verspürte das tiefe Bedürfnis nach einem Priester.

Als Elizabeth Mannheim erfuhr, was in Martys Zimmer geschehen war, erbot sie sich, mit einem ihrer Dozenten an der St. Louis University zu sprechen, einem Jesuiten. Vielleicht wußte er, was zu tun war. Für Robbys Eltern und vor allem für Phyllis bedeutete ein Priester mehr Gewalt und mehr Wahnsinn. Doch sie konnten sich dem Vorschlag nicht widersetzen. Dies war nicht ihr Zuhause. Und was wäre, wenn Catherine recht hatte? Wenn auch Marty jetzt in Gefahr war? So gaben sie ihr Einverständnis. Elizabeth sollte sich an einen Jesuiten wenden.

Kapitel 5

Der schützende Segen
eines Priesters

Am nächsten Tag sprach Elizabeth ihren Lieblingsdozenten an, Pater Raymond J. Bishop, S. J., den dreiundvierzigjährigen Dekan der Erziehungswissenschaftlichen Fakultät, der ein hervorragender Lehrer war. Bishop war auch ein guter Zuhörer und hatte immer Zeit für seine Studenten. Er besaß überdies eine Qualität, die er mit vielen anderen Angehörigen der Gesellschaft Jesu teilte: Er war zwar ein gläubiger Priester, trat aber nicht frömmlerisch auf.

Bishop sah die Besorgtheit auf Elizabeths Gesicht und konsultierte sofort seinen Terminplan, um ein Gespräch mit ihr zu vereinbaren. Wie fast alle Jesuiten hatte Bishop während seiner ganzen Laufbahn Jungen und Männer unterrichtet. Bis kurz nach Kriegsende gab es an der St. Louis University nur männliche Studenten. 1949 waren Studentinnen auf dem Campus noch immer etwas Neues, und ebenso ungewohnt war es für Bishop, einer Studentin in persönlichen Angelegenheiten Ratschläge zu erteilen, und er sah dem Gespräch mit gemischten Gefühlen entgegen.

Er spürte so etwas wie Erleichterung, als Elizabeth ihm zunächst erzählte, es gehe um ihren jungen Vetter aus Mount Rainier. Dann berichtete sie, was bei Robbys Besuchen in den beiden Häusern in St. Louis geschehen war – von den wandernden Möbeln, den Kratzern an Robbys Körper, dem Gefühl der Bedrohung. Hauptsächlich erzählte sie von dem, was sie bei sich zu Hause gesehen hatte, und davon, wie ihr kleiner Bruder in etwas hineingezogen wurde, was die beiden Familien zunächst verblüffte und dann zutiefst erschreckte.

Bishop sagte später, er habe von Anfang an gespürt, daß

Robby von Besessenheit bedroht gewesen sei. Er teilte Elizabeth jedoch nichts von seinem Verdacht mit. Der Jesuit behielt für sich, was sein priesterlicher Instinkt ihm sagte, und dachte darüber nach, was Besessenheit sei und wie man sie beweisen könne. Falls Robby tatsächlich besessen war, gab es dafür auch bestimmte Anzeichen, von denen sich Bishop selbst überzeugen mußte. Vor allem war es nötig, mehr über den Jungen herauszufinden. Doch zunächst wollte er mit anderen Jesuiten über den Fall sprechen. Elizabeth versprach er, sich bald wieder bei ihr zu melden.

Anschließend suchte Bishop Pater Laurence J. Kenny, S. J., auf, einen Mann, der für seine Güte und Weisheit bekannt war. Kenny, schon über neunzig Jahre alt, war erst seit kurzem emeritierter Geschichtsprofessor. Überdies war er der Beichtvater vieler Jesuiten an der Universität und hatte lange genug gelebt, um von menschlichem Laster und menschlicher Tugend mehr gesehen und gehört zu haben als jeder andere seiner ehemaligen Kollegen. Er berichtete später von dem Treffen mit einem protestantischen Pfarrer, der ihn wegen Robby aufgesucht hatte. Wie Bishop erzählte, hatte sich Elizabeth zunächst an diesen Pfarrer gewandt. Beides mag möglich sein. Die weitverzweigte Familie Mannheim, in der es sowohl Protestanten wie Katholiken gab, wandte sich in ihrer Suche nach Hilfe an beide Kirchen.

Nachdem er sich angehört hatte, was Elizabeth Bishop erzählt hatte, hegte auch Kenny den Verdacht, daß es sich um einen Fall von Besessenheit handle. Er drängte auf ein Treffen mit Pater Paul Reinert, S. J., dem Präsidenten der Universität.

Mit ihren schwarzen Soutanen sehen Jesuiten einander sehr ähnlich. Alle erhalten die gleiche zeitraubende und strenge Ausbildung. Die meisten verbringen ihr gesamtes Berufsleben in derselben »Provinz«, wie eine Verwaltungseinheit der Jesuiten heißt. Die Männer, die etwa im gleichen Alter sind, haben dieselben Lehrer gehabt, dieselben Priesterseminare und Universitäten besucht, die gleichen Lehrbücher gelesen, die gleichen Geschichten gehört und die gleichen Witze erzählt. Ihre Disziplin erzeugt ein Klima von Gleichheit. Sie müssen Regeln und Vorschriften befolgen, die ebenso strikt sind wie beim Militär, das bei der

Gründung der Gesellschaft Jesu sogar Pate gestanden hat. Doch innerhalb dieser Organisation mit ihren schwarzen Roben unterscheiden sich die Individuen ebensosehr voneinander wie die Soldaten der Fremdenlegion. Ein typischer Jesuit ist höchst individuell, hat zu allem eine eigene Meinung und kultiviert sorgsam seine im Lauf der Jahre entwickelten Eigenheiten.

Jeder der drei Priester, die über Robby berichten, sprach vor dem Hintergrund seiner individuellen Erfahrungen sowie mit seinem eigenen Begriff des jesuitischen Ethos. Der kluge und logisch denkende Bishop wußte, daß er seiner Intuition gegenüber dem Verstand den Vorrang eingeräumt hatte. Er hatte zugelassen, daß der mittelalterliche Glaube an Besessenheit sich an einer modernen Universität unserer Zeit äußerte. Er spürte jedoch, daß bei Robby irgend etwas zutiefst falsch war, und brauchte Rat. Der hochbetagte und lebenskluge Kenny glaubte, daß die dunklen Kräfte, die sich in der Welt des Mittelalters geregt hatten, auch in den Schatten des zwanzigsten Jahrhunderts lauern konnten. Reinert, der seine Universität gerade durch schwierige Zeiten geführt hatte, hatte alle Hände voll zu tun und brauchte keine zusätzliche Belastung. Er war ein Wissenschaftler im Gewand eines Verwaltungsmannes, das er nicht ganz freiwillig trug. »Die Verwaltungsarbeit«, sagte er einmal, »hat heimtückische Auswirkungen auf die Denkweise eines Mannes.« Er hatte jedoch Gehorsam gelobt, und da man ihm befohlen hatte, Universitätspräsident zu sein, wurde er es auch.

Reinert war stolz auf seine Universität und widmete sich seiner Arbeit mit Hingabe. Er wollte verhindern, daß sich Bishop kopfüber in etwas stürzte, was für die St. Louis University peinlich werden konnte. Intellektueller Mittelpunkt der Provinz Missouri, spielte sie nach Reinerts Überzeugung eine wichtige Rolle bei den Bemühungen vieler amerikanischer Jesuiten, die Gesellschaft Jesu sowie den amerikanischen Katholizismus insgesamt in eine neue Zeit zu führen. Reinerts Campus beherbergte das umstrittene Institute of Social Order, eine von amerikanischen Jesuiten trotz Kritik aus Rom und von anderen amerikanischen Jesuiten gegründete liberale Denkfabrik. Bei der Auseinandersetzung um die Aufhebung der Rassentrennung an den

Schulen von St. Louis hatten Jesuiten der Universität in vorderster Reihe mitgekämpft.

Das Institute of Social Order hatte bei den Bemühungen der Jesuiten, die Rassentrennung in der Stadt zu beenden, Pionierarbeit geleistet. Jesuiten hatten vier schwarze Pfarrgemeinden geleitet sowie nur von Schwarzen besuchte Schulen, ferner Stellenvermittlungen, Sommerlager für Schüler und ein Haus für Exerzitien. Wegen der Rassentrennung war es zu leidenschaftlichen Auseinandersetzungen innerhalb des Ordens gekommen, und Reinerts Vorgänger hatte denjenigen Jesuiten, der sich in dieser Frage am stärksten engagiert hatte, im Zorn entlassen. Im Jahre 1944 jedoch wurde die Universität die erste Bildungseinrichtung in Missouri, zu der Weiße wie Schwarze gleichermaßen Zugang hatten. Drei Jahre später hob der Erzbischof von St. Louis, Joseph E. Ritter, in der gesamten Erzdiözese die Rassentrennung auf.

Die Hierarchie der Jesuiten steht außerhalb der normalen Hierarchie der katholischen Amtskirche, die vom Papst über die Bischöfe bis hin zu den Gemeindepriestern streng gegliedert ist. Jede Provinz wird von einem Provinzial geleitet, der dem General in Rom direkt untersteht, der wiederum nur dem Papst verpflichtet ist. In der Vergangenheit ist es zwischen Jesuiten und dem Vatikan oft zu Auseinandersetzungen gekommen, bei denen die Macht des schwarzgewandeten Generals ihm den Beinamen »Schwarzer Papst« eingetragen hat.

1949 gab es zwischen Jesuiten und Vatikan jedoch keinerlei Spannungen. Wenn Jesuitenpatres einander Briefe schrieben, in denen es um Angelegenheiten des Ordens ging, bezeichneten sie die Gesellschaft oft als *die Unsrigen*, etwa wenn es um die Geschichte des Ordens ging: »Als die Unsrigen erstmalig nach St. Louis kamen...« Viele amerikanische Jesuiten vertrauten eher sich selbst als der Zentralgewalt in Rom und interessierten sich mehr für diese Welt als jede, die im Jenseits liegen mochte. Wenn ein Jesuit des Institute of Social Order einen Artikel schrieb, ging es darin öfter um soziale Gerechtigkeit als um Glaubensgrundsätze.

Das Kernstück des amerikanischen Katholizismus ist die Ge-

60

meinde, eine kirchliche Verwaltungseinheit, die oft mit der weltlichen Gemeinde übereinstimmt. Jeder Pfarrer untersteht einem Bischof oder, in Großstädten, einem Erzbischof. Die Jesuitengemeinden in solchen Einrichtungen wie etwa der St. Louis University unterstehen einer doppelten Kontrolle. Der Provinzial übt die Amtsgewalt über die Jesuiten und deren Tätigkeit in seiner Provinz aus; der Bischof oder Erzbischof hat hingegen nur auf geistliche Aktivitäten der Jesuitenpriester Einfluß. So dürfen sie etwa ohne seine Erlaubnis nicht die Messe lesen, Eheschließungen vornehmen, die heilige Kommunion spenden oder auch nur Trauerfeiern oder Beisetzungen abhalten.

Damit stellte sich Reinert ein weiteres Problem. Wenn sich Pater Bishops seltsame Geschichte als möglicher Fall von Teufelsbesessenheit erwies, würde sich Reinerts Universität in der Frage eines Exorzismus an Ritters Erzdiözese wenden müssen. So wie Pater Hughes Erzbischof O'Boyles Erlaubnis einholen mußte, um einen Exorzismus durchzuführen, würde auch Pater Bishop sich der Zustimmung von Erzbischof Ritter versichern müssen. Die Beziehungen zwischen Universität und Erzdiözese waren zwar gut. Wie Reinert förderte auch Ritter modernes religiöses Denken, und in der Frage der Aufhebung der Rassenschranken waren sie derselben Meinung. Doch Reinert fragte sich, wie er Ritter Robbys mittelalterlich anmutende Probleme nahebringen sollte. Welche Auswirkungen hätte ein Exorzismus auf die Beziehungen der Jesuiten zu Ritter? Wie würde die nichtkatholische Öffentlichkeit über eine Universität denken, die solche abergläubische Dinge wiedererstehen ließ?

Reinert war als Präsident für die Universität zuständig, aber nicht direkt für die Lösung eines im Kern geistlichen Problems. Das fiel eigentlich in den Bereich des für das geistliche Wohlergehen von Universität und Jesuitengemeinde verantwortlichen Rektors und Vorstehers des Jesuitenkonvents. Von einem Gespräch mit dem eigentlich zuständigen Rektor erwähnte Bishop später nichts. Eines steht jedoch fest: Bei jenem ersten Gespräch über Elizabeths Hilfeersuchen kamen Kenny und Bishop zu dem Schluß, daß sie verpflichtet waren, das Problem zu lösen. Der zuständige Rektor hätte Bishop einfach eine Anweisung geben

61

können, Elizabeth, eine praktizierende Katholikin, zu einem Priester in ihrer Gemeinde zu schicken. Doch damit hätte er das Mädchen vor den Kopf gestoßen und die von Bishop und Kenny empfundene geistliche Verantwortung ignoriert. Und falls Elizabeth tatsächlich bei einem Gemeindepriester um Hilfe bat, würde sich dieser an Ritter wenden müssen, um die Genehmigung zu einem Exorzismus einzuholen – und damit würde Ritter den Eindruck erhalten, daß die Jesuiten der St. Louis University sich vor ihrer Verantwortung gedrückt und Kleinmut bewiesen hätten.

Bishop hat nicht exakt festgehalten, was Reinert zu ihm sagte. Er hatte offenkundig aber nicht die Absicht, sich blindlings in ein Abenteuer zu stürzen. Er gab Bishop den Rat: *Gehen Sie in das Haus, geben Sie Ihren priesterlichen Segen, und verschaffen Sie sich selbst einen Eindruck davon, was da vorgeht. Dann werden wir über den nächsten Schritt beraten.*

Elizabeth hatte eine gute Wahl getrofen. Bishop trat ihr ebenso wie allen seinen Studenten offen und aufgeschlossen entgegen. »Er war ein sehr liebenswürdiger Mensch«, wie ein Jesuit, der ihn gut kannte, einmal über ihn sagte. »Er war ein Mann, der auf andere Menschen einzugehen verstand.« Er war auch ein Mann, der den größten Teil seines Lebens für andere dagewesen war. Der Sohn deutscher Einwanderer in Glencoe in Minnesota hatte zunächst Lehrer werden sollen. Er belegte Pädagogik- und Didaktikkurse an der Glencoe Public High School, unterrichtete danach ein Jahr lang an ländlichen Schulen in Minnesota und schrieb sich dann an der University of Minnesota ein, um Apotheker zu werden. Erst dort beschloß er, sein Leben zu ändern und Jesuit zu werden.

Seine Ausbildung, wie die jedes Jesuiten, folgte Traditionen, die bis in die Gründungszeit der Gesellschaft Jesu zurückreichen. Ignatius von Loyola, ein baskischer Edelmann und Soldat, hatte sie 1534 ins Leben gerufen. Als er sich von einer im Kampf erlittenen Verwundung erholte, las der Kriegsmann Ignatius ein Buch über das Leben der Heiligen, das ihn dazu anregte, sein Schwert abzulegen und mit einem Gott geweihten Leben zu beginnen. Er gründete einen religiösen Orden, wie es ihn noch

62

nie gegeben hatte. Die Mitglieder der Gesellschaft Jesu sollten keine kontemplativen Mönche sein, sondern Soldaten Christi, Männer, »die zu den drei Mönchsgelübden das vierte fügten, ihr Leben dem beständigen Dienst Christi und der Päpste zu widmen, unter dem Kreuzesbanner Kriegsdienste zu leisten, nur dem Herrn und dem römischen Oberpriester als dessen irdischem Stellvertreter zu dienen, so daß, was immer der gegenwärtige Papst und seine Nachfolger in Sachen des Heils der Seele und der Verbreitung des Glaubens ihnen befehlen und in welche Länder immer er sie entsenden möge, sie ohne jegliches Zögern und Entschuldigung sogleich, soweit es in ihren Kräften liege, Folge zu leisten hatten.«

Bishop trat 1927 in die Gesellschaft Jesu ein und nahm damit ein geistliches System von Disziplin und Studien auf sich – *ratio studiorum* –, das sich seit dem sechzehnten Jahrhundert kaum verändert hatte. Nach einer zwanzigtägigen Kandidatur begann für ihn ein zweijähriges Noviziat, das in erster Linie dem Gebet und der Meditation geweiht war, in dem sich der Novize auch in niederen Dienstleistungen üben mußte. Während des von vier Uhr morgens bis neun Uhr abends genau geregelten Tages folgte er schweigend dem Geläut der Glocken. Es gab, wie ein Jesuit aus jener Zeit schrieb, »Glocken fürs Aufstehen, Glocken für die Meditation, Glocken für die Messe, Glocken fürs Frühstück, Glocken für den Unterricht…« Am Ende des Noviziats legte er die Gelübde der Armut, der Keuschheit und des Gehorsams ab. Damit trat er als Scholastikus der Gesellschaft bei und durfte seinem Namen das S. J. hinzufügen und das Birett tragen. Im Rang des Scholastikus bleiben Jesuiten je nach ihren Fortschritten acht bis fünfzehn Jahre. Bei Bishop dauerte diese Zeit elf Jahre.

Das Schweigen und der durch Glockengeläut eingeteilte Tag gingen für Bishop am St. Stanislaus Seminary im ländlichen Florissant, Missouri, am Rande von St. Louis weiter. Dort studierte er zwei Jahre Griechisch und Latein, anschließend drei Jahre Philosophie. Der gesamte Unterricht wurde auf lateinisch abgehalten, ebenso die Debatten, bei denen das Wissen eines Scholastikers ebenso geprüft wurde wie seine Fähigkeit zu denken und frei zu sprechen. Das Leben eines Scholastikers ist ein Leben des Studiums, der Isolation und der Demut. Jeder Scholastiker erhält eine Liste mit fünfundzwanzig *culpas* oder Fehlern – darunter »zögernder Gehorsam«, »mangelnde Pünktlichkeit« sowie »sarkastisches, grobes oder gebieterisches Auftreten gegenüber anderen«. Jeder, der sich einen Fehler hatte zuschulden kommen lassen, mußte ihn öffentlich eingestehen.

In seinem siebten Jahr erhält der Scholastiker einen Auftrag, der seine Seminarstudien vorübergehend unterbricht. Meist muß er zwei oder drei Jahre in einer von Jesuiten geleiteten Schule unterrichten. Bishop unterrichtete an der der St. Louis University angeschlossenen High School.

Anschließend folgt ein vierjähriges Theologiestudium. Am Ende des dritten Jahres wird der Jesuit zum Priester geweiht und ist damit kein Scholastiker mehr. Endlich redet man ihn mit *Pater* an. Um die Zeit seiner Priesterweihe gehört er der Gesellschaft seit etwa dreizehn Jahren an. Dann beginnt ein Jahr der Wiederholung der Noviziatsübungen, das sogenannte Tertiat, die dritte Prüfungszeit (die erste ist die kurze Beobachtungszeit, die zweite das Noviziat). Immerhin ist das Tertiat meist eher priesterlicher als wissenschaftlicher Arbeit gewidmet.

Diese vierzehn oder fünfzehn Jahre ergeben das, was die Gesellschaft die »Bildung« eines Jesuiten nennt. Als Bishops Bildung beendet war, wurde er dem Rockhurst College in Kansas City zugeteilt, wo er Dekan des College of Arts and Sciences wurde. Seine Laufbahn erhielt jedoch abrupt eine andere Richtung, als der Dekan der Pädagogischen Fakultät an der St. Louis University plötzlich erkrankte. Bishop wurde nach St. Louis beordert, um den erkrankten Dekan zu unterstützen. Nach dessen Tod übernahm Bishop das Amt. Er leitete die Fakultät seit etwa sieben Jahren, als Elizabeth ihn um das Gespräch über Robby bat.

Nachdem er sich mit Reinert beraten hatte, rief Bishop Elizabeth an und sagte ihr, er würde Robby gern so bald wie möglich kennenlernen. Noch am selben Abend, Mittwoch, den 9. März, holte ein Mitglied der Familie Bishop in der Universität ab und fuhr mit ihm nach Hause. Der Wagen hielt vor einem ansehnli-

64

chen, zweistöckigen Klinkerhaus, das hinter einem großen Vorgarten in der stillen Seitenstraße eines Vororts einige Meilen nordwestlich von St. Louis lag. Elizabeth stellte Bishop ihren Eltern vor und geleitete ihn dann in einen anderen Raum, wo er Robbys Eltern kennenlernte. Karl und Phyllis Mannheim verhielten sich zunächst scheu und gehemmt, als sie es wieder mit einem Priester zu tun hatten. Für sie war dieser mit leiser Stimme sprechende und liebenswürdige Pater Bishop nichts weiter als ein Priester wie Pater Hughes. Ihnen wäre nie aufgegangen, daß es einen grundlegenden Unterschied zwischen Pater Hughes, einem jungen Gemeindepriester, der auf sich allein gestellt war, und Pater Bishop gab, einem Priester, dem alle Möglichkeiten der Gesellschaft Jesu zu Gebote standen.

Die Mannheims legten jedoch schon bald ihre Scheu vor Bishop ab und erzählten, was ihnen und ihrem Sohn seit dem 15. Januar widerfahren war. Bishop fragte behutsam nach. Er suchte nach Widersprüchen und Ungereimtheiten in ihren Erzählungen, fragte nach Details, machte sich Notizen. *Wo war Robby, als in der Küche das Obst durch die Luft flog? Was diesen Zwischenfall mit dem Sessel betrifft: Haben Sie damals selbst in dem Sessel gesessen, Mr. Mannheim? Und Sie sagen, Mrs. Mannheim, Sie hätten eine Liste von vierzehn Zeugen? Und was genau hat jeder dieser Zeugen gesehen?* Bishop bemühte sich, seine Befragung von Emotionen und religiösen Dingen freizuhalten. Es war eine Übung in Logik und Vernunft, eine Suche nach Fakten.

Die Mannheims erzählten ihm von dem Ouija-Brett, der Séance am Küchentisch, dem Tod von Tante Harriet. Sie sagten, sie hätten in St. Louis mit einem Psychiater gesprochen, der jedoch ebenso wie der Psychiater in Maryland wenig hilfreich gewesen sei. Die Eltern zeigten sich jedoch seltsam zurückhaltend, als sie gebeten wurden, über ihre Erfahrungen mit Pater Hughes zu berichten. Aus irgendeinem Grund, den nur sie kannten, erzählten sie Bishop, Hughes sei Robby nicht persönlich begegnet. Sie sagten auch, ihres Wissens habe Hughes zwar einiges unternommen, um einen Exorzismus vorzubereiten, ihn jedoch nicht vorgenommen. Vielleicht wollten sie Bishop nicht

65

von Robbys Attacke im Georgetown Hospital erzählen. Was immer sie bewegt haben mag: Bishop erfuhr nichts von dem vergeblichen Exorzismusversuch im Krankenhaus.

Anschließend unterhielt sich Bishop mit Robby, der ihm nicht anders als viele der jungen Leute zu sein schien, die er als Scholastiker an der University High School von St. Louis unterrichtet hatte: ein stiller Junge, nicht sehr sportlich, den Bücher zwar langweilten, der aber dennoch lernwillig war. Alles andere als ein Junge, der seinen Eltern Kummer machen will. Und dennoch hatten ihm die Mannheims berichtet, Robby sei aufsässig geworden, habe gedroht, von zu Hause wegzulaufen und scheine kurz davor zu stehen, gewalttätig zu werden. Karl und Phyllis erzählten Bishop von ihren Eindrücken, daß etwas Unbekanntes von Robby Besitz ergreifen würde. Sie besaßen ein nur höchst oberflächliches Wissen über das Phänomen Besessenheit, doch was sie sagten, ließ Bishop aufhorchen. Was er zu hören bekam, machte ihn tief besorgt, aber er versuchte, sich nichts anmerken zu lassen.

Nach den Gesprächen ging er von Zimmer zu Zimmer und segnete jedes einzelne, indem er auf lateinisch mit leiser Stimme Gebete sprach und mit der erhobenen rechten Hand das Kreuzeszeichen machte. Er hatte im Namen des heiligen Ignatius gesegnetes Weihwasser mitgebracht. Ignatius soll einmal einen Exorzismus vollzogen haben. Bishop besprengte die Räume mit Weihwasser, während er seinen Segen sprach. In dem von Robby benutzten Schlafzimmer erteilte Bishop einen, wie er es später nannte, »besonderen Segen«, den er über Robbys Bett wiederholte.

Der »priesterliche Segen«, zu dem Reinert geraten hatte, ist eine milde Form des Exorzismus gegen das, was Theologen Heimsuchung nennen, die mildeste Form diabolischer Aktivität. Die Phänomene, von denen die Mannheims Bishop unterrichtet hatten – das Kratzen in der Wand und im Fußboden, die Geräusche, die herumfliegenden Gegenstände –, mögen ein Hinweis darauf gewesen sein, daß Dämonen sich in Robbys Umkreis bemerkbar machten. Einer solchen diabolischen Präsenz konnte nach althergebrachter Glaubensvorstellung durch eine milde

66

Form des Exorzismus begegnet werden, durch den Exorzismus eines Orts.

Bishop folgte dieser alten christlichen Tradition und versuchte, den Ort von unterirdischen Mächten zu säubern. »Bestimmte Orte – Kirchen, Häuser, Städte, ländliche Regionen – können aus einer Vielzahl von Gründen heimgesucht und beeinflußt werden, und häufig wirken mehr als nur eine Ursache gleichzeitig zusammen«, wie es in einer katholischen Abhandlung über Exorzismus geschrieben steht. Ein bestimmter Ort, heißt es weiter, kann von Geistern heimgesucht werden, durch Magier, die mit okkulten Dingen experimentieren, durch wiederholte sündhafte Tätigkeit (etwa am Ort alter Fruchtbarkeitsriten), durch »Erinnerungen des Orts« an Sünde oder Gewalt sowie durch Poltergeister. Diese Ursachen sind nicht unbedingt dämonischer Natur und nicht Gegenstand eines Exorzismus. Doch sollte sich ein dämonischer Einfluß spürbar machen, »gilt der vernünftige allgemeine Grundsatz, einen allgemeinen Exorzismus vorzunehmen«.

Im Jahre 1599 hat ein Jesuit namens Martin del Rio Beschreibungen von achtzehn Arten von Dämonen oder dämonischen Erscheinungen zu Papier gebracht. Zur sechzehnten Art gehören »Geister, die zu bestimmten Zeiten oder an bestimmten Orten oder Häusern dazu neigen, verschiedene Bewegungen und Ärgernisse auszulösen«, Geister, die den Schlummer eines Schlafenden »mit dem Klappern von Töpfen und dem Schleudern von Steinen stören können, und die ihn aus dem Bett vertreiben können, wenn sie ihm die Matratze weggezogen haben«. Diese Beschreibung, die für das Verhalten eines Poltergeistes typisch ist, umfaßt auch die Ärgernisse, die nach anderen Aussagen ein Opfer von Besessenheit während des ersten Stadiums der Heimsuchung ertragen muß.

Bishop wußte inzwischen, daß es gleichgültig war, wo sich Robby aufhielt. Der Junge wurde überall heimgesucht, wohin er auch ging. Es bestand die Möglichkeit, daß »der Fall«, wie Bishop ihn später nannte, schon von der Heimsuchung zum nächsten Stadium fortgeschritten war, der »Umsessenheit«. Einer 1906 veröffentlichten theologischen Definition zufolge läßt in diesem Stadium »der Dämon ihn (den Betroffenen) nie das Bewußtsein verlieren, quält ihn jedoch in einer solchen Weise, daß sich sein (des Dämons) Handeln bemerkbar macht«.

Das Kratzen und die Klopfgeräusche in Robbys Elternhaus in Maryland hätten demnach Anzeichen des Heimsuchungsstadiums sein müssen. Die Kratzwunden am Körper des Jungen, die Bishop selbst noch nie gesehen hatte, deuteten auf »Umsessenheit« hin. Allerdings hatte es noch keine Hinweise auf das dritte Stadium gegeben: die wirkliche Besessenheit, wie sie in der Schrift von 1906 als Zustand definiert wird, in dem ein Dämon das Opfer »das Bewußtsein verlieren läßt, um anschließend in dessen Körper die Rolle der Seele zu übernehmen. Der Dämon benutzt, zumindest allem Anschein nach, die Augen des Opfers zum Sehen, dessen Ohren zum Hören und dessen Mund zum Sprechen... Er (das Opfer) ist es, der wie unter einer Verbrennung leidet, wenn seine Haut mit einem Gegenstand berührt wird, der gesegnet worden ist.«

Bishop hatte eine Reliquie mitgebracht, die er mit einer Sicherheitsnadel an der Ecke des Kopfkissens auf Robbys Bett befestigte. Der Stoffbeutel enthielt in einem kleinen Glasbehälter das winzige Fragment einer Reliquie zweiter Klasse der heiligen Marguérite Marie Alacoque – zu alt und zu klein, um leicht identifiziert werden zu können. Eine Reliquie zweiter Klasse ist ein Stück eines Gegenstands, der nach der Überlieferung von einem oder einer Heiligen berührt worden ist – z. B. ein Stoffstückchen, ein Holzsplitter. Eine Reliquie erster Klasse dagegen stammt von dem Körper des oder der Heiligen selbst. Meist ist es ein Knochensplitter oder eine Haarlocke.

Jesuiten fühlen sich besonders zu der heiligen Marguérite hingezogen, einer französischen Nonne des siebzehnten Jahrhunderts, weil ihr geistlicher Ratgeber ein Jesuit gewesen war. Der ermutigte und unterstützte sie, als sie gegen anfänglichen Widerstand in der Kirche mit dem begann, was später zu der weltweiten Andacht des Heiligen Herzen Jesu wurde. Indem Bishop ihre Reliquie an Robbys Kopfkissen befestigte, erflehte der Jesuit die Fürbitte einer Frau, die behauptet hatte, im Zustand der Verzückung von Jesus mit Liebkosungen überschüttet

68

worden zu sein und den Augenblick einer mystischen Verbindung mit Jesus erlebt zu haben. Sie sagte, Jesus sei ihr erschienen, habe ihr Herz in seines genommen »und mich sehen lassen, daß meines wie ein winziges Atom war, das in jenem glühenden Ofen verzehrt wurde. Dann zog er es wie eine brennende, herzförmige Flamme heraus und legte es wieder dorthin, woher er es genommen hatte.« Katholische Einwanderer brachten die Andacht des Heiligen Herzen in die USA mit. Die Anbetung konzentriert sich auf ein Bild, wie man es in den USA in unzähligen katholischen Kirchen und Häusern findet: Jesus blickt den Betrachter von einem Gemälde oder einer Lithographie an und enthüllt sein flammendes, blutendes, von einer Dornenkrone umhülltes Herz. Bishop dürfte dieses Bild schon von seinem Elternhaus her gekannt haben.

Als es für Robby an der Zeit war, ins Bett zu gehen, kam Bishop noch einmal in Robbys Zimmer und wünschte ihm eine gute Nacht. Dann ging der Priester ins Erdgeschoß hinunter, um noch ein paar Worte mit Robbys Eltern, seinem Onkel und seiner Tante zu wechseln, bevor er nach Hause fahren wollte.

Plötzlich hörten alle Anwesenden ein Geräusch. Sie verstummten und lauschten. Die Laute – ein Klopfen, Pochen – kamen aus dem Obergeschoß. Dann schrie Robby auf. Alle rannten die Treppen hinauf in sein Zimmer.

Kapitel 6

Die Nächte der Priester beginnen

An der Tür zu Robbys Zimmer traten die anderen zur Seite, um Pater Bishop vorzulassen. Er sah, wie sich Robbys Matratze hin und her bewegte. »Der Junge lag vollkommen still«, wie Bishop später berichtete, »und übte keinerlei Einwirkung auf die Matratze aus. Sie bewegte sich nicht mehr als acht Zentimeter in eine Richtung. Diese Bewegung war unregelmäßig und hörte nach einem Zeitraum von etwa fünfzehn Minuten auf.«

Bishop holte die kleine Flasche mit dem im Namen des heiligen Ignatius gesegneten Weihwasser hervor und besprengte das Bett damit in der Form des Kreuzzeichens. »Die Bewegung der Matratze hörte ziemlich abrupt auf, begann aber wieder«, wie Bishop unerschütterlich in der dritten Person schrieb, »als der Pater den Raum verließ.«

Robby schrie auf – »R. schien auf dem Bauch einen stechenden Schmerz gespürt zu haben«, wie Bishop es beschrieb. Phyllis Mannheim rannte zum Bett und zog die Decke zurück. Sie hob Robbys Pyjamajacke so weit hoch, »daß sich auf dem Unterleib des Jungen zickzackförmige Kratzer in grellroten Linien zeigten«. Bishop hielt ausdrücklich fest, daß »der Junge während dieser fünfzehn Minuten ständig im Blickfeld der sechs Beobachter war« – von Pater Bishop, Robbys Eltern, seinem Onkel und seiner Tante sowie vermutlich seiner Cousine Elizabeth.

Kurz darauf hörte die Matratze auf sich zu bewegen, und alle verließen den Raum. Robby machte den Eindruck, als würde er gleich einschlafen. Es war fünfzehn Minuten nach elf.

Am nächsten Tag, Donnerstag, dem 10. März, unterhielt Pater Bishop sich zum ersten Mal mit einem engen Freund über

70

Robby, mit Pater William S. Bowdern, S. J. Die Schreie des Jungen waren Bishop noch im Ohr, als er wiedergab, was er gesehen und gehört hatte. Bowdern, der seine unvermeidliche Camel paffte, hörte aufmerksam zu. Dies war keine jesuitische Diskussion über die Feinheiten der Augustinischen Theologie. Hier ging es um einen Jungen, einen Dreizehnjährigen, der sich in einer Art spiritueller Krise befand, und Bowdern zeigte sich sofort interessiert. Gequälte Menschen nahmen seine Zeit weit mehr in Anspruch als die gesamte Theologie.

Anders als die Mehrheit der Jesuiten in der Gemeinde erteilte Bowdern keinen Unterricht. Er war Gemeindepriester der St. Francis Xavier Church, die nach einem Jesuiten aus dem sechzehnten Jahrhundert benannt war, einem der sechs Gründungsmitglieder in Ignatius' ursprünglicher Gesellschaft Jesu. Die St. Francis Xavier Church war bei den Bewohnern der Gegend unter dem Namen Xavier oder College Church bekannt. Obwohl in erster Linie für die Studenten und Dozenten der Universität errichtet, war sie auch eine Gemeindekirche, die der großen katholischen Gemeinde in der Umgebung der Universität als Gotteshaus diente. Der einer irischen Kathedrale nachgebildete Bau besteht aus Kalkstein und besitzt Ornamente aus Bedford-Stein. Es ist ein mächtiges, imposantes, neugotisches Bauwerk mit einem großen, von Säulen gesäumten Mittelschiff und hohen Gewölben. Architekturkritiker haben die Kirche als besonders schönes Beispiel der englischen Neugotik des neunzehnten Jahrhunderts bezeichnet.

Als Seelsorger unterstand Bowdern dem Rektor der Universität und dem Erzbischof Ritter, der als Ordinarius der Erzdiözese Oberhaupt aller Priester in seinem Sprengel war. In Wirklichkeit genoß Bowdern jedoch weitgehende Unabhängigkeit. Obwohl er dem Jesuitenkonvent angehörte, hatte er an der Universität kein Dozentenamt inne. Er war seinen Gemeindemitgliedern enger verbunden als dem Jesuitenkonvent. Man sagte von ihm, er habe in St. Louis in den letzten Jahren keine einzige Totenwache versäumt.

Während die Jesuiten des Konvents in einem Gemeindehaus wohnten und ihre Mahlzeiten am Refektoriumstisch einnahmen, wohnte Bowdern wie ein normaler Pfarrer in einem Pfarrhaus, einem kleinen Holzhaus, das sich zwischen die Kirche und ein Jesuitenheim namens Verhaegen Hall duckte.

Bowdern hatte eine lebendige Gemeinde zu verwalten. Sein Terminkalender war mit Taufen, Eheschließungen, Krankenbesuchen, Beerdigungen und Nachtwachen gefüllt. Er war für jeden zu sprechen, der an die Tür des Pfarrhauses klopfte, und schien nie müde zu werden, die Menschen anzuhören, die mit ihren Ängsten und ihren Missetaten zu ihm kamen. Ein oder zwei neue jesuitische Priester wurden ihm als Hilfspfarrer zugeteilt, meist jeweils für ein paar Monate. Es waren junge Männer, die gerade erst zu Priestern geweiht worden waren und ihr einjähriges Tertiat zu absolvieren hatten, eine Unterbrechung ihrer seelsorgerischen Tätigkeit, bevor sie ihre ersten wichtigen akademischen oder wissenschaftlichen Aufgaben erhielten.

Der zweiundfünfzigjährige, in St. Louis geborene Bowdern war im Alter von siebzehn Jahren in die Gesellschaft Jesu aufgenommen worden, nachdem er an der St. Louis University Academy (der späteren St. Louis University High School) die High School absolviert hatte. Er war klein und stämmig, hatte schwarzes Haar und ein eckiges Kinn und stand in dem Ruf, kühl und entschlossen zu handeln. Er war Kettenraucher und hatte ständig eine Camel zwischen den Fingern.

Nach seiner Priesterweihe wurde er zum Leiter der High School am St. Mary's College in Kansas ernannt, wo er während seiner Jahre als Scholastiker unterrichtet hatte. Anschließend leitete er die St. Louis University High School. Nach seiner dortigen Amtszeit wurde er zum Rektor der Campion Jesuit High School in Prairie du Chien, Wisconsin, berufen. Von 1942 an war er vier Jahre Armeekaplan und diente sowohl auf den europäischen Kriegsschauplätzen als auch in China, Burma und Indien. Kurz nach Beendigung seines Dienstes in der Armee im Jahre 1946 wurde er Pfarrer der College Church.

Bowdern war ein Profeß mit vier Gelübden. Diese Priester verwalten die höchsten Ämter, wählen aus ihrer Mitte den Generaloberen und erscheinen auf den in Rom abgehaltenen Generalkongregationen. Die Unterscheidung gegenüber den einfachen

Jesuiten wird außerhalb der Gesellschaft nicht mehr wahrgenommen.

Nur ein Jesuit, der die erste mündliche Prüfung mit besonderem Erfolg ablegt sowie eine spätere in Theologie, wird Profeß, vorausgesetzt, man beurteilt seinen Charakter und seine Moral entsprechend günstig. Dann legt er ein viertes Gelübde ab: Gehorsam gegenüber dem Papst. Die Jesuiten haben mehrmals in ihrer Geschichte Probleme mit dem Vatikan gehabt, und dieses vierte Gelübde ist eine Geste, mit der die Jesuiten die Anerkennung der päpstlichen Autorität bezeugen. Allein die Professen unter den Jesuiten sind in der Gesellschaft für alle höheren Positionen qualifiziert, etwa für das Amt des Leiters einer Provinz, des Provinzials. Sie können auch Präsident einer Universität werden. Im Normalfall können nur Professen Philosophie und Theologie lehren. Jesuiten, die das vierte Gelübde nicht abgelegt haben, sind »Koadjutoren«. Bei ihrer täglichen Arbeit unterscheiden Jesuiten einander jedoch nicht nach den Bezeichnungen Profeß oder Koadjutor. Doch ein Jesuit hat den Unterschied einmal erklärt: »Statt das Werkzeug der Gesellschaft zu sein und *von ihr* akzeptiert zu werden, gelobt man, dem Papst zu gehorchen und nie etwas zu unternehmen, was der Gesellschaft schaden könnte. Man akzeptiert *sie*.«

Bowdern war als Profeß seinem Freund Bishop also rangmäßig nicht übergeordnet, obwohl dieser nur geistlicher Koadjutor war. Doch als Rektor der Campion Jesuit High School hatte er eine andere Laufbahn eingeschlagen. Für viele der jüngeren Jesuiten im Konvent war Bowdern mehr Mentor als Kollege. Bishop wollte und erhielt von Bowdern den Rat eines Freundes. Dieser Rat kam überdies von einem Mann, der »vollkommen furchtlos« war, wie ihn ein anderer Jesuit einmal beschrieb.

Bishop hat später nichts über sein Gespräch mit Bowdern berichtet, und es wäre daher riskant, über den Inhalt der Unterredung zu spekulieren. Jesuiten lassen sich von Außenstehenden nicht leicht durchschauen oder analysieren. Man kann jedoch davon ausgehen, daß Bishop sich als einen Lehrer sah, der in etwas hineingezogen worden war, was über sein Wissen oder seine Erfahrung weit hinausreichte. Es war sinnvoll, »den Fall«, wie er es nannte, jemandem zu übergeben, der auf einen größeren Erfahrungsschatz zurückgreifen konnte – auf Bowdern, den Seelsorger und Armeekaplan. Es kann noch einen weiteren Grund gegeben haben: Bishop hielt Bowdern für einen frommen Mann. Wer frömmlerisch tut, kann dies sichtbar machen oder ausspielen, wahre Frömmigkeit jedoch ist innerlich, kommt aus der Seele und ist zäh. Und Bowdern besaß sie.

Bei seinem ersten Kontakt zu Robby hat Bishop vielleicht den Wunsch verspürt, sich nur auf seinen eigenen Instinkt zu verlassen. Doch dann wollte er einen Zeugen für seine Beobachtungen haben, dem er vertrauen konnte. Einen priesterlichen Zeugen. Und sein Freund Bowdern war dafür ein guter Kandidat, ein glaubensfester, unerschütterlicher, erfahrener Priester, der den Krieg kannte, ein Jesuit, den andere Jesuiten einen frommen Mann nannten.

Als die beiden Priester an jenem Donnerstag abend ihr Gespräch beendeten, lag Robby nach einem ereignislosen Tag bereits in seinem Bett. Kurz darauf begann die Matratze wieder zu erzittern. Kratzgeräusche erfüllten den Raum und schlugen einen Rhythmus, wie ihn trampelnde Füße erzeugen. Es war, als marschierte etwas auf Robby zu. Die Sicherheitsnadel an seinem Kopfkissen öffnete sich, und die Reliquie flog in hohem Bogen auf den Fußboden, als hätte jemand sie weggeworfen.

Am Freitag erzählte Elizabeth Pater Bishop, was in der Nacht geschehen war. Bishop versprach, am Abend mit Pater Bowdern wiederzukommen, und Elizabeth sorgte dafür, daß ihr Vater Bishop und Bowdern gegen zehn Uhr an der College Church abholte.

Bowdern stand kurz vor dem Ende einer anstrengenden Novene, einer neuntägigen Andacht in der College Church. Jeden Tag gab es um zwölf Uhr mittags, am Nachmittag, am frühen Abend sowie um neun Uhr abends Gottesdienste. Bowdern leitete die Andachten und hielt jedesmal eine Predigt. Er war zwar kein großer Kanzelredner, da er dazu neigte, bestimmte Worte immerfort zu wiederholen, um ihnen Nachdruck zu verleihen. Dennoch wurden seine Predigten, in denen er von alltäglichen Situationen sprach, die jeder kannte, von den Zuhörern immer gut aufgenommen. Der Hauptgottesdienst unter Mitwirkung des Kirchenchors fand am Freitagabend um neun Uhr statt. Zum Ende der Novene war die Kirche bis auf den letzten Platz gefüllt, denn der Gottesdienst fand zu Ehren des Schutzpatrons der Kirche statt, des heiligen Franz Xaver.

Bowdern war ein gläubiger Mann, und seine dreijährige Zeit als Seelsorger an der College Church hatten ihm den Wert von Reliquien, Weihwasser, Votivkerzen und anderen Äußerlichkeiten des Glaubens bewußt gemacht. Sie waren zwar nicht der Stoff für vernünftige theologische Diskussionen über Gut und Böse, sondern nur Relikte aus den Tagen der mittelalterlichen Kirche, doch Bowdern wußte, daß Reliquien und Weihwasser die Menschen oft trösteten, sie beruhigten und manchmal sogar heilten. Als er sich auf den Weg zu Robbys Haus machte, nahm er folglich zwei Reliquien mit. Eine war eine Reliquie des heiligen Franz Xaver erster Klasse, ein Symbol jenes traditionellen Katholizismus, der solche Jesuiten störte, die ihre Religion für moderne Katholiken attraktiver machen wollten.

Xaver, der als Missionar in Indien und Japan gewirkt hatte, starb 1552 auf einer einsamen Insel vor Kanton in China, wo er auch begraben wurde. Zwei Monate später wurden Grab und Sarg geöffnet. In zeitgenössischen Berichten heißt es, sein Leichnam sei nicht verwest gewesen, eine Versicherung, die bei potentiellen Kandidaten für die Heiligsprechung vertraut ist. Der Leichnam wurde nach Goa gebracht, der Hauptstadt der portugiesischen Enklave in Indien, und in einer Kirche in einen Schrein gelegt. Der Generalobere der Jesuiten befahl, den rechten Arm des Leichnams am Ellbogen abzutrennen und nach Rom zu schicken, wo er in dem Altar einer Kirche aufbewahrt wurde.

Was Pater Bowdern mitbrachte, war ein Stück Knochen von Xavers rechtem Arm. Die Reliquie ruhte hinter Glas in einem mit Samt ausgeschlagenen goldenen Reliquienschrein, der wie eine kleine Monstranz aussah. Bowdern brachte auch ein Kruzifix mit, das ausgehöhlt worden war, um zwei Reliquien erster Klasse zu beherbergen. Die eine stammte von dem heiligen Petrus Canisius, einem Jesuiten und Theologen aus dem sechzehnten Jahrhundert, der ein halbes Dutzend Hochschulen gründete

75

und ein eifriger Kämpfer der Gegenreformation war, für die er sich als Schriftsteller und Prediger eingesetzt hatte. Die zweite Reliquie war von einer Gruppe von Heiligen, den sogenannten »Nordamerikanischen Märtyrern«, sechs Jesuiten und zwei Laienhelfern, die im siebzehnten Jahrhundert in Französisch-Amerika von Indianern getötet worden waren.

Als die beiden Priester ins Haus gebeten wurden, war es etwa zehn Uhr abends. Bishop stellte Bowdern vor, der Robbys Eltern sagte, er werde Robby wie Bishop auch seinen priesterlichen Segen erteilen. Bowdern konnte genauso wie sein Freund Bishop auf jahrelange Erfahrung im Umgang mit Jungen in Robbys Alter zurückgreifen. Er plauderte mit Robby und erkundigte sich behutsam fragend, was geschehen war. Dann verabschiedete sich Robby, um zum Schlafen nach oben zu gehen. Er schlief im Zimmer seines Vetters Marty, der in ein anderes Zimmer umgezogen war. Robbys Eltern sagten ihrem Sohn gegen elf Uhr gute Nacht.

Wenige Minuten später schrie er um Hilfe.

Die Priester, Robbys Eltern, Elizabeth und deren Eltern rannten die Treppe hinauf und stürmten in Robbys Zimmer. Er saß mit bleichem Gesicht aufrecht im Bett. Wenn an anderen Abenden etwas passiert war, war er passiv und sich dessen, was um ihn vorging, anscheinend nicht bewußt gewesen. Heute war er tief verängstigt.

Robby sagte, er habe irgendeine Kraft im Raum gespürt. Die Sicherheitsnadel an der Reliquie der heiligen Marguérite Marie habe sich geöffnet, die Reliquie habe sich vom Kopfkissen gelöst, sei durch den Raum gesegelt und habe einen Spiegel getroffen.

»Es hörte sich an, als wäre ein Stein dagegengeschleudert worden«, sagte er. Der Spiegel war jedoch nicht zerbrochen.

Er hielt den linken Arm hoch. An der Außenseite seines Unterarms waren zwei Kratzer in Form eines Kreuzes zu sehen. Pater Bishop beugte sich vor, um die Kratzer zu untersuchen, und fragte, ob sie weh täten. »Der Schmerz«, schrieb Bishop später, »war etwa so, als wäre Robby von einem Dórn gekratzt worden. Das Kreuz blieb fünfundvierzig Minuten sichtbar.«

76

Pater Bowdern, der durch das, was er soeben gesehen hatte, innerlich aufgewühlt war, sprach ruhig das Novenengebet für den heiligen Franz Xaver und segnete Robby, indem er das Xaver-Reliquiar in Form des Kreuzes über ihm bewegte. Nur Bowdern und Bishop ging auf, daß ein Knochensplitter vom Unterarm eines Heiligen dafür benutzt wurde, einen Jungen zu segnen, der eben das blutige Zeichen eines Kreuzes auf dem Unterarm getragen hatte.

Bowdern steckte das Kruzifixreliquiar neben der Reliquie der heiligen Marguérite Marie unter Robbys Kopfkissen fest. Diesmal bewegte sich die Matratze nicht, und es gab auch kein Kratzen, kein Scharren, kein Fußtrappeln.

Alle wünschten Robby erneut eine gute Nacht und gingen hinunter. Dort begann Bishop, die Tatsachen aufzuzählen. Er beschloß, sich auf das zu verlassen, wofür er ausgebildet worden war: rationales Denken und umsichtiges Urteilen. Er beschloß, mit der Anlage eines Dossiers über den Jungen und dessen Familie zu beginnen. Unter der Überschrift *Fallstudie* beginnt sein Bericht mit Robbys Namen, Adresse, Geburt (Ort und Datum) sowie Religionszugehörigkeit. Ferner heißt es:

Großmutter mütterlicherseits – praktizierende Katholikin
bis zum Alter von vierzehn Jahren.
Großvater väterlicherseits – als Katholik getauft,
aber nicht praktizierend.
Vater – Protestant.
Mutter – Protestantin.

Im Obergeschoß war alles still. Unten im Erdgeschoß ließ sich Bishop diese Informationen sowie Berichte über die Ereignisse seit Januar geben. Bowdern stellte gelegentlich eine Frage, überließ die Gesprächsführung jedoch meist Bishop. Die Priester wollten eben gehen, als von oben ein lautes, krachendes Geräusch zu hören war.

Wieder rannte alles zu Robby ins Zimmer. Der Junge war kurz vor dem Einschlafen gewesen, als die Flasche mit dem Weihwasser, die Pater Bishop am Mittwoch dagelassen hatte,

77

von einem etwa sechzig Zentimeter von Robbys Bett entfernten Tisch etwa zwei Meter weit in eine Ecke des Zimmers geschleudert wurde. Obwohl die Flasche hart zu Boden gefallen war, zerbrach sie nicht.

Bowdern zog ohne ein Wort seinen Rosenkranz aus der Tasche und legte ihn Robby um den Hals. Er stellte sich an eine Seite des Betts und gab Bishop durch ein Zeichen zu verstehen, er solle sich auf die andere Seite begeben. Gemeinsam begannen sie, den Rosenkranz zu beten. Eines der Gebete mußte Robby als Protestant auch kennen: »Vater unser, der du bist im Himmel«, begannen die Priester. Aber sie beendeten das Gebet mit »und erlöse uns von dem Bösen« und fügten nicht hinzu »denn dein ist die Macht und die Herrlichkeit«, wie es Protestanten tun. Robby war nie aufgefallen (tatsächlich fällt es kaum jemandem auf), daß der Satz »und erlöse uns von dem Bösen« im Vaterunser eine milde Form des Exorzismus darstellt. Die Priester beteten weiter. »Sci gegrüßt, o Königin, Mutter der Barmherzigkeit; unser Leben, unsre Wonne und unsre Hoffnung, sei gegrüßt...! Wohlan denn, unsere Fürsprecherin, wende deine barmherzigen Augen uns zu, und nach diesem Elend zeige uns Jesus, die gebenedeite Frucht deines Leibes...« Für Robby waren das alles unbekannte Worte, die von diesen Fremden in ihren schwarzen Anzügen und runden weißen Kragen kamen. Und die Worte wurden immer und immer wieder gesprochen, während sich Pater Bishops Finger über die schwarzen Kugeln bewegten, die genauso waren wie die, die Robby am Hals trug. Er blickte hinunter und berührte sie... Robby beruhigte sich, als die Gebete im ständig gleichen Tonfall weitergingen, bis das zehnte Vaterunser und das fünfzigste Mariengebet das Ende des Rosenkranzes anzeigten. Dann erzählte Bowdern Robby in einer spontanen Predigt von drei Kindern in etwa seinem Alter, die etwas gesehen hätten, was andere Menschen nicht gesehen hatten.

Bowdern sprach von Unserer Lieben Frau von Fátima, einer Vision, die im Jahre 1917 drei Kinder in der Nähe der portugiesischen Stadt Fátima gehabt hatten, als sie auf dem Feld Schafe hüteten. Er erzählte Robby, die schöne Frau in der Vision sei die Mutter Jesu – die Maria in den Gebeten, die die Priester gerade

78

gesprochen hätten. Sie habe sich selbst Unsere Liebe Frau vom Rosenkranz genannt und die Kinder gelehrt, den Rosenkranz zu beten – was er und Bishop gerade getan hätten. Dann sprach Bowden noch ein wenig von Unserer Lieben Frau von Fátima. An sie gerichtete Gebete, sagte er, erreichten Jesus, der auf die Gebete antworte.

Bowderns Worte beruhigten Robby, der schläfrig gute Nacht sagte. Jeder der beiden Priester segnete den Jungen noch einmal, und dann, gegen null Uhr dreißig, ließen sich die Priester zur Universität zurückfahren. Die lange Nacht war zu Ende.

Doch kaum fünf Minuten, nachdem Elizabeths Vater mit den beiden Priestern losgefahren war, hörten die erschöpften Familienmitglieder unten im Erdgeschoß – Elizabeth, ihre Mutter und Phyllis Mannheim – aus Robbys Zimmer ein schweres, scharrendes Geräusch. Noch einmal stiegen sie die Treppe hoch und gingen zu Robbys Zimmer, entdeckten aber, daß die Tür durch einen mit dem Rücken gegen den Türrahmen stehenden schweren Bücherschrank blockiert war. Vorher hatte der Bücherschrank auf der anderen Seite des Betts gestanden. Phyllis versuchte, am Schrank vorbei in das Zimmer zu sehen. Ihr Sohn lag immer noch auf dem Bett, verwirrt und verängstigt. Ein Hocker, der vor einem kleinen Tisch gestanden hatte, stand jetzt am Fußende des Betts.

Robbys Mutter zwang sich mit Macht am Schrank vorbei durch die Türöffnung und legte sich zu Robby aufs Bett, um ihn zu trösten. Seine Tante und Elizabeth schafften es, den Bücherschrank wieder auf seinen alten Platz neben dem Bett zu schieben. Dann stellten sie den Hocker wieder vor den Tisch. Außer Phyllis, die mit Robby auf dem Bett liegenblieb, gingen alle wieder nach unten.

Robby und seine Mutter versuchten gerade einzuschlafen, als beide, wie Phyllis später sagte, spürten, wie eine Kraft den Raum betrat. Der Hocker vor dem Tisch stürzte um. Robby merkte, wie sich unter seinem Kopfkissen etwas bewegte, und fühlte dann, wie das Kruzifix mit den Reliquien sich langsam an seinem Körper entlang bis zum Fußende des Betts bewegte. Er griff nach der Reliquie der heiligen Marguérite Marie. Die Sicher-

79

heitsnadel war noch da, aber die Reliquie war verschwunden. Er sprach kein Wort. Seine Mutter sagte ebenfalls nichts. Sie warteten, denn noch bevor es geschah, wußten sie, was sie als nächstes hören und fühlen würden.

Dann kam es, das Kratzen und Scharren und das Erzittern der Matratze. Zunächst sanft, dann immer heftiger. Das Kratzen wurde immer lauter, geradezu schrill. Das Geräusch überwältigte sie und machte sie hilflos. Die Matratze ächzte heftig und bewegte sich in einem wilden, wahnsinnigen Rhythmus.

Aus irgendeinem Grund dachte Phyllis in diesem Augenblick an Tante Harriet.

Sie stand auf und zog Robby mit hoch. Für ihre Augen und Ohren war das Zimmer noch immer ein Tollhaus aus Kratz- und Stampfgeräuschen. Die anderen unten im Erdgeschoß hörten zwar die Geräusche, gingen diesmal jedoch nicht die Treppe hinauf. Sie warteten einfach. Sie hörten, wie die Tür geöffnet und geschlossen wurde und wie Phyllis und Robby die Treppe herunterkamen.

Noch nie hatten sie Phyllis so gesehen. Robbys Mutter war so erschüttert, daß sie kurz vor einem hysterischen Anfall zu stehen schien. Sie sprach nicht in Sätzen, sondern keuchte die Worte nur hervor. Was sie als nächstes sagte und tat, ist nicht überliefert. Über die folgenden Ereignisse in jener langen, furchterregenden Nacht ist überhaupt kaum etwas festgehalten worden.

»Die fünf Menschen im Haus«, heißt es in Pater Bishops Tagebuch, »beschlossen dann, dem Geist Fragen zu stellen.«

Phyllis führte sie an den Anfang zurück, zu den Versuchen, durch Klopfzeichen mit Harriet in Verbindung zu treten, zu dem Gefühl, daß es irgendwie Harriet war und kein unbekannter Dämon, der *uns dies antat.*

Phyllis versammelte die katholischen Mitglieder der Familie ihres Mannes um sich und sagte: *Harriet steckt hinter all dem. Wir müssen mit ihr Verbindung aufnehmen. Es geht um das Geld.*

Phyllis kam noch einmal auf Harriets letzte Tage zu sprechen. Alle Anwesenden wußten, was geschehen war. Harriet hatte einige Zeit zwischen Leben und Tod geschwebt. In der Nacht des

80

25. Januar sagte sie zu ihrer Familie – ihrem Ehemann John, den Söhnen Danny und Mark und der Tochter Alice –, sie sollten alle zu Bett gehen und sie sterben lassen, wenn alle schliefen. Sie starb am Morgen des 26. Januar irgendwann zwischen zwei Uhr und zwei Uhr dreißig.

Versteht ihr nicht? Die Matratze, das Kratzen. Hört doch. Sie lauschten. Das Geräusch im Obergeschoß hatte aufgehört. *Versteht ihr nicht? Denkt doch an die Zeit. Kurz vor drei.* Phyllis versuchte ihnen begreiflich zu machen, warum sie an Tante Harriet dachte. *Sie wußte, wann sie sterben würde. Und sie ist zurückgekommen, um uns etwas zu sagen, und versucht, uns genau zu dem Zeitpunkt am Morgen zu erreichen, an dem sie starb.*

Sie begannen Fragen zu stellen. Phyllis leitete die improvisierte Séance. Die vorhergehende Sitzung hatte am 7. März am Küchentisch im Haus der protestantischen Familienmitglieder stattgefunden. Diese Séance unter Phyllis' Leitung fand im Schlafzimmer einer Familie des katholischen Zweiges der Mannheims inmitten der scharrenden, kratzenden Geräusche und des Quietschens der Matratze statt.

Elizabeth und ihre Eltern zauderten, da sie als Katholiken glaubten, ihre Seelen würden durch jeden Versuch, die Geister der Toten auferstehen zu lassen, in Gefahr geraten. Obwohl Robby offensichtlich Mittelpunkt oder Ziel des Aufruhrs im Schlafzimmer war, nahm er an der Befragung Harriets nicht teil. Phyllis Mannheim scheint bei ihrem Bemühen, mit Harriet Verbindung aufzunehmen, Robby instinktiv geschützt haben zu wollen.

Der einzige Bericht über diese Szene stammt aus Pater Bishops Tagebuch. Die Einzelheiten wurden ihm in Bruchstücken mitgeteilt, als er nacheinander die Erwachsenen befragte und dabei versuchte, sich auf Robby zu konzentrieren und das, was mit dem Jungen geschah. Hier und an anderen Stellen des Tagebuchs hält sich Bishop zurück und hält nur fest, was er selbst oder die von ihm befragten Zeugen gesehen und gehört haben. Für ihn gab es nur eine Mission: die Rettung Robbys vor dem, was immer ihn heimsuchte.

81

Bishops Bericht über das Ende dieser langen Nacht ist enttäuschend, denn er wirft Fragen auf, die nicht mehr beantwortet werden können. Niemand, der in dieser Nacht anwesend war, sprach nach dem Gespräch mit Bishop je wieder von Harriets Geld. Und in seinem Bemühen, an die Tatsachen über Robby heranzukommen, ging Pater Bishop dieser faszinierenden, jedoch nebensächlichen Angelegenheit nicht weiter nach.

»Die fünf Menschen in dem Haus beschlossen dann, dem Geist Fragen zu stellen«, schrieb Bishop. Man stelle sich die im Schlafzimmer versammelte Gruppe vor. Auf einer Seite des Betts, wo nur Stunden zuvor ein Rosenkranz gebetet worden war, stand Karl Mannheims Bruder George, der mit der Katholikin Catherine verheiratet war. Neben ihnen stand Elizabeth, die Studentin an einem Jesuiten-College, bleich und erschöpft und noch völlig benommen durch das, was in ihr Elternhaus gekommen war, durch die Rolle, die sie durch Hinzuziehung eines Priesters dabei gespielt hatte. Und hier stand sie nun im Zimmer ihres Bruders Marty, sah, wie die Matratze bebte, hörte, wie das Kratzen wieder begann. Marty war in diese Sache ... in dieses ... was immer es war ... am ersten Abend hineingezogen worden. Jetzt befand er sich in einem anderen Zimmer und schlief friedlich, wie sie hoffte. All das ließ sie auf sich wirken. In ein paar Stunden würde sie Pater Bishop aufsuchen, um ihm zu erzählen, was geschehen war, nachdem er und Pater Bowdern das Haus verlassen hatten.

Auf der anderen Seite des Betts standen Phyllis und Karl Mannheim, die zum protestantischen Zweig der Familie gehörten. Sie waren mit der Spiritistin Harriet verwandt, die an die Weissagungen des Ouija-Bretts geglaubt hatte. Jetzt standen sie an diesem quietschenden Bett und wollten sich wieder an Harriet wenden.

Die Fragen, die in dem Aufruhr im Schlafzimmer gestellt wurden, konzentrierten sich auf das Geld, das Tante Harriet kurz vor ihrem Tod in einer kleinen Blechschachtel versteckt hatte. In Bishops Bericht werden die Namen derer, die Fragen stellten, nicht erwähnt. Es scheint jedoch äußerst wahrscheinlich zu sein, daß die Fragen von Phyllis und Karl gestellt wurden.

82

Die Befragung von Tante Harriet bestand aus einer gerufenen Frage, etwa *Wo ist das Geld?* Die Antwort: Das Bett erbebte und stampfte. Dann rief jemand: »Harriet, hör auf!« Das Zittern hörte vorübergehend auf, »als würde (Harriet) auf eine Frage warten«. Dann wurde die Frage wiederholt oder vertieft – *Ist es in diesem Haus?* –, worauf das Bett wieder erzitterte. Dann deutete jemand, höchstwahrscheinlich Phyllis, das Erzittern des Betts: *Sie sagt nein.* Wenn das Bett wieder ruhig wurde, war Harriet mit der Deutung einverstanden, wenn es weiter zitterte, war sie es nicht.

Phyllis glaubte, sie und Karl würden bei diesem bizarren Dialog erfahren können, daß Tante Harriet auf dem Dachboden ihres Hauses eine Landkarte versteckt hatte und daß nur Karl sie würde finden können. Diese Karte würde ihn zu der kleinen Blechschachtel mit dem Geld führen, doch das Geld war für Harriets Tochter Alice bestimmt.

Hat Karl sich davongestohlen, die Karte und dann das Geld gefunden? Das weiß nur die Familie, doch weder damals noch heute hat irgend jemand in der Familie den Wunsch gehabt, über Tante Harriets versteckte Erbschaft zu sprechen. Aus den Akten des Nachlaßgerichts geht hervor, daß sie kein Testament hinterlassen hat. Folglich läßt sich anhand öffentlicher Unterlagen nicht beweisen, ob sie überhaupt etwas zu vererben hatte.

Für Robby und seinen Fall ist die Frage von Tante Harriets Blechschachtel (und ob sie gefunden wurde oder nicht) nur deshalb wichtig, weil sie zeigt, daß die Tante auch nach ihrem Tode mit seinem Leben zu tun hatte. Für Robby und seine Eltern wurde Tante Harriet zu einer aufdringlichen, böswilligen Erinnerung, die sich immer wieder als kratzende, scharrende und stampfende Präsenz bemerkbar machte. Der rational denkende Geist möchte das Stampfen und Scharren als Halluzination abgetan sehen. Doch für Robby und seine Familie war real, was sie sahen und hörten. Sie glaubten ihren Sinnen, obwohl sie nicht verstanden, was hinter dem stand, was sie erlebten. Verursachte Tante Harriet das alles? War sie ein ruheloser Geist aus dem Jenseits? War sie zu einer Manifestation des Bösen geworden? War zwischen Robby und Harriet etwas vorgefallen, etwas, das in ein so geheimnisvolles Dunkel gehüllt war, daß es ihn jetzt heimsuchte?

Elizabeth erzählte Bishop, was geschehen war, nachdem er und Bowdern gegangen waren. Die vielen Fragen quälten sie und den Rest der Familie. Sie war sicher, daß irgend etwas Robby verfolgte, wohin er auch ging. Es hatte in Maryland angefangen, und jetzt verschlimmerte es sich jede Nacht. Da Bowdern jetzt die Novene hinter sich hatte, konnte er dem Mysterium, mit dem Bishop ihn bekannt gemacht hatte, mehr Zeit widmen.

Beide Männer wußten, daß sie mit einer Teufelsbesessenheit rechnen mußten. Bishops Bericht läßt es wahrscheinlich erscheinen, daß sie zu diesem Zeitpunkt nur wenig oder nichts über den vergeblichen Exorzismusversuch von Pater Hughes im Februar wußten. Für sie war der Fall eines Exorzismus neu. Sie begannen, ihn rigoros unter die Lupe zu nehmen. Wenn sie Erzbischof Ritter um die Genehmigung zu einer Teufelsaustreibung bitten wollten, brauchten sie mehr als Berichte über herumfliegende Reliquien und sich bewegende Bücherschränke.

Die beiden Männer waren sich darin einig, daß Robby sämtliche Zwischenfälle selbst verursacht haben konnte, die sich bisher in St. Louis ereignet hatten. Er hätte den Bücherschrank selbst über einen gebohnerten Holzfußboden schieben können. Sie schätzten sein Gewicht auf fünfundvierzig Pfund. Sie stimmten auch darin überein, daß sie die Berichte der Eltern über die Vorkommnisse in Maryland als Hörensagen behandeln mußten. Phyllis Mannheims Liste mit vierzehn Zeugen war zwar interessant, ergab im Ernstfall jedoch ebenfalls nur Berichte aus zweiter Hand.

Robby selbst war ein Rätsel. Bowder und Bishop verglichen ihn mit den heranwachsenden Jungen, die sie unterrichtet hatten. Er war in mancherlei Hinsicht ein typischer Junge seines Alters, nicht allzu ehrgeizig, und zog Comichefte den Klassikern vor. Vielleicht ein wenig verwöhnt, wie man es von einem Einzelkind erwarten konnte. Ein guter Junge, gehorsam, der seine Eltern und Erwachsene mit Respekt behandelte. Er war sehr ruhig und distanziert und schien sich dessen, was um ihn herum vorging, bewußt zu sein, ihm jedoch gleichzeitig teilnahmslos

84

gegenüberzustehen. Angesichts dessen, was er seit Januar durchgemacht hatte, konnte es durchaus sein, daß er inzwischen gemütskrank geworden war und infolge des so oft gestörten Nachtschlafs am Rand eines Zusammenbruchs stand.

So wie Pater Hughes sich im Februar an das *Rituale Romanum* gewandt hatte, taten es ihm Bowdern und Bishop jetzt nach. Wie Hughes prüften Bishop und Bowdern die Merkmale teuflischer Besessenheit. Sie hatten Robby nicht »ausführlich eine ihm unbekannte Sprache sprechen« hören und hatten auch nicht feststellen können, daß er »Entferntes oder Verborgenes« kundtat; ebensowenig »wies er eine Kraft auf, die über sein Alter und seinen Zustand« hinausging.

Was haben wir? fragten sich die beiden Jesuiten. *Vielleicht nicht genug.* »...eine Kraft aufweist, die über sein Alter und seinen Zustand hinausgeht« – die anscheinend zufällige Bewegung aller möglichen Dinge, angefangen bei Obst und Stühlen bis hin zu Reliquien und Kruzifixen. Das hätte aber ebensogut nichts weiter sein können als Äußerungen einer Neigung des Jungen zu Streichen. Diese Art Phänomen war klassisches Poltergeist-Verhalten, denn im Mittelpunkt stand der unvermeidliche Teenager. *Beunruhigend? Ja. Verblüffend? Ja. Teuflisch?*

Vielleicht. Die beiden Jesuiten, vor allem Bowdern, stürzten sich in die Arbeit, um einen Schnellkurs in Sachen Exorzismus zu absolvieren. »Billy Bowdern machte sich sofort über die Bücher her«, wie sich ein Jesuit erinnert. Er durchsuchte die theologischen Werke in der Universitätsbibliothek, verfolgte die Entwicklung des Kirchendogmas über das Böse, den Teufel, Exorzismus und Besessenheit. Bowdern dürfte auch die Gespenster des Jesuiten Del Rio gefunden haben, die »darauf aus sind, Tumult und Ärgernisse auszulösen«. *Interessant.* Ohne es zu bemerken, hatte Del Rio die folkloristische Tradition des Poltergeists mit Teufelsbesessenheit vermengt. Solche historischen Vorbilder schlecht definierter Dämonen schärften jedoch nur das Denken von Bishop und Bowdern. Die Chronologie der Ereignisse des Falls, wie sie von der Familie wiedergegeben und von Bishop so sorgfältig zu Papier gebracht worden waren, zeigte ein klassisches Fortschreiten von Heimsuchung, der poltergeisthaften Belagerung Robbys in Maryland, bis zur »Umsessenheit« – der Junge war bedroht und zerkratzt worden, jedoch noch nicht unterworfen. Als nächstes kam die eigentliche Besessenheit. *Vielleicht können wir dem Ganzen hier ein Ende machen.*

Bishop und Bowdern entschlossen sich, Erzbischof Ritter zu bitten, einen Exorzisten zu finden und zu benennen, der den Ritus vollziehen sollte, bevor sich ein Dämon Robbys bemächtigte.

Kapitel 7

Der Erzbischof wird eingeschaltet

Weder Pater Bowdern noch Pater Bishop wollten Robbys Exorzist sein. Bei ihren eiligen Recherchen – zwischen Sonnabend, dem 12. März, und Dienstag, dem 15. März – erfuhren sie genug über Exorzisten, um zu dem Schluß zu kommen, daß keiner von ihnen der für diese Aufgabe geeignete Priester war. Zwei Fälle dürften sie überzeugt haben, einer aus dem Frankreich des siebzehnten Jahrhunderts und einer aus dem Amerika des zwanzigsten.

Der französische Fall begann geradezu mit einer Epidemie von Besessenheit unter Nonnen in einem Ursulinerinnenkloster in Loudun, einer Stadt im Westen Frankreichs, in der ein wollüstiger Priester wegen Hexerei auf dem Scheiterhaufen verbrannt worden war. Während der allgemeinen Aufregung, die Prozeß und Hinrichtung begleitete, wucherten im Kloster Erzählungen über Besessenheit. Irgendwann behaupteten siebzehn Nonnen und einige ihrer Schülerinnen, von denen die meisten junge adlige Frauen waren, sie seien besessen. Exorzisten strömten nach Loudun. Im Dezember 1634 entschloß sich dann nach großem Zögern ein Jesuitenprovinzial, sich den Wünschen der Kirchenoberen zu fügen, und entsandte zur Verstärkung vier Jesuiten nach Loudun.

Bowdern und Bishop dürften ohne Zweifel von dem Fall Loudun gehört haben. Er war einer der berühmtesten in den Annalen der Jesuiten, wenn auch dem allgemeinen Publikum weitgehend unbekannt. (Aldous Huxleys Bestseller *Die Teufel von Loudun* war noch nicht erschienen.) Der Fall war ausführlich dokumentiert, und das Material war für jeden ernsthaften Rechercheur leicht zugänglich.

Obwohl Hexerei und Dämonen im Frankreich des siebzehnten Jahrhunderts noch in den Köpfen der Christen herumspukten, hatte Europa das Mittelalter bereits hinter sich gelassen und stand am Vorabend der Aufklärung. Viele Katholiken stellten die Wahrscheinlichkeit von Besessenheit in Frage, und Jesuiten gehörten zu den größten Zweiflern, besonders was die epidemische Hysterie in Loudun betraf.

Ein Grund für ihre Zweifel war die Tatsache, daß keiner der vermeintlich vom Teufel Besessenen irgendwelche traditionellen Anzeichen der Besessenheit aufwies. Keine der jungen Frauen verstand oder sprach eine bis dahin unbekannte Sprache. Keine von ihnen schwebte etwa in der Luft oder zeigte übermenschliche Kraft, obwohl sie erstaunliche kontorsionistische Fähigkeiten an den Tag legten. Manchmal »legten sie sich den linken Fuß über die Schulter, bis er die Wange berührte. Sie legten auch die Füße über den Kopf, bis die großen Zehen die Nase berührten. Andere wiederum waren in der Lage, ihre Beine so weit nach links und rechts auszustrecken, daß sie auf dem Erdboden saßen, ohne daß zwischen ihren Körpern und dem Boden ein sichtbarer Zwischenraum blieb.«

Viele Jesuiten glaubten, die rülpsenden, schnaufenden und zuckenden Nonnen seien bloß Hysterikerinnen, die ihre Besessenheit bewußt oder unbewußt vortäuschten. Doch einer der nach Loudun entsandten Jesuiten, der vierunddreißigjährige Pater Jean-Joseph Surin, hielt die Besessenheit für echt. Er konzentrierte sich darauf, den anscheinend schlimmsten Fall zu exorzieren, die Äbtissin des Klosters, Mutter Johanna von den Engeln. Vor Surins Ankunft hatte sie selbst ungewöhnlichen Versuchen widerstanden, die sieben Teufel auszutreiben, die, wie sie behauptete, verschiedene Teile ihres Körpers bewohnten. Nur der Teufel in ihrem Bauch sei durch eine Spülung mit Weihwasser erfolgreich ausgetrieben worden, sagte sie. Die Äbtissin wurde sowohl von Gläubigen wie auch von skeptischen Zeugen sorgfältig beobachtet. Wie Robby zeigte sie Kratzer am Körper, die plötzlich auftauchten. So erschien ein blutiges Kreuz auf ihrer Stirn, das drei Wochen lang blieb. An einem anderen Tag, während ihrer regelmäßigen Exorzismussitzung in der Kapelle des

88

Klosters, wand sie sich und zuckte »wie eine Akrobatin«, als sie plötzlich das Wort »Joseph« schrie. In diesem Augenblick, schrieb ein Zeuge, habe sie den linken Arm hochgehalten und: »Ich sah neben ihrer Armvene eine etwa drei Zentimeter lange rötliche Färbung auftreten, darin viele rote Flecken, die ein deutlich lesbares Wort ergaben; und es war das gleiche, das sie sprach: ›Joseph‹.« Der Name erschien selbst dann noch, als sie ihre Dämonen längst losgeworden war, und sie reiste fast dreißig Jahre lang in Frankreich herum, um dieses Überbleibsel ihrer Besessenheit zur Schau zu stellen.

Surin zufolge erfolgte ihre Heilung, nachdem er dafür gebetet hatte, die Dämonen mögen die Äbtissin verlassen und sich in ihm festsetzen. Surins Motiv mag zwar edel gewesen sein, doch er ignorierte die Warnungen von Theologen, daß mit Besessenheit und Exorzismus nicht zu spaßen sei. Seine in seinen Aufzeichnungen wortreich beschriebenen Erfahrungen brachten spätere Theologen dazu zu glauben, daß Surin, ein dem Mystizismus zuneigender Priester, dazu verleitet worden sei, für den »Umzug« der Dämonen zu beten. Die Theologen kamen zu dem Schluß, daß das Opfer der Besessenheit nur ein Köder gewesen sei; das vom Teufel in Wahrheit gewünschte Opfer sei der Exorzist selbst gewesen. Ein Theologe von heute, ein Jesuit, hat in einer Würdigung von Surins Schicksal geschrieben, Besessenheit und »Umsessenheit« seien »Gefahren, die sich unserer Kontrolle entziehen«, und: »Wir dürfen sie uns nie wünschen.«

Kurz darauf entdeckte Surin, daß er selbst besessen war, und seine Beschreibung dieses Zustands hat heutigen Theologen und Psychiatern Einsichten in die Auswirkungen von Besessenheit vermittelt. Für Bowdern und Bishop müssen die wohldokumentierten Fälle von Besessenheit in Loudun Antworten auf viele Fragen gegeben haben. *Was bedeutet es, besessen zu sein? Wie könnte es bei Robby sein?* Hier Surins Antwort in einem Brief an einen Freund, der ebenfalls Jesuit war:

Es ist mir fast unmöglich, zu erklären, was mir in dieser Zeit widerfährt, wie dieser fremde Geist mit meinem vereint wird, ohne mich des Bewußtseins oder der inneren Freiheit zu be-

89

rauben, obwohl er dennoch ein zweites »Ich« bildet, als besäße ich zwei Seelen... Ich fühle mich, als wäre ich in dieser fremden Seele von den Nadelstichen der Verzweiflung durchbohrt worden, in jener Seele, die meine zu sein scheint... Ich habe sogar das Gefühl, daß die Schreie, die mein Mund ausstößt, von beiden Seelen gleichzeitig stammen; und es fällt mir schwer zu bestimmen, ob sie das Ergebnis von Freude oder Wahnsinn sind.

Er spürte, wie er sich in einen Teufel verwandelte. Er konnte es nicht mehr ertragen, in die Nähe der Oblaten der heiligen Kommunion zu kommen. Wenn er versuchte, das Kreuzzeichen zu machen, »dreht die andere Seele die Hand zur Seite oder nimmt den Finger zwischen die Zähne und beißt wie wild hinein«. Surins Dämonen, ob sie nun aus der Hölle oder aus seinem gequälten Gemüt stammten, peinigten ihn fünfundzwanzig Jahre lang. Erst kurz vor seinem Tod gewann er seinen Seelenfrieden zurück. Zwei andere Loudun-Experten starben kurz nach Beendigung ihrer Arbeit dort, und andere Priester schrieben diese Todesfälle der Rache der ausgetriebenen Dämonen zu.

Bishop und Bowdern waren beide nicht der Meinung, sie könnten ein Surin sein, doch nicht etwa, weil sie ein Schicksal wie das seine oder der anderen Exorzisten von Loudun fürchteten, sondern weil sie Männer des zwanzigsten und nicht des siebzehnten Jahrhunderts waren. Sie waren von einem tiefen Glauben an den Katholizismus und an die Lehren ihrer Kirche durchdrungen. Zu diesen Lehren gehörten die von Jesus vollzogenen Teufelsaustreibungen und die Worte von Kirchenvätern und zahlreichen Heiligen, die alle von Besessenheit und Exorzismus Zeugnis ablegten. Doch für einen Priester des Jahres 1949 war ein Exorzismus eine ungewöhnlich seltene Aufgabe, weil Fälle von Besessenheit nicht mehr alltäglich waren wie in früheren Zeiten.

Seit den frühen Jahrhunderten des Christentums, während des Mittelalters und bis ins siebzehnte Jahrhundert hinein waren in Europa Fälle von Besessenheit so häufig gewesen, daß die Kirche eine Vielzahl von Exorzisten brauchte, von denen die meisten

90

Laien waren. Die Rolle des Exorzisten galt als Aufgabe von minderem Rang, so daß sie auch von Laien ausgeübt werden konnte. Weitere Aufgaben minderer Bedeutung waren die der Meßgehilfen, die den Priestern beim Gottesdienst halfen, oder die von Kirchen- und Klosterpförtnern, die die Eingangstore bewachten, sowie die von Lektoren, die beim Gottesdienst aus der Bibel oder anderen Schriften lasen. Im zwanzigsten Jahrhundert stehen den Priestern Chorknaben und Hausmeister zur Verfügung, und überdies sind die Gläubigen des Lesens kundig, so daß ihnen niemand mehr vorlesen muß. Meßgehilfen, Pförtner, Lektoren – und Exorzisten – sind heute nur noch Überreste eines anderen Zeitalters des Glaubens.

Obwohl sie zu Exorzismen befugt waren, hatten Bishop und Bowdern ebensowenig wie praktisch alle übrigen amerikanischen Priester diese Vollmacht je nutzen müssen. Und jetzt war ihnen das Problem aus heiterem Himmel in den Schoß gefallen. *Und dieser Pater Hughes in Maryland. Ja, vielleicht hatte er um die Erlaubnis nachgesucht... Aber es ist nicht zu einem Exorzismus gekommen.* Soweit Bishop und Bowdern wußten, hatte Pater Hughes keinen Exorzismus vorgenommen. Bishop und Bowdern konnten sich nur an das halten, was Robbys Eltern ihnen erzählt hatten.

Robby war ein Junge, der Qualen litt – vielleicht würde er schon bald wie Surin ein Besessener sein und leiden. *Aber vielleicht war nur Robbys Seele krank? Wo waren die eindeutigen Anzeichen für Besessenheit? Ein amerikanischer Junge, der einen Exorzismus braucht? Wie kann das sein?* Exorzismen waren etwas aus der Alten Welt. *Aber doch nicht in Amerika...*

Dann fand Bowdern eine Schrift, die einen Exorzismus beschrieb, zu dem es 1928 in Earling in Iowa gekommen war. Die besessene Frau, deren Name nicht genannt wurde, war später nur als Mary bekannt. Es war eine vierzigjährige Frau vom Land, die seit ihrer Kindheit auf einer Farm in Iowa lebte und von Zeit zu Zeit von dämonischen Stimmen heimgesucht wurde. Ärzte und Psychiater, die sie untersuchten, erklärten sie für seelisch und körperlich gesund. Die Entscheidung, sie einem Exorzismus zu unterziehen, erfolgte erst spät und nach einigem

Zögern. Zweifelnde Kirchenobere waren nicht sonderlich darauf erpicht, den Exorzismus zu genehmigen, doch Marys Pfarrer, Pater Joseph Steiger, drängte darauf.

Im August 1928 wurde Mary in aller Stille in ein Kloster gebracht. Ein sechzigjähriger Franziskanermönch, Pater Theophilus Riesinger, ein Freund Steigers, war zum Exorzisten bestimmt worden. An dem Tag, an dem die Teufelsaustreibung beginnen sollte, ließ Riesinger Mary in ihrem Bett festbinden und von den kräftigsten Nonnen des Klosters festhalten. Er zog einen Chorrock über seine braune, mit einem Seil gegürtete Kutte, legte sich eine violette Stola um den Hals und trat an Marys Bett. Als er über ihr das Kreuzzeichen machte, geschah dem Bericht zufolge dies:

Die Besessene erhob sich schnell wie ein Blitz aus dem Bett und entwand sich den Händen ihrer Bewacherinnen; und ihr Körper, der durch die Luft getragen wurde, landete hoch über der Tür des Zimmers und klammerte sich mit hartem Griff an der Wand fest. Man mußte wirklich Gewalt anwenden, um sie an den Füßen von der Wand herunterzuziehen.

Sie ließ einen Schrei vernehmen, der sich »wie ein Rudel wilder Bestien« anhörte. Während des langandauernden Exorzismus entströmten ihrem Mund immer wieder Schaum, Speichel und Erbrochenes, »die einen Wasserkrug, ja einen ganzen Kübel mit dem abscheulichsten Gestank erfüllten...«

Ihre Gestalt, hieß es weiter,

wurde so schauerlich entstellt, daß der normale Umriß ihres Körpers verschwand. Ihr bleicher, totenkopfähnlicher, ausgemergelter Kopf... wurde so rot wie glühende Holzscheite. Ihre Augen traten aus den Höhlen, ihre Lippen schwollen an, bis sie so groß waren wie Hände, und ihre dünne, ausgemergelte Gestalt schwoll zu einer so gewaltigen Größe an, daß der Pfarrer und einige der Schwestern sich vor Furcht zurückzogen. Sie glaubten, die Frau würde in Stücke gerissen werden und auseinanderbrechen.

Der Exorzismus ging weiter, Tag für Tag. Mary wurde überwiegend künstlich ernährt. Riesinger wirkte nach einiger Zeit »wie ein wandelnder Leichnam, eine Gestalt, die jeden Augenblick zusammenbrechen konnte«. Er sprach die Teufel auf englisch, deutsch und lateinisch an und erhielt in jeder dieser Sprachen Antwort. Ein Dämon bezeichnete sich als Judas Ischariot. Eine andere Stimme sagte, er sei Marys Vater und habe die Dämonen gerufen, indem er Mary verflucht habe. Sie habe sich geweigert, ihm sexuell zu Willen zu sein.

Am 23. Dezember gegen neun Uhr »löste sich die besessene Frau mit einem plötzlichen, blitzschnellen Ausbruch aus dem Griff ihrer Beschützerinnen und stand aufrecht vor ihnen. Nur ihre Fersen berührten das Bett.« Riesinger segnete sie, worauf ihr Körper seine Starre verlor und sie erschöpft aufs Bett fiel. »Dann ertönte ein durchdringender Laut, der den ganzen Raum erfüllte und alle heftig erzittern ließ.« Laute Stimmen waren zu hören. »Beelzebub... Judas... Hölle.« Ein scheußlicher Gestank machte sich im Zimmer breit, und Mary rief aus: »Mein Jesus, Gnade! Gelobt sei Jesus Christus!«

Der Bericht über Marys Besessenheit und Exorzismus war eine faszinierende Lektüre. Aber eine Frau, die sich fast bis an die Decke erhebt? Kübel voll Erbrochenem von einer Frau, die künstlich ernährt wurde? Dieser Bericht hatte etwas peinlich Absurdes an sich. Die frömmlerischen Phrasen und leichtgläubigen Behauptungen mußten jeden Leser mißtrauisch machen.

Jesuiten und Franziskaner waren lange Zeit Rivalen gewesen. So löste etwa ein Franziskanerpapst, Clemens XIV., die Gesellschaft Jesu im Jahre 1773 auf. Sie wurde erst 1814 neu gegründet. Weder Bishop noch Bowdern gelang es, sich selbst in den Sandalen dieses Franziskaners Riesinger vorzustellen, der den Hals reckte, um eine vom Teufel Besessene an die Decke segeln zu sehen. Riesinger war 1941 gestorben, anscheinend eines natürlichen Todes. Wäre er noch am Leben gewesen, hätten Bowdern und Bishop ihn vermutlich nicht konsultiert. Ein derart unglaubhaftes Zeugnis war nicht das, was sie brauchten.

Es gibt keinerlei Akten oder Unterlagen über die Korrespondenz und die Diskussionen zwischen den Jesuiten und Erzbischof Ritter zu dem Fall Robby. Bekannt ist nur, daß Bowdern von seinen Oberen die Erlaubnis erhielt, Ritter einen Brief mit der Bitte zu schreiben, dieser möge einen Exorzismus genehmigen und den Exorzisten benennen. Bowdern war zu dem Schluß gekommen, daß er als Exorzist nicht geeignet war, vor allem da er sich nicht für einen frommen Mann hielt. Er beschrieb kurz, was die Familie und Bishop und er gesehen hatten.

Während Bowdern und Bishop die Darstellung des Falls planten, hielten sie sich von Robbys Haus fern. Seine Eltern erzählten den Priestern, die Bewegungen der Matratze und das Kratzen gingen weiter, immer am Sonntag, Montag und Dienstag. Ein Hocker, sagten die Eltern, sei von einer Seite von Robbys Bett zur anderen geflogen, und die Reliquie der heiligen Marguérite Marie habe sich von dem Kissen, an dem sie befestigt gewesen sei, in die Luft erhoben. Bishop notierte pflichtgemäß in seinem Tagebuch, was er gehört hatte.

Da er davon ausging, Ritter werde den Exorzismus genehmigen, begann Bowdern über einen möglichen Exorzisten nachzudenken. Er war der Meinung, der Betreffende sollte ein Theologe und am besten Jesuit sein. Er stellte in der Gemeinde und in der Provinz diskrete Nachforschungen an. Zwei Männer wurden angesprochen, doch beide lehnten Bowders Anfrage höflich ab. Bowdern hat nie gesagt, weshalb die Theologen seine Bitte abschlugen. Und Bishop erwähnt in seinem Tagebuch nichts von Bowderns Anwerbungsversuchen. Ein anderer Jesuit erinnerte sich jedoch: »Die beiden, die sich weigerten, erklärten, sie besäßen nicht genug Kraft. Sie zeigten sich nicht skeptisch, sondern waren nur der Meinung, zu einem Exorzismus nicht fähig zu sein.«

Bowdern hatte die formelle Anfrage entweder am Montag, dem 14. März, oder am folgenden Dienstag an Erzbischof Ritter gerichtet. Nach Aussage eines Priesters, der die Archive untersucht hat, delegierte Ritter die Bitte der Jesuiten nicht an einen seiner untergebenen Prälaten. Anders als O'Boyle in Washington stellte Ritter selbst Nachforschungen an, um sich unbeeinflußt ein Urteil zu bilden. Zunächst neigte er zu einer Ablehnung. Er war ein moderner Prälat, der sich im modernen Flügel der

94

Kirche einen Namen machen wollte, und fürchtete den Rückschlag, den die mögliche Publizität eines Exorzismus mit sich bringen würde. Das konnte die Arbeit der Kirche um Jahre zurückwerfen und ihn bei seinen amerikanischen Kollegen lächerlich machen, denn sie sahen ihn als eine Führungsgestalt, die die Kirche in eine neue, ökumenische Ära führen konnte.

Ritter war vierundfünfzig Jahre alt und Erzbischof von Indianapolis, als Papst Pius XII. ihn 1947 zum Erzbischof von St. Louis ernannte. Ein Jahr später ordnete er die Aufhebung der Rassentrennung in sämtlichen Kirchen und Schulen der Erzdiözese an. Als hartnäckige katholische Anhänger der Rassentrennung drohten, ihm den Gehorsam zu verweigern, erklärte Ritter, er werde jeden exkommunizieren, der den Versuch mache, seine Bemühungen zu behindern. Daraufhin machten seine überraschten Gegner einen Rückzieher, worauf die Aufhebung der Rassentrennung ohne Zwischenfälle vonstatten ging, genauso wie drei Jahre zuvor an der St. Louis University. Ritters schnelles Vorgehen gegen die Rassentrennung war typisch für sein aggressives Angehen von Moralfragen. Schon zu dieser Zeit war er in der nordamerikanischen Kirche ein wohlbekannter Mann. 1961 ernannte der Papst ihn sogar zum Kardinal, und beim Vatikanischen Konzil von 1962 führte er die fortschrittliche Fraktion an, zu der auch eine Reihe von Jesuiten gehörte.

Ritter gefiel ganz und gar nicht, was Bowdern ihm da vorgelegt hatte. Ihm war unwohl bei dem Gedanken, seine Erzdiözese demselben Spott auszusetzen, der dem Exorzismus in Iowa im Jahre 1928 gefolgt war. Er wußte, daß andere amerikanische Bischöfe oder Erzbischöfe Bitten um Exorzismen abgelehnt und den vermeintlich Besessenen gezwungen hatten, in eine andere Diözese umzuziehen, um es dort noch einmal zu versuchen – oder in einer Nervenheilanstalt zu landen. So konnte er sich ebenfalls verhalten, aber es gefiel ihm nicht, sich vor der Verantwortung zu drücken. Als er Kardinal John J. Glennon, der seine Erzdiözese wie ein König regiert hatte, als Erzbischof von St. Louis ablöste, hatte man Ritter mit Harry Truman verglichen, einem Mann aus Missouri, der eine offene

95

Sprache liebte und von seiner Präsidentschaft sagte: »Die Musik spielt hier.« Ritter leitete seine Erzdiözese so wie Truman das Weiße Haus.

Für Ritter, der nicht nur an seine Erzdiözese dachte, sondern auch an seinen guten Ruf, für Reinert, der sich um seine Universität sorgte, sowie für Bishop und Bowdern, die nach einem zeitgemäßen Zugang zu einem alten Phänomen suchten – für all die Kleriker, die jetzt mit Robbys Fall befaßt waren, ging es nicht um Exorzismus. Es ging um das Böse.

Das Lebensziel all dieser Männer war die Förderung des Guten und die Bekämpfung des Bösen. Falls Robby von dem Bösen heimgesucht wurde und dieses Böse sich nach dem klassischen Muster entwickelte, Heimsuchung – Umsessenheit – Besessenheit, hatten diese Männer keine echte Wahl. Sie konnten sich nicht einfach von Robby abwenden, denn wenn sie es täten, würden sie sich von der Aufgabe abwenden, der sie ihr Leben geweiht hatten.

Besessenheit bedeutet, daß ein Mensch Sklave des Bösen ist. Einfache wie fortschrittliche Kulturen jeden Zeitalters haben daran geglaubt. Und jede Kultur, die an Besessenheit glaubte, fand auch Mittel und Wege, sie zu brechen. Bei Katholiken war dieses Mittel der Ritus des Exorzismus. Und Ritter hielt jetzt den Schlüssel zu diesem Exorzismus in der Hand.

Für ihn war es bereits eine Sache des Glaubens, daß er das Böse für real hielt. Der Glaube an den Teufel ist jedoch nach Ansicht einiger heutiger Theologen kein Dogma, das Katholiken akzeptieren müssen. Die Bibel, und da vor allem das Neue Testament, stellt fest, daß es den Teufel gibt. Er tritt in biblischen Szenen auf, die seine Existenz verkünden, etwa in den Evangelien von Matthäus, Markus, Lukas und Johannes sowie in den Schriften des Paulus. Da Katholiken nach traditioneller theologischer Lehre die Bibel als göttlich inspiriert ansehen, muß zugleich mit anderen biblischen Lehren auch die vom Teufel akzeptiert werden. Vertreter einer modernen Theologie sind jedoch der Meinung, daß der Teufel nur bildlich verstanden werden darf. Und Metaphern sind keine Glaubensartikel.

Wenn Ritter nicht an die Existenz des Teufels glaubte, konnte

96

er die Bitte guten Gewissens ablehnen und vorschlagen, daß Robby sich von einem Psychiater heilen lassen solle. Als katholischer Prälat mußte Erzbischof Ritter sich aber zumindest den Anschein geben, als glaube er an die Existenz des Teufels. Und was er in Robbys Fall anerkennen mußte, war etwas anderes: Es war die *Präsenz* des Teufels.

Theologen haben lange darüber nachgedacht, ob der Teufel sich in einem Menschen aufhalten könne. Sie begannen mit der Annahme, Gott habe dem Werk des Teufels Beschränkungen auferlegt. »Wenn der Teufel alles tun könnte, was er will«, schrieb Augustinus, »würde kein einziger Mensch auf der Erde am Leben bleiben.« Doch bei aller Beschränkung durch Gott: »Euer Widersacher, der Teufel, geht wie ein brüllender Löwe umher und sucht, wen er verschlingen kann«, schreibt die Bibel.

Meist tut der Teufel in der Heiligen Schrift nicht mehr, als Menschen zu versuchen und zu bösen Handlungen zu verleiten. Er konzentriert sich auf den schwachen Körper, während die gottesfürchtigen Seelen ihn abwehren. Wie der Apostel Paulus über diesen Glauben schrieb: »Denn in meinem Innern freue ich mich am Gesetz Gottes, ich sehe aber ein anderes Gesetz in meinen Gliedern, das mit dem Gesetz meiner Vernunft im Streit liegt und mich gefangenhält im Gesetz der Sünde, von dem meine Glieder beherrscht werden ... Es ergibt sich also, daß ich mit meiner Vernunft dem Gesetz Gottes diene, mit dem Fleisch aber dem Gesetz der Sünde.«

Diese duale Sicht der *conditio humana* – daß der Mensch über einen schwachen Körper und eine kampfbereite Seele verfügt – umschreibt die Vorstellung von Teufelsbesessenheit, dem endgültigen Angriff des Teufels auf den Körper. Besessenheit, so schrieb ein katholischer Theologe einmal, »besteht in der Gegenwart des Teufels im menschlichen Körper, über den der Teufel eine totale und despotische Kontrolle ausübt. Das Opfer wird zu einem blinden Werkzeug des Teufels ... Da die besessene Person bei der Inbesitznahme durch den Teufel ihres Handelns nicht bewußt ist – geschweige denn fähig, irgendeine Kontrolle auszuüben –, ist das Opfer von Besessenheit für sein

Handeln nicht verantwortlich, wie abscheulich, böse oder pervers es auch sein mag.«

Ritter konnte nicht schlüssig beweisen, daß Robby besessen war oder daß die Gefahr von Besessenheit unmittelbar bevorstand. Denn der Junge zeigte – glaubwürdig bezeugt – keines der überlieferten Anzeichen, wie sie im *Rituale Romanum* aufgeführt sind. Damit stand Ritter vor einem Dilemma: Wenn Robby an einer Krankheit seelischer Art litt und nicht an Teufelsbesessenheit, war das Böse nicht beteiligt. Ein Exorzismus würde nichts Gutes bewirken und den Zustand des Jungen vielleicht sogar verschlimmern. Wenn es sich aber um Besessenheit handelte, war die Gegenwart des Bösen in einer schrecklichen Form gegeben, und dann mußte Ritter einem Priester befehlen, seine Seele aufs Spiel zu setzen, um die von Robby zu retten.

Ein Exorzist muß das Böse berühren, es atmen, sich voll und ganz darauf konzentrieren. Ein Priester sieht sich in der Rolle eines Menschen, der auf Seiten Gottes lebt und arbeitet. Um gegen den Teufel vorzugehen, begibt sich ein Exorzist in den dunklen, alles verschlingenden Schatten des Bösen. Wenn der Exorzist erscheint, wenden die Dämonen das Böse gegen ihn. Der teufelsaustreibende Priester sieht sich zugleich als einen einfachen Menschen, der gegen einen mächtigen Feind antritt. Dennoch vergißt der Priester nie, daß er als Vertreter des Guten handelt, dem ein allmächtiger Gott zur Seite steht.

Wenn ein Exorzist vor Zweifeln oder Furcht schwankt, wenn er sich in den Schatten des Bösen begibt, macht er sich angreifbar und riskiert seine Zerstörung und vielleicht auch die des Menschen, den zu retten er berufen worden ist. Der Grund für das Scheitern von Pater Hughes' Exorzismusversuch war öffentlich nie genannt, später jedoch in aller Stille verbreitet worden: Er habe an vorübergehender »Konzentrationsschwäche« gelitten. Das hat Ritter vielleicht durch diskrete Nachforschungen bei seinem Kollegen, dem Washingtoner Erzbischof, in Erfahrung gebracht. Vielleicht hatte er es auch durch seine eigenen Erfahrungen mit jungen Priestern gespürt. Wenn er einen Exorzismus genehmigte, wollte er auf jeden Fall verhindern, daß er mit

98

einem körperlich oder seelisch angeschlagenen Priester erfolglos zu Ende ging. Er wollte eine erfolgreiche Teufelsaustreibung, und er wußte, daß der Erfolg von dem Priester abhing, den er auswählte.

Wie Bowdern und Bishop schlug auch Ritter im *Rituale Romanum* nach, welche Eigenschaften ein Exorzist besitzen muß:

Der Priester... soll sich durch Frömmigkeit, Klugheit und unbescholtenen Lebenswandel auszeichnen. Nicht auf seine eigene, sondern auf die Kraft Gottes gestützt, und losgelöst von jedem menschlichen Verlangen, vollziehe er aus Liebe und mit Standhaftigkeit und Demut dieses Gott so wohlgefällige Werk. Es geziemt sich ferner, daß er reifen Alters sei und nicht bloß wegen seines Auftrages, sondern auch wegen seines sittlichen Einsatzes Achtung verdient.

Frömmigkeit, Klugheit und unbescholtener Lebenswandel. Ritter kannte viele Priester, die diesem Bild entsprachen (und einige, bei denen es nicht der Fall war). Wie Bowden dürfte auch Ritter zunächst daran gedacht haben, einen Theologen zu berufen. Er konnte sich an die Dozenten jedes Priesterseminars wenden, ob es nun von Jesuiten oder von der Erzdiözese geleitet wurde. Er konnte einen ihm unterstellten Priester berufen. Oder er konnte einen anderen Bischof oder Erzbischof bitten, ihm einen Exorzisten zu benennen. Statt dessen wählte Ritter Pater Bowdern aus.

Unter Jesuiten ist zum geflügelten Wort geworden, was am Ende des Gesprächs gesagt wurde, bei dem Ritter Bowdern mitteilte, er habe ihn zum Exorzisten ausersehen. Bowdern sagte: »Da ist wohl nichts zu machen«, und der Erzbischof erwiderte: »Sie sagen es.«

Kapitel 8

»Ich treibe dich aus«

Erzbischof Ritter gab Pater Bowdern noch etwas mit auf den Weg: Er müsse versprechen, mit keinem Menschen je über diesen Exorzismus zu sprechen. Bowdern versprach es ihm bereitwillig. Aber da es für ihn »sehr schwer« gewesen war, »authentische Literatur über Fälle von Besessenheit zu finden«, beschloß er, daß Pater Bishop »sich jeden Tag auch das kleinste Vorkommnis vom vorhergehenden Tag und der vorhergehenden Nacht notieren sollte. Ein Grund dafür war, daß unser Tagebuch jedem, der sich künftig in der Rolle eines Exorzisten befand, sehr hilfreich sein würde.«

Am späten Nachmittag des 16. März, einem Mittwoch, schickte Bowdern einen kurzen Brief an Walter Halloran, einen sechsundzwanzig Jahre alten Scholastiker, der an der St. Louis University studierte und sich auf sein Magisterexamen in Geschichte vorbereitete. Er war seit acht Jahren Jesuit und kannte Bowdern seit seiner Zeit an der Campion Jesuit High School, als Bowdern dort Rektor war. Im Lauf der Jahre hatten vier Halloran-Brüder die Campion High School besucht, ein abgelegenes Internat, in dem, wie sich Walter Halloran erinnerte, »wir auf uns gestellt waren – da waren nur die Jesuiten und die Schüler. Billy Bowdern leitete eine gute Schule. Machte seine Sache sehr professionell. Er setzte einfach voraus, daß jeder da war, um etwas zu lernen, und wer nichts lernte, kam in Schwierigkeiten. Es wurde von einem erwartet, daß man so etwas wie ein christlicher Gentleman ist.«

Bowdern war eins der Vorbilder gewesen, die Halloran an der Campion High School dazu gebracht hatten, Jesuit zu werden. Obwohl Bowdern doppelt so alt war wie Halloran, hatte sich zwischen beiden eine Art Kameradschaft entwickelt, und nach Hallorans Priesterweihe fünf Jahre später wurden sie enge Freunde.

»Walt«, fragte Bowdern in seinem Brief, »ich brauche dich heute abend als Fahrer. Hast du Zeit?«

Halloran hatte Bowdern bei Besorgungen und Krankenbesuchen in der Gemeinde oft gefahren und sagte zu, ihn am Abend abzuholen. Er fuhr gern für Bowdern, und außerdem wurde von einem jesuitischen Scholastiker erwartet, daß er tat, worum ihn ein Profeß und Priester bat.

Halloran erschien mit dem gemeindeeigenen Wagen gegen neun Uhr abends beim Pfarrhaus. Bowdern nannte ihm die Adresse. Halloran sah auf einer Straßenkarte nach und fuhr in Richtung Nordwesten los. Er konzentrierte sich auf die Straßenschilder und achtete kaum auf das, worüber sich Bishop und Bowdern leise unterhielten. Ihm war aufgefallen, daß beide Priester Soutanen trugen und Chorröcke bei sich hatten, und er fragte sich, was das wohl für ein Krankenbesuch war, bei dem zwei Priester mit Chorröcken nötig waren.

Als Halloran vor dem Haus hielt, beugte sich Bowdern über die Rücklehne des Vordersitzes und sagte: »Komm mit uns ins Haus.« Seine Aufforderung überraschte den jungen Scholastiker. Bevor er jedoch etwas fragen konnte, sagte ihm Bowdern mit ruhiger Stimme: »Ich werde einen Exorzismus vornehmen. Ich will, daß du den Jungen festhältst, falls es nötig sein sollte.« (Das läßt vermuten, daß Bowdern vielleicht von der Attacke auf Pater Hughes gewußt hat, obwohl er sie niemals erwähnte, vielleicht, um Befürchtungen gar nicht erst aufkommen zu lassen.)

Halloran war sprachlos. Er wußte, was ein Exorzismus ist, doch für ihn war das nur ein abstrakter theologischer Begriff, etwas, das es in der Bibel gab und nicht in einem Vorort von St. Louis. Doch für Fragen war keine Zeit. Bowdern und Bishop gingen schon die Verandatreppe hinauf. Halloran folgte ihnen verwundert. Er vertraute Bowdern, fragte sich aber, was er damit gemeint hatte, er solle den Jungen notfalls festhalten. Doch falls es zu Handgreiflichkeiten kommen würde, brauchte

101

Halloran sie nicht zu fürchten. Er war ein geübter Football-Spieler und gut in Form.

Bowdern stellte Halloran erst Robby, dann seinen Eltern, seinem Onkel und seiner Tante sowie Elizabeth vor. Halloran erinnerte sich daran, das Mädchen auf dem Campus gesehen zu haben. Alle gingen zunächst ins Wohnzimmer. Bowdern lächelte Robby an und begann zu sprechen. Er wirkte gelöst und voller Selbstvertrauen und wandte sich manchmal direkt an Robby, dann wieder an die Erwachsenen. Er sagte, er werde Robby auf neue Art und Weise helfen, und forderte seine Zuhörer auf, Fragen zu stellen, doch es kamen nur wenige. Er hatte sie beruhigt und auf etwas eingestimmt, von dem sie bisher nichts wußten. »Dies sind besondere Gebete, Gebete für eine Situation wie diese«, sagte er schließlich. »Und ich glaube, wir sollten gleich anfangen.«

Robby ging nach oben und machte sich zum Schlafengehen bereit. Seine Mutter wartete ein paar Minuten und folgte ihm dann. Vom Treppenabsatz rief sie schließlich hinunter: »Robby ist jetzt fertig.«

Bowdern ging allein nach oben und blieb kurze Zeit bei dem Jungen. Wie Bishop später berichtete, half Bowdern Robby, »sein Gewissen zu prüfen und Bußfertigkeit zu zeigen«. Es gibt keinen Augenzeugenbericht von dieser Begegnung zwischen Priester und Jungen, aber man kann sie sich leicht vorstellen. *Robby, du weißt doch, was dein Gewissen ist, nicht wahr?*« Und dann Robbys Antwort, der in seinem stockenden, höflichen Tonfall versuchte, sich zu drücken, um dann aufzugeben. Er war müde. *Gewissen ist das, was in dir steckt, der Teil von dir, der dir sagt, was richtig und was falsch ist. Verstehst du?*

Bowdern machte sich seine jahrelange Erfahrung als Lehrer und Berater heranwachsender Jungen zunutze, um Robbys Aufrichtigkeit zu prüfen, um festzustellen, ob hinter all dem eine bewußte Täuschung steckte. *Jetzt möchte ich dich bitten, Robby, dein Gewissen aufrichtig zu befragen, damit du sicher sein kannst, daß es nichts gibt, was du mir erzählen möchtest. Alles, was du mir sagst, Robby, wird unter uns bleiben. Ich habe Gott schon vor langer Zeit versprochen, keinem Menschen von Geheimnissen zu erzählen, die man mir anvertraut hat.*

Robby hat ihm vielleicht von ein paar kleinen Schwindeleien erzählt, oder daß er seiner Mutter ein paarmal freche Antworten gegeben hatte. Er sagte jedoch nichts, was Bowdern hätte vermuten lassen, daß er ein Junge mit einem schlechten Gewissen war. *Jetzt werde ich dich bitten, mir nachzusprechen, was Katholiken einen Akt der Reue nennen. Das bedeutet nur, daß es eine Art ist, Gott zu sagen, daß es einem leid tut, was man getan hat, und daß man es nicht wieder tun wird.*

Bowdern begann mit dem Akt der Reue, sprach Satz für Satz und legte immer wieder eine Pause ein, damit Robby die Worte nachsprechen konnte. »Vergib mir, Vater, denn ich habe gesündigt...« Bowdern war überzeugt, es mit einem tief verstörten Jungen zu tun zu haben, der diese Verstörung nicht vortäuschte. Die ruhige Sitzung mit Robby lieferte Bowdern keinen neuen Hinweis darauf, daß der Junge besessen war. Doch nach der sorgfältigen Gewissensprüfung war der Priester jetzt überzeugt, mit einem Exorzismus recht zu handeln. Er sagte Robby, er werde gleich wiederkommen und seine Freunde mitbringen.

Unten im Erdgeschoß streifte sich Bowdern seinen gestärkten Chorrock über. Bishop tat es ihm nach. Jeder nahm eine violette Stola, entrollte sie, küßte sie und legte sie sich um den Hals. Dann setzten sich beide ihr Birett auf. Halloran trug die vorschriftsmäßige Kleidung eines Scholastikers: einen schwarzen Anzug, Priesterkragen und eine schwarze hemdähnliche Weste. Sowohl Bishop wie Bowdern hatten das *Rituale Romanum* in der Hand, ein Exemplar von mehr als vierhundert Seiten mit Goldschnitt und schwarzem Einband. Bowdern hatte auch eine kleine Flasche mit Weihwasser bei sich.

Bowdern hatte die einundzwanzig Richtlinien des *Rituale Romanum* sorgfältig studiert. Sie kamen ihm einigermaßen logisch vor, obwohl er über die Ermahnung, »der Exorzist ergehe sich nicht in weitschweifigen Reden oder in unnützen und neugierigen Fragen«, vielleicht gelächelt hat. Derlei würde er auf keinen Fall tun. In einer weiteren Anweisung hieß es: »Der Besessene soll für den Exorzismus, wo möglich, in die Kirche oder an einen geweihten und angemessenen Ort fern von der Masse gebracht werden.« Bowdern entschied sich gegen diesen

Vorschlag, da er der Meinung war, Robby werde sich in vertrauter Umgebung wohl fühlen.

Er akzeptierte jedoch den Ratschlag, sich an den Wortlaut des *Rituale Romanum* zu halten und keinen Versuch zu machen, zu improvisieren und eigene Stellungnahmen abzugeben. Dies war nicht der Ort, Predigten zu halten. Und er würde auch nicht versuchen, mit den Teufeln zu streiten oder sich auf irgendeinen Handel mit ihnen einzulassen. »Die Teufel«, heißt es im *Rituale* »pflegen nämlich meist trügerisch zu antworten und sich ungern zu offenbaren, damit der Exorzist infolge Ermüdung aufhört oder der Anschein erweckt wird, der Kranke sei gar nicht vom Teufel besessen.«

Das *Rituale Romanum* kennt einen Ritus für den Exorzismus von Orten und einen für den von Menschen. Obwohl es für jeden der Riten eine bestimmte Reihenfolge von Gebeten gibt, besitzt der Exorzist einige Freiheit. Anders als bei Sakramenten, die einem strikt geregelten Ablauf unterliegen, hängt beim Ritus des Exorzismus alles vom Exorzisten ab, da nur er im Kampf mit dem Teufel die beste Strategie entwickeln kann.

Die Exorzismusgebete für besessene Menschen umfassen u. a. Lesungen aus den Evangelien, Psalmen und andere Gebete. Alle Texte sind auf lateinisch abgefaßt. Die drei wichtigsten Exorzismusgebete erkennt man an den lateinischen Worten, mit denen sie beginnen: »*Praecipio*« (Ich befehle), ein Befehl an den »unreinen Geist«; »*Exorcizo te*« (Ich treibe dich aus); »*Adjuro te*« (Ich beschwöre dich).

Ein Exorzismus ist in den Augen der Kirche eine direkte Konfrontation von Teufel und Christus, bei der der Priester mit seinem Gebet die Macht Christi aufbietet. Pater Bowdern hatte die Messe gelesen, bei Pater Kenny seine Generalbeichte abgelegt und einen großen Teil des Tages mit Gebeten zugebracht. Er hatte auch zu fasten begonnen, was im *Rituale Romanum* empfohlen wird. Bishop dürfte als Bowderns Assistent seinem Beispiel gefolgt sein.

Bowdern rückte seine Stola zurecht, nickte Bishop und Halloran zu und ging die Treppe hinauf. Er betrat das Zimmer als erster; die anderen beiden Jesuiten, Robbys Mutter, Tante und

104

Onkel folgten. Bowdern machte das Kreuzzeichen und besprengte das Bett mit Weihwasser. Dann kniete er neben dem Bett nieder. Bishop kniete sich ihm gegenüber hin. Die Familienangehörigen knieten neben den Priestern. Halloran wußte nicht recht, was er tun sollte, bis Bowdern ihm ein Zeichen gab, er solle am Fußende des Betts niederknien. Nun befanden sich Hallorans Augen in Höhe der Matratze, und er sah Robby durch die metallenen Gitterstäbe hindurch.

Bowdern sprach eine Reihe von Gebeten über Glaube, Hoffnung, Liebe und Reue, die von den anderen nachgesprochen wurden. Auch Robby, der im Bett lag, fiel in die Gebete ein. Dann begann Bowdern mit der Allerheiligenlitanei: »Kyrie eleison« (Herr, erbarme Dich unser).

Bishop und Halloran antworteten: »Christe eleison« (Christus, erbarme Dich unser). Dann begann der Rhythmus: Anrufung durch Bowdern, Antwort von Bishop und Halloran:

»Christe audi nos« (Christus, höre uns).

»Christe exaudi nos« (Christus, erhöre uns).

»Sancta Maria, ora pro nobis« (Heilige Maria, bitte für uns).

»Sancta Virgo virginum« (Heilige Jungfrau über allen Jungfrauen) –

»Ora pro nobis« (Bitte für uns).

»Sancte Michael« (Heiliger Michael) –

»Ora pro nobis« (Bitte für uns).

»Sancte Gabriel« (Heiliger Gabriel) ...

Die Matratze begann sich zu bewegen. Halloran sah, wie sie sich vor seinen Augen auf und ab bewegte. Er wandte den Kopf und blickte Bowdern mit großen Augen an.

»Kein Problem, Walt«, sagte Bowdern sanft. »Bete ruhig weiter.« Dann fuhr er in der Litanei fort. Seine Stimme wurde lauter, als er die Heiligen anrief. Die Heiligen sind nach Gruppen geordnet. Erst kommen Michael, Gabriel und Raphael, die Erzengel und einzigen Engel mit Namen. Es folgen die heiligen Chöre der seligen Geister, alle heiligen Unschuldigen Kinder, die Mönche und Einsiedler sowie die Gründer religiöser Orden – Antonius, Benedikt, Bernhard, Dominikus, Franziskus. Diese Litanei beschwor das Bild einer Phalanx von Heiligen, die dem

Jungen zu Hilfe kamen. Der lag mit geschlossenen Augen auf der Matratze, die sich im Rhythmus der Litanei zu bewegen schien.

Nach der Nennung der Namen folgen Bitten an Gott:

»Ab omni malo libera nos, Domine« (Erlöse uns, o Herr, von aller Sünde).

So ging es auf lateinisch weiter. Robby lauschte dem eintönigen Singsang der Worte, die sich anhörten, als kämen sie aus einer anderen Welt und einer anderen Zeit. Er kannte ihre Bedeutung nicht, spürte aber, wie sie ihn trösteten und nicht nur ihn, sondern diesen ganzen Raum einhüllten...

Auf lateinisch beteten die Priester:

»Von Deinem Zorne –

Erlöse uns, o Herr.

Von einem jähen und unversehenen Tode –

Erlöse uns, o Herr.

Von den Nachstellungen des Teufels –

Erlöse uns, o Herr.

Von Zorn, Haß und allem bösen Willen –

Erlöse uns, o Herr.

Von dem Geiste der Unlauterkeit –

Erlöse uns, o Herr.

Von Blitz und Ungewitter –

Erlöse uns, o Herr.

Von der Geißel des Erdbebens –

Erlöse uns, o Herr.

Von Pest, Hunger und Krieg –

Erlöse uns, o Herr.

Von dem ewigen Tode –

Erlöse uns, o Herr.«

Die lateinische Litanei geht mit den Artikeln des katholischen Glaubens weiter, mit dem Mysterium der heiligen Auferstehung Christi bis hin zum Tag des Gerichts. Robby konnte nun spüren, daß sich der Sinn der Worte änderte. Der Priester, der in diesem langen Gebet der Vorbeter war, sprach jetzt längere Sätze, und der andere Priester und der junge Jesuit in Schwarz sagten ebenfalls andere Worte.

»Te rogamus, audi nos« (Wir bitten Dich, erhöre uns).

»*Ut inimicos sanctae Ecclesiae humiliare digneris*« (Daß Du die Feinde der heiligen Kirche demütigen wollest) –

»*Ut omnibus benefactoribus nostris sempiterna bona retribuas*« (Daß Du alle unsere Wohltäter mit den ewigen Gütern belohnen wollest).

»*Te rogamus, audi nos*« (Wir bitten dich, erhöre uns).

»*Ut animas nostras, fratrum, propinquorum et benefactorum nostrorum ab aeterna damnatione eripias*« (Daß Du unsere Seelen und die Seelen unserer Brüder, Verwandten und Wohltäter vor der ewigen Verdammnis bewahren wollest) –

»*Te rogamus, audi nos*« (Wir bitten Dich, erhöre uns).

Und dann waren die Priester wieder beim Anfang, bei den Worten, mit denen die Litanei beginnt:

»*Kyrie eleison.*«

»*Christe eleison.*«

»*Kyrie eleison.*«

Bowdern hielt inne, blätterte eine Seite um und intonierte weiter auf lateinisch: »*Ne reminiscaris . . .*« Er betete: »Herr, gedenke nicht unserer Vergehen noch jener unserer Väter, und strafe uns nicht wegen unserer Sünden.« Dann begann Bowdern mit dem Vaterunser. Er flüsterte die Worte beinahe: »*Pater noster . . .*« Gegen Ende des Gebets hob er die Stimme:

»*Et ne nos inducas in tentationem*« (Und führe uns nicht in Versuchung) –

Worauf Bishop und Halloran antworteten: »*Sed libera nos a malo*« (Sondern erlöse uns vom dem Bösen).

Obwohl Robby, seine Mutter, seine Tante und sein Onkel die lateinischen Worte nicht kannten, wußten sie, wie das Vaterunser endet, und da war es, das, worum es hier ging – *erlöse uns von dem Bösen.*

Bowdern machte wieder eine Pause, in der alle versuchten, unauffällig eine andere Position beim Knien einzunehmen. Es dauerte schon schrecklich lange. Und die Matratze bewegte sich immer noch. Am Abend zuvor hatte sie das zwei Stunden lang getan, wie sich Phyllis Mannheim erinnerte. Sie fragte sich, warum all diese Gebete die Matratze nicht zum Stillstand gebracht hatten.

107

Bowdern begann mit dem dreiundfünfzigsten Psalm, immer noch auf lateinisch. Seine Übersetzung lautet:

»Hilf mir, Gott, durch Deinen Namen, verschaff mir Recht mit Deiner Kraft! Gott, höre mein Flehen, vernimm die Worte meines Mundes! Denn es erheben sich gegen mich stolze Menschen, freche Leute trachten mir nach dem Leben; sie haben Gott nicht vor Augen. ... Freudig bringe ich Dir dann mein Opfer dar und lobe Deinen Namen, Herr; denn Du bist gütig. Der Herr hat mich herausgerissen aus all meiner Not, und mein Auge kann auf meine Feinde herabsehen. Ehre sei dem Vater und dem Sohne und dem Heiligen Geist. Wie im Anfang, so auch jetzt und allezeit und in Ewigkeit. Amen. Hilf Deinem Diener –«

Da fiel Bishop plötzlich ein: »*Deus meus, sperantem in te*« (Der auf Dich vertraut, o Herr).

Der Rhythmus änderte sich, und Bowdern und Bishop, die aus ihrem jeweiligen Exemplar des *Rituale Romanum* lasen, begannen abwechselnd zu sprechen: »*Esto ei, Domine, turris fortitudinis*«, sagte Bowdern. Dann antwortete Bishop auf lateinisch. Die beiden Männer sagten folgendes:

»Sei ihm ein fester Turm.«

»Gegen die Feinde.«

»Kein Feind soll ihn bezwingen.«

»Der Sohn der Bosheit soll ihm nicht schaden.«

»Herr, sende ihm Hilfe vom Heiligtum.«

»Und von Sion aus beschütze ihn.«

»Herr, erhöre mein Gebet.«

»Und laß mein Rufen zu Dir kommen.«

»Der Herr sei mit euch.«

»Und mit deinem Geist.«

Bowdern machte erneut eine Pause. Er sprach langsam, und in den lateinischen Wörtern lagen Kraft und Bedeutung. Mit diesem Gebet, das dem eigentlichen Exorzismus vorangeht, hielt er zwei theologisch bedeutsame Dinge fest: die Existenz des Teufels, des abtrünnigen Engels und seiner Anhänger; ferner das Kommen Jesu, des Erlösers und Sohnes Gottes, der die Welt von dem Teufel befreien wird. Dann sprach Bowdern, immer auf lateinisch:

»Gott, Dir ist es eigen, immer Barmherzigkeit und Nachsicht walten zu lassen. Nimm unser Flehen gnädig an, damit dieser Dein Diener, der durch seine Verfehlungen gefesselt ist, durch Deine erbarmende Liebe befreit werde.

Heiliger Herr, allmächtiger Vater, ewiger Gott, Vater unseres Herrn Jesus Christus: Du hast den widerspenstigen und abtrünnigen Geist dem Feuer der Hölle überantwortet und Deinen eingeborenen Sohn in diese Welt gesandt, um den brüllenden Löwen zu zerschmettern. Wende Dich eilends uns zu, errette diesen Menschen, den Du nach Deinem Ebenbild erschaffen hast, aus seinem Unglück und von dem Dämon, der am Mittag wütet. Jage, Herr, dem Tier, das Deinen Weinberg zerstört, Schrecken ein. Gib Deinen Dienern Zuversicht, damit sie mutig gegen den niederträchtigen Drachen kämpfen; er soll nicht jene verachten, die auf Dich hoffen, und nicht wie einst Pharao sagen: Ich kenne den Gott nicht und werde Israel nicht entlassen. Deine mächtige Rechte zwinge ihn, von Deinem Diener Robert zu weichen.« An dieser Stelle machte Bowdern über Robby das Kreuzzeichen. Die Matratze bewegte sich nicht mehr. Robby starrte zur Deckenleuchte. Seine Hände hielten die Bettdecke umklammert.

»Er wage nicht länger, den Menschen gefangenzuhalten, den Du in Deiner Güte nach Deinem Ebenbild erschaffen und durch Deinen Sohn erlöst hast: Der mit Dir lebt und herrscht in der Einheit des Heiligen Geistes, Gott von Ewigkeit zu Ewigkeit.«

Bishop sagte mit fester Stimme: »Amen.«

Bowdern stand auf und trat näher an das Bett heran. »PRAECIPIO TIBI!« rief er. »ICH BEFEHLE DIR.«

Robby schrie auf.

Bowdern fuhr mit mächtiger Stimme fort: »Praecipio tibi, quicumque es, spiritus immunde, et omnibus sociis tuis...«

»Ich befehle dir, unreiner Geist, wer immer du bist, und deinem ganzen Anhang, die ihr diesen Diener Gottes in Gewalt habt: wegen der Geheimnisse der Menschwerdung, des Leidens, der Auferstehung und der Himmelfahrt unseres Herrn Jesus Christus...«

Robby schrie erneut auf. Seine Mutter erhob sich, doch etwas hielt sie zurück. Der Schrei war ein Schrei des Schmerzes und nicht der Furcht. Robby strampelte und warf Bettüberwurf und Decken zurück. Seine Schlafanzugjacke war offen. Quer über seinen Bauch zogen sich drei lange rote Striemen.

»... wegen der Aussendung des Heiligen Geistes und der Wiederkunft unseres Herrn zum Gericht...«

Robby krümmte sich und schrie erneut. Bei dieser nächsten Erwähnung des *Herrn* erschienen neue Striemen auf seinem Bauch. Und jetzt erfüllte sich der Raum mit einem neuen Rhythmus: Jedes *Dominus* (Herr) oder *Deus* (Gott) schien neue Striemen und Kratzer hervorzubringen. Es war, als würde etwas, das tief in Robby saß, versuchen, sich seinen Weg frei zu schneiden. Robby entledigte sich schnell seines Schlafanzugs, doch immer neue Kratzer erschienen und bedeckten seinen Körper mit langen, geraden, blutigen Striemen.

»... gib mir deinen Namen, den Tag und die Stunde deines Fortganges mit irgendeinem Zeichen kund! Gehorche in allem mir, Gottes unwürdigem Diener!«

Gottes! Weitere Kratzer. (Bishop beschrieb sie später als »Striemen, die sich erhaben auf der Haut zeigten wie bei einem Kupferstich«.)

»... füge diesem Geschöpfe Gottes... keinen Schaden zu!«

Gottes! Jetzt erschienen Linien aus glitzerndem Blut auf Robbys Beinen, seinen Schenkeln, seinem Bauch und auf dem Rükken. Er wand sich vor Schmerz. Eine Kratzspur verlief im Zickzack quer über seine Kehle. Dann tauchten im Gesicht rote Striemen auf. Robby verzog es vor Schmerz.

Bowdern blickte kaum von den Seiten seines *Rituale Romanum* auf. Er begann erneut mit dem Exorzismusgebet. »*Praecipio tibi, quicumque es, spiritus immunde...*«

Jetzt zeigte sich an Robbys rechtem Bein etwas Neues. Als Bowdern dem »unreinen Geist« befahl, seinen Namen zu nennen, bildeten rote Kratzspuren an dem Bein ein Bild. Es war, wie die Augenzeugen später aussagten, ein Bild des Teufels. »Er hielt die Arme über den Kopf«, wie sich Bishop erinnerte, »und schien Flughäute zu haben, was ihm das schauerliche Aussehen einer Fledermaus verlieh.«

110

Bowdern fuhr fort: »Gehorche in allem mir, Gottes unwürdigem Diener!«

Gottes! Jetzt erschienen auf Robbys Brust die Buchstaben HÖLLE in Form von Schwellungen, die so aussahen und sich so anfühlten, als wären es Kratzer von Dornen. Die Buchstaben standen auf dem Kopf, so daß der schreiende Junge sie lesen konnte, wenn er auf seine Brust niederblickte. Es war so viel Blut, daß Bishop es mit seinem Taschentuch abtupfte.

»... *dicas mihi nomen tuum, diem et horam exitus tui, cum aliquo signo*« (Gib mir deinen Namen, den Tag und die Stunde deines Fortgangs mit irgendeinem Zeichen kund)!

In diesem Moment erschien offenbar dieses Zeichen: Auf Robbys Bauch tauchten die Buchstaben G O auf. An seinem rechten Bein erschienen Stellen, die wie ein eingebranntes X aussahen. Bishop hielt inne und grübelte. Bedeutete dies, daß der Teufel am nächsten Morgen um zehn Uhr aus Robby ausfahren würde? Oder bedeutete es, daß der Teufel noch zehn Tage bleiben würde? Das G O befand sich auf Robbys Unterleib. Etwas, das wie ein dritter Buchstabe aussah, erschien direkt über seinem spärlichen Schamhaar. Vielleicht bedeutete das, daß der Teufel mit dem Urin oder den Exkrementen ausfahren würde, dachte Bishop. Mittelalterlichen Berichten über Exorzismus zufolge war dies ein traditioneller Ausgang.

Robby entspannte sich und schien nun zu schlafen. Bishop versuchte, die Kratzer, Schwielen und Stellen auf dem Körper des Jungen zu zählen. Als er bis fünfundzwanzig gekommen war, verlor er den Faden, da einige der Stellen zu ganzen Trauben von Kratzern und Schwellungen verschmolzen waren.

Bowdern konnte zwischen dem ersten *Praecipio*, das er wiederholt hatte, und dem nächsten zornigen Exorzismusgebet unter mehreren beruhigenden Gebeten wählen. Unter denen, die er jetzt laut sprach, war ein Gebet zum heiligen Erzengel Michael, der von den Christen seit mindestens dem vierten Jahrhundert als Kriegsengel verehrt wurde, der über Luzifer triumphiert hat.

»*Princeps gloriosissime caelestis militiae, sancte Michael Archangele ...*«

111

Es bedeutete auf deutsch:

»Glorreicher Fürst der himmlischen Heerscharen, heiliger Erzengel Michael, beschütze uns im Kampf gegen die Mächte, Gewalten und Herrscher der Finsternis und die Geister der Bosheit unter dem Himmel! Komm den Menschen zu Hilfe, die Gott nach seinem Ebenbild erschaffen und um einen so hohen Preis aus der Tyrannei Satans erkauft hat! ... Bitte den Gott des Friedens, er möge Satan unter seinen Füßen vernichten... Ergreife den Drachen, die alte Schlange, nämlich den Teufel, den Satan, und stürze ihn gefesselt in die Hölle, damit er nicht weiter das Menschengeschlecht verführe!«

Dann folgte der Exorzismus:

»Im Namen Jesu Christi, unseres Gottes und Herrn...«

Robby bewegte sich im Schlaf. Er hielt die Augen fest geschlossen und murmelte einzelne Worte. Dann begann er, mit den Fäusten an das Kopfende des Betts zu schlagen. Er ergriff sein Kopfkissen und schlug mehrmals darauf ein.

Phyllis Mannheim, die in einer Ecke des Raums kauerte, konnte nicht glauben, was sie sah. Noch nie, so erzählte sie Bishop später, habe sie Robby gewalttätig werden sehen. Hier wie später im Georgetown Hospital schien der Ritus des Exorzismus bei Robby Wutausbrüche auszulösen.

Bowdern beugte sich über den wild zuckenden Körper und besprengte ihn mit Weihwasser. Urplötzlich wachte Robby auf. Bishop fühlte dem Jungen den Puls: Er war ganz normal. Die Priester fragten Robby, was er geträumt habe.

Er sagte, er habe gegen einen riesigen roten Teufel gekämpft. Das Geschöpf habe sich schleimig angefühlt und habe ungeheure Kraft besessen. Der Teufel habe verhindern wollen, daß er, Robby, ein eisernes Tor am oberen Ende einer Grube passiere, die etwa sechzig Meter tief und sehr heiß gewesen sei. In der Nähe seien noch andere, weniger gefährliche Teufel gewesen. Sein Gegner sei jedoch der große rote Teufel gewesen, und er habe das Gefühl gehabt, immer stärker zu werden, so daß er gedacht habe, den Teufel besiegen zu können.

Bowdern und Bishop wechselten schnell einen Blick. Obwohl Robby die kämpferischen lateinischen Worte des Gebets

112

an den Erzengel Michael nicht verstanden haben konnte, schien er die Botschaft im Traum nacherlebt zu haben. Bowdern beschloß, den Exorzismus fortzusetzen, und begann nun mit dem stärksten Gebet.

»*Exorcizo te, immundissime spiritus, omnis incursio adversarii, omne phantasma, omnis legio in nomine Domini nostri Jesu ✝ Christi*« (Im Namen unseres Herrn Jesus ✝ Christus, beschwöre ich dich, unreiner Geist, jede feindliche Macht, jedes Gespenst).

Bowdern beugte sich so tief über Robby, daß er sehen konnte, wie sich dessen Augäpfel unter den geschlossenen Lidern bewegten.

Er machte über dem heftig atmenden Jungen das Kreuzzeichen. Robbys Arme begannen, sich schnell zu bewegen. Er schien wieder am Rand der Grube zu stehen und zu kämpfen.

Immer noch über den Jungen gebeugt, sagte Bowdern mit heiserer, aber immer noch gebieterischer Stimme: »*Eradicare, et effugare ab hoc plasmate Dei*« (Reiße dich los und weiche von diesem Geschöpf Gottes). Bowdern machte über Robby erneut das Kreuzzeichen und fuhr fort: »*Ipse tibi imperat, qui te de supernis caelorum in inferiora terrae demergi praecepit*« (Er selbst befiehlt es dir, auf dessen Wort du von den Höhen des Himmels in die Hölle gestürzt wurdest).

Das Gebet ging weiter, während sich Robby auf dem Bett hin und her wälzte.

»Er selbst befiehlt es dir, der dem Meer, den Winden und Stürmen gebot. Höre es also und fürchte dich, Satan, du Glaubensfeind, du Widersacher des Menschengeschlechtes, du Mörder und Räuber des Lebens, du Verächter der Gerechtigkeit, du Wurzel aller Übel, du Herd aller Laster, du Verführer der Menschen, du Verräter der Völker, du Aufwiegler zum Neid, du Ursprung des Geizes, du Ursache der Zwietracht, du Erreger von Leid und Leiden.

Warum verweilst du und widerstehst du? Du weißt ja, daß Christus, der Herr ...«

Bei den Worten *Christum Dominum* wälzte sich Robby noch heftiger hin und her. Bowdern gab Halloran ein Zeichen, er solle

113

um das Bett herumkommen und Robby festhalten. Halloran, ein durchtrainierter Sportler, konnte den fünfundachtzig Pfund schweren Jungen jedoch nicht allein auf dem Bett festhalten. Robbys Onkel ergriff eine Schulter, während Halloran die zweite festhielt. Robby schrie sie an und verlangte, sie sollten ihn loslassen. Er kämpfte, um sich zu befreien.

Bowdern betete ruhig und stetig weiter. »... *Christum Dominum vias tuas perdere*« (Daß Christus, der Herr, deine Wege ins Verderben führt).

Weitere Worte, weiteres Kämpfen; und dann, als Bowdern sagte: »*Recede ergo in nomine Patris...*«, führte er seinen rechten Daumen über Robbys Stirn und machte dreimal das Kreuzzeichen – eines für Gott den Vater, eines für Gott den Sohn und eines für Gott den Heiligen Geist. »Weiche also im Namen des Vaters und des Sohnes und des Heiligen Geistes. Mach Platz dem Heiligen Geist durch dieses Zeichen des heiligen Kreuzes unseres Herrn Jesus Christus, der mit dem Vater und dem Heiligen Geist lebt und herrscht, Gott von Ewigkeit zu Ewigkeit.«

Bishop, dessen Stimme nur ein Flüstern war, sprach: »Amen.«

»*Domine, exaudi orationem meam*«, sagte Bowdern, der sich tief erschöpft anhörte. »Herr, erhöre mein Gebet.«

»*Et clamor meus ad te veniat*«, erwiderte Bishop. »Und laß mein Rufen zu Dir kommen.«

»*Dominus vobiscum*«, sagte Bowdern. »Der Herr sei mit euch.«

»*Et cum spiritu tuo*«, antwortete Bishop. »Und mit deinem Geiste.«

Bowdern holte tief Luft und sagte: »*Oremus*« (Lasset uns beten). Und dann begann er mit einem neuen Gebet. Er sprach weiterhin lateinisch. Auf deutsch lautet das Gebet:

»Gott, Schöpfer und Beschützer des Menschengeschlechts, Du hast den Menschen nach Deinem Ebenbild erschaffen: Blicke herab auf diesen Deinen Diener Robert, den der unreine Geist mit arglistigen Angriffen heimsucht, den der alte Widersacher dieser Erde, der Feind von Anbeginn, mit Furcht und

114

Schrecken umgibt, dessen Geist und Gefühl er betäubt und bannt, mit Grausen verwirrt, mit Angst und Einschüchterung beunruhigt.«

Bowdern blickte von seinem Buch auf den Jungen, an dem sich die Worte des Gebets zeigten. Robby ruderte mit den Armen herum, drehte den Kopf und spie Halloran mit immer noch geschlossenen Augen ins Gesicht. Dann drehte er sich um und spuckte seinen Onkel an. Er schaffte es, einen Arm frei zu bekommen – genau wie im Georgetown Hospital –, und schlug nach den Männern, die ihn festzuhalten versuchten. Sie packten den Arm und preßten ihn wieder aufs Bett.

»Herr, weise zurück die Macht des Teufels, wende ab seine ränkevollen Nachstellungen! Der gottlose Versucher soll weit weg entfliehen. Dein Diener hier sei durch das Zeichen Deines Namens« – an dieser Stelle zeichnete Bowdern auf Robbys Stirn wieder ein Kreuzzeichen, worauf dieser dem Priester ins Gesicht spuckte – »gestärkt und an Leib und Seele geschützt.«

Bowdern hielt die linke Hand schützend vors Gesicht, machte drei Kreuzzeichen über dem Wort HÖLLE auf Robbys von roten Striemen übersäter Brust, während er sprach: »Behüte das Innere in dieser Brust, sei Du Herr über das innerste Wesen. Ermutige das Herz.«

Bowdern erhob sich, trat einen Schritt zurück und fuhr fort: »Die Versuchungen der feindlichen Macht sollen in der Seele zunichte werden. Auf die Anrufung Deines heiligsten Namens hin gewähre, Herr, die Gnade, daß er, der bis jetzt erschreckte, selbst erschrocken und besiegt weiche, und dieser Dein Diener im Herzen gefestigt und in aufrichtiger Gesinnung Dir in gebührender Weise zu dienen vermöge!

Durch unseren Herrn« – weiteres Speien, weiteres Kämpfen – »Deinen Sohn, unseren Herrn Jesus Christus, der mit dem Vater und dem Heiligen Geiste lebt und herrscht, Gott von Ewigkeit zu Ewigkeit.« Bishop sprach: »Amen.«

Es war jetzt schon weit nach Mitternacht. Mit Ausnahme Robbys waren alle völlig erschöpft. Vor allem Bowdern schien am Ende seiner Kräfte zu sein. Gleichwohl versagte ihm seine Stimme noch immer nicht den Dienst. Es folgten zwei weitere

115

lange Gebete. Vielleicht würde der Teufel den Jungen verlassen, wenn er, Bowdern, nicht zögerte und weiterdrängte. Vielleicht würde es nicht so sein wie in Loudun, wo die Exorzismen Tag für Tag weitergegangen waren, Woche für Woche, Monat für Monat...

In fast biblischer Weise nahm er seine ganze Kraft zusammen, tauchte aus seiner Erschöpfung auf und spürte, wie ihn neue Kraft durchströmte. Er sprach jetzt mit der lautesten Stimme, deren er mächtig war: »*ADJURO TE!*«

»Ich beschwöre dich, alte Schlange, bei dem Richter der Lebenden und der Toten, bei deinem Schöpfer und dem Schöpfer der Welt, bei dem, der die Macht besitzt, dich in die Hölle zu schleudern: weiche eilends und voll Furcht, samt deiner wütenden Heerschar, von diesem Diener Gottes, Robert, der zum Schoß der Kirche seine Zuflucht nimmt. Ich beschwöre dich wiederum« – erneut das Kreuzzeichen auf Robbys Stirn – »nicht durch meine Schwachheit, sondern durch die Kraft des Heiligen Geistes: Verlaß diesen Diener Gottes, Robert, den der allmächtige Gott nach seinem Ebenbild erschaffen hat.

Weiche also, weiche, nicht mir, sondern dem Diener Christi. Die Macht dessen bedrängt dich, der dich durch sein Kreuz unterjocht hat. Zittere vor dem starken Arm dessen, der das Heulen der Unterwelt überwunden und die Seelen zum Licht geführt hat. Bekomme Schrecken vor dem Leib dieses Menschen« – ein Kreuzzeichen auf das Wort HÖLLE auf Robbys heftig atmender Brust – »habe Angst vor dem Ebenbilde Gottes« – ein Kreuzzeichen auf die Stirn. »Widerstehe nicht und fahre ohne Säumen aus diesem Menschen aus, denn Christus hat es gefallen, im Menschen zu wohnen.

Glaube nicht, du könntest mich verachten, weil du weißt, daß ich ein großer Sünder bin. Gott gebietet dir.« Durch Einsetzen eines (✝), des Kreuzzeichens, vor einem bestimmten Wort weist das *Rituale Romanum* den Exorzisten an, in diesem Augenblick ein Kreuz zu schlagen. Bei dem nächsten Kreuzzeichen (✝) hinter dem Wort »dir« bewegte Bowdern die Hand durch die Luft. Robbys Speichel tropfte ihm vom Gesicht und fiel auf seine Hand. Bei jeder Beschwörung machte er das Kreuzzeichen, in-

116

mitten all der Schreie Robbys, während dessen Mutter heftig atmend und weinend in der Ecke kauerte. Der Junge spie Bowdern immer wieder an. Es waren unglaubliche Mengen Speichel.

Immer wieder fuhr Bowderns rechte Hand durch die Luft, als er auf lateinisch sprach: »Dir gebietet die Majestät Christi ✝. Dir gebietet Gott der Vater ✝, dir gebietet der Sohn ✝, dir gebietet der Heilige Geist ✝. Dir gebietet das Geheimnis des Kreuzes ✝. Dir gebietet der Glaube der heiligen Apostel Petrus und Paulus und der Glaube der übrigen Heiligen ✝. Dir gebietet das Blut der Märtyrer ✝. Dir gebietet die Standhaftigkeit der Bekenner ✝. Dir gebietet die fromme Fürsprache aller heiligen Männer und Frauen ✝. Dir gebietet die Kraft der Geheimnisse des christlichen Glaubens ✝.

Fahre also aus, du Übertreter der Gesetze! Weiche, du Verführer voll Trug und Arglist, du Feind der Tugend, du Verfolger der Unschuldigen! Du Unheilvoller, du Gottloser, mach Platz, mach Platz Christus, dem Herrn, an dem du nichts von deinen Werken fandest! Er hat dich deiner Waffen beraubt, er hat dich besiegt und gefesselt, er hat deine Habe vernichtet. Er hat dich in die äußerste Finsternis hinausgeworfen, in der für dich und deine Helfershelfer der Untergang bereitet ist.

Warum widerstehst du so grimmig? Warum weigerst du dich so verwegen? Du bist schuldig vor dem allmächtigen Gott, dessen Gebot du übertreten hast. Du bist schuldig vor seinem Sohn Jesus Christus, unserem Herrn, den du zu versuchen wagtest und in deiner Vermessenheit gekreuzigt hast. Du bist schuldig am Menschengeschlecht, dem du mit deiner listigen Überredung den tödlichen Gifttrank dargereicht hast.

Ich beschwöre dich also, du verfluchter Drache, im Namen des unbefleckten ✝ Lammes, das über Schlangen und Basilisken schritt und auf Löwen und Drachen trat: verlaß diesen Menschen ✝« – Bowdern machte auf Robbys Stirn erneut das Kreuzzeichen – »entferne dich doch von der Kirche Gottes ✝« – Bowdern drehte sich um und segnete die Anwesenden im Raum. »Erzittere und fliehe bei der Anrufung des Herrn, vor dem die Hölle erbebt, dem die himmlischen Kräfte, die Mächte und Gewalten untertan sind, den die Cherubim und Seraphim unauf-

117

hörlich preisen mit den Worten: Heilig, heilig, heilig, Gott, Herr der Heerscharen. Dir gebietet das Wort ✝, das Fleisch geworden ist. Dir gebietet der ✝ aus der Jungfrau Geborene. Dir gebietet Jesus ✝ aus Nazareth, der dich schlug, niederschmetterte und dir befahl, einen Menschen zu verlassen, als du seine Jünger verachtetest. Nachdem er dich aus jenem Menschen ausgetrieben, zogst du es vor, in seiner Gegenwart in eine Herde von Schweinen zu fahren. Weiche also, in seinem ✝ Namen beschworen, von diesem Menschen, den er erschaffen hat! Es ist dir hart, zu wiederstehen ✝, es ist dir hart, wider den Stachel auszuschlagen ✝. Je später du ausfährst, um so größer wird die Strafe, denn du verachtest nicht Menschen, sondern den Herrscher über die Lebenden und die Toten. Er wird kommen, um die Lebenden und die Toten und die Welt durch das Feuer zu richten.«

Bishop sagte »Amen«, und Robby hörte wieder, wie die beiden Priester das Gebet mit dem inzwischen vertrauten lateinischen Text beendeten. Sie sprachen abwechselnd, jeder eine Zeile.

»Domine, exaudi orationem meam.«

»Et clamor meus ad te veniat.«

»Dominus vobiscum.«

»Et cum spiritu tuo.«

Bowdern sagte wieder »Oremus« und begann mit einem neuen Gebet.

»Gott des Himmels, Gott der Erde, Gott der Engel, Gott der Erzengel, Gott der Propheten, Gott der Apostel, Gott der Märtyrer, Gott der Jungfrauen: Gott, Du hast die Macht, nach dem Tod das Leben, nach der Mühe die Ruhe zu verleihen. Außer Dir gibt es keinen anderen Gott. Du bist der einzig wahre Schöpfer des Himmels und der Erde, Du bist der wahre König, dessen Reich kein Ende hat: In Demut flehe ich zu Deiner glorreichen Majestät, befreie diesen Deinen Diener von den unreinen Geistern. Durch Christus, unseren Herrn.«

»Amen«, wiederholte Bishop.

Bowdern verstummte und blickte auf einen lebenden, zuckenden und sich windenden Alptraum. Auf den schweißgetränkten, zerwühlten Laken grimassierte Robby in Trance, wand sich und

118

spuckte. Er war jetzt noch genauso stark wie vor Stunden. Halloran und Robbys Onkel hielten den Jungen immer noch fest, aber ihre Kräfte ließen allmählich nach. Ihre Gesichter waren mit Schweiß und Speichel bedeckt, der auch ihre Kleidung benetzte. Phyllis Mannheim und ihre Schwägerin kauerten am Kopfende des Bettes. Phyllis war inzwischen so erschöpft, daß sie nicht einmal mehr schluchzen konnte. Die Frauen waren vor Entsetzen und Kummer wie erstarrt. Bowdern blickte zu Bishop hinüber, dessen Gesicht ebenfalls vor Schweiß und Speichel troff. Auf dem Chorrock hatte er einen Blutfleck, dort, wo der Rock Robbys Körper berührt hatte. Bowdern sah Bishops Blick und nickte. Ja, es war noch nicht zu Ende. Die Nacht würde weitergehen.

Bowdern hielt das *Rituale Romanum* in der linken Hand. Er markierte eine bestimmte Seitenzahl mit dem Finger, hob mit der rechten Hand die Flasche mit Weihwasser hoch, trat einen Schritt vor und goß Robby das Wasser auf den Kopf. Der Junge wachte plötzlich auf, sah sich um, richtete sich auf und sank dann wieder auf das feuchte Kopfkissen zurück. Er sagte, dort, wo er gewesen sei, sei es sehr, sehr heiß gewesen. Er bat mit schwacher Stimme um etwas Wasser. Phyllis ging in das Badezimmer, um ihm ein Glas Wasser zu holen. Als sie wiederkam, war Robby schon wieder zurückgesunken und kämpfte erneut mit ungewohnt großer Körperkraft.

Noch mehrmals während dieser Nacht übergoß Bowdern Robby am Ende eines Gebets mit Weihwasser. Bowdern und Bishop hatten beide den Eindruck, daß Robby ruhiger war, wenn er wach war. Ein paarmal wachte er nicht einmal auf, als er mit Wasser besprizt wurde, und dann versetzte ihm einer der Priester einen leichten Klaps, um ihn wach zu bekommen.

Schließlich kam das letzte Gebet des Exorzismus.

»Ich beschwöre dich also«, begann Bowdern, »wer immer du bist, unreiner Geist, Gespenst, teuflischer Ansturm, im Namen Jesu Christi ✝ aus Nazareth, der nach der Taufe des Johannes in die Wüste geführt wurde und dich in deinem eigenen Bereich überwunden hat: Laß ab, den Menschen zu bekämpfen, den Gott aus dem Staub der Erde zu seiner Ehre erschaffen hat.

119

Fürchte im armseligen Erdenkind nicht die menschliche Schwäche, sondern das Ebenbild des allmächtigen Gottes! Weiche also Gott ✝, der dich und deine Bosheit in Pharao und in dessen Heerschar durch Mose, seinen Diener, im Meer versenkte! Weiche Gott ✝, der dich durch seinen treuen Diener David mit geistlichen Liedern aus dem König Saul vertrieb und in die Flucht schlug.

Weiche Gott ✝, der dich im Verräter Judas verdammt hat. Jener trifft dich mit göttlichen ✝ Schlägen, in dessen Gegenwart du samt deiner Heerscharen zitternd ausriefst: Was habe ich mit dir zu schaffen, Jesus, Sohn des höchsten Gottes? Bist du hierhergekommen, um uns schon vor der Zeit zu quälen? Jener bedrängt dich mit ewigem Feuer, der am Ende der Zeiten zu den Gottlosen sagen wird: Weichet von mir, ihr Verfluchten, ins ewige Feuer, das dem Teufel und seinen Engeln bestimmt ist!

Dich, du Gottloser, und deine Engel werden Würmer peinigen, die niemals sterben. Dir und deinen Engeln ist ein unauslöschliches Feuer bereitet. Denn du bist der Urheber verfluchten Mordens, der Anstifter der Blutschande, der Anführer der Religionsfrevler, der Lenker schändlicher Taten, der Lehrmeister der Irrlehrer, der Erfinder jeglicher Unzucht. Weiche ✝, du Gottloser, weiche ✝, du Verruchter, weiche mit all deinen Vorspiegelungen! Gott wollte ja, daß der Mensch sein Tempel sei. Warum willst du hier noch länger verweilen? Erweise Gott, dem allmächtigen Vater ✝, die Ehre, vor dem sich jedes Knie beugt! Mach Platz unserem Herrn Jesus ✝ Christus, der für die Menschen sein heiligstes Blut vergossen hat! Mach Platz dem Heiligen ✝ Geist...«

Bowdern hob plötzlich die Stimme zu einem Rufen: »*Discede ergo nunc!*« (Weiche also jetzt!) Er hob ein letztes Mal die Hand und durchschnitt die Luft entschlossen mit einem großen, letzten Kreuzzeichen. »Weiche, du Verführer! Dein Wohnsitz ist die Wüste. Deine Behausung ist die Schlange: Dort sollst du gedemütigt und niedergeworfen werden. Es gibt keinen Aufschub mehr. Sieh, Gott, der Herrscher, kommt schnell herbei. Loderndes Feuer läuft vor ihm her und verzehrt seine Feinde ringsum.

Den Menschen magst du täuschen, mit Gott kannst du keinen

120

Spott treiben. Er, dessen Augen nichts verborgen ist, stößt dich hinaus. Er, dessen Macht das All unterworfen ist, treibt dich aus. Jener weist dich ab, der für dich und deine Engel die ewige Hölle bereitet hat. Aus seinem Mund geht ein scharfes Schwert aus, und er wird kommen, zu richten die Lebenden und die Toten.«

Bishop fügte hinzu. »Amen.«

Im Raum wurde es plötzlich still. Robby schien wirklich zu schlafen, frei von Alpträumen. Bowdern fiel auf die Knie und betete eine Zeitlang schweigend. Sein Kopf berührte das durchnäßte Laken. Es war fast fünf Uhr morgens.

Dann richtete sich Robby mit fest geschlossenen Augen auf und begann zu singen. »Way down upon the Swanee River, far, far away«, sang er mit quakender und ungewöhnlich lauter Stimme. Er ruderte wild mit den Armen herum, jedoch nicht im Takt mit der Musik. Er krächzte, sprudelte die Worte hervor, und während er in einem wahnsinnigen Versuch, den Takt zu halten, immer noch mit den Armen herumruderte, verfiel er plötzlich in »Ole Man River, dat Ole Man River, he mus' known sumpin'...« Während dieser verrückten Darbietung schlug er mehrmals die Augen auf. Er schien zu lächeln. Dann fing er wieder an zu singen, brachte jedoch den Text der Songs durcheinander und kreischte die Melodie nur so heraus.

Obwohl Bowdern mit seinen Kräften am Ende war, begann er erneut zu beten. Das *Rituale Romanum* empfiehlt mehrere Gebete – Passagen aus den Evangelien, Psalmen, das Athanasianische Glaubensbekenntnis, dessen dogmatische Worte all den anderen Worten von Glaube und Bedrohung folgten, die diese lange Nacht in den Morgen begleiteten. Bishop, der normalerweise methodisch arbeitete, in dieser Nacht jedoch erschöpft und sprachlos war, hat nicht aufgezeichnet, welche Gebete gesprochen wurden.

Er beendete seinen Bericht mit dieser Feststellung: »Gegen sieben Uhr dreißig am Morgen des 17. fiel R. in einen natürlichen Schlaf. Er schlief recht friedlich bis ein Uhr mittags. Dann nahm er wie gewohnt seine Mittagsmahlzeit ein und spielte anschließend mit seiner Familie eine Partie Monopoly.«

Kapitel 9

»Er weicht! Er weicht!

Pater Bowdern glaubte zutiefst daran, sich in einem Kampf mit dem Teufel zu befinden. Als diese lange und schreckliche Nacht allmählich in den Morgen überging, spürte er, welch eine schwere Last ihm auf der Seele gelegen hatte. Seine einzigen Waffen waren sein Glaube und das *Rituale Romanum* mit seinen Gebeten und Richtlinien. Es gab für ihn nur eine Strategie: durchhalten. Er mußte immer und immer wieder tun, was er in der vergangenen Nacht getan hatte, über die Morgendämmerung bis in den frühen Morgen hinein. Bowdern glaubte, seine Grenzen zu kennen, und da er ein ehrlicher Mann war, wußte er nicht, ob er in all den Nächten durchhalten würde, die dieser Kampf währen konnte. Doch er würde es versuchen. Er war nicht der Mann, der leicht aufgab. Und er machte es sich tatsächlich nicht leicht, wie ein Freund einmal über ihn gesagt hatte.

Im *Rituale Romanum* heißt es, einige Arten böser Geister ließen sich nur durch Gebet und Fasten austreiben. Bowdern vertraute der Macht des Gebets. Was das Fasten anging, sagte er zu Holloran: »Man erwartet von uns, daß wir fasten. Ich habe aber viel Arbeit vor mir. Ich glaube nicht, daß ich das allein mit Wasser und Brot schaffen kann.« Der Speisezettel eines Jesuiten an einem typischen Fastentag sieht etwa so aus: ein Frühstück mit einem weichgekochten Ei und trockenem Toast, zum Lunch ein Käsesandwich und zum Dinner eine normale Mahlzeit, jedoch ohne Fleisch. Der fastende Jesuit darf zwischen den Mahlzeiten nichts essen, kann aber jederzeit trinken.

Also würden Gebete Bowdern stärken müssen, Gebete und sein Glaube. Das *Rituale Romanum* ermahnt den Exorzisten, nicht zu vergessen, was Jesus sagte, als es den Jüngern nicht gelungen war, einen bösen Geist aus einem Knaben zu vertreiben. Sie fragten: »Warum konnten denn wir den Dämon nicht austreiben? Er antwortete: Weil euer Glaube so klein ist. Amen, das sage ich euch: Wenn euer Glaube auch nur so groß ist, wie ein Senfkorn, dann werdet ihr zu diesem Berg sagen: Rück von hier nach dort! und er wird wegrücken. Nichts wird euch unmöglich sein.«

Bowdern erklärte Bishop und Halloran, er habe keine Vorstellung davon, wie lange dies alles dauern werde. Der Exorzismus könne ihre Tage und Nächte bis in alle Ewigkeit in Anspruch nehmen, doch gleichzeitig müsse jeder von ihnen seine täglichen Pflichten erfüllen. Und wegen Erzbischof Ritters Forderung nach Geheimhaltung konnte keiner von ihnen den Exorzismus als Entschuldigung für Müdigkeit anführen. Gleichwohl konnten die drei an diesem Donnerstag, dem Tag des heiligen Patrick und dem zweiten Tag des Exorzismus, nur mit Mühe die Augen offenhalten.

Die größten Schwierigkeiten von ihnen hatte Halloran. Wie der Tag von Bowdern und Bishop begann auch seiner um fünf Uhr morgens. Doch als Scholastiker besaß er weit weniger Freiheit als die beiden Priester und führte eher so etwas wie ein Klosterleben. Unter seinen Oberen war ein Priester, Vater Pfarrer genannt, der die Scholastiker auf Trab hielt. Obwohl Halloran als Student einige Unabhängigkeit besaß, wurden die nicht den Studien gewidmeten Stunden streng kontrolliert. Er konnte ohne besondere Erlaubnis unmöglich die ganze Nacht wegbleiben.

Irgendwie schafften es die beiden Priester jedoch, ihn zu decken. Alle Jesuiten, Scholastiker wie Priester, leben in Einzelzellen. Die von Halloran lag in dem Flügel des Wohngebäudes, der den Scholastikern vorbehalten war. Er schaffte es, wieder in seine Zelle zu kommen, sich zu rasieren, zu duschen und zum Unterricht zu gehen, ohne daß der Disziplinarpräfekt etwas bemerkte. Bowdern hatte einen ganzen Tag seelsorgerischer Tätigkeit vor sich, und Bishop hatte seinen Unterricht zu geben.

Bowdern rief Robbys Familie im Verlauf des Tages an, erfuhr von dem Monopoly-Spiel am Nachmittag und wurde darüber

123

informiert, daß Robbys Vater aus Maryland zurückkommen werde. Der Vater versuchte, seinen Job weiterzumachen, und war vorübergehend nach Hause gefahren. Phyllis erzählte Karl am Telefon, was am Mittwochabend geschehen war, und er sagte, er werde nach St. Louis fliegen und rechtzeitig zur nächsten Sitzung am Donnerstag da sein.

Gegen neun Uhr dreißig hielt Halloran vor dem Haus. Phyllis begrüßte sie an der Haustür. Karl und sein Bruder, sagte sie, seien oben und hielten Robby fest. Die Jesuiten konnten aus dem Schlafzimmer Geräusche hören.

Phyllis erzählte, Robby habe den Tag ohne besondere Vorkommnisse verbracht und scheine von den Ereignissen der Nacht und des Morgens unberührt zu sein. Sie hätten alle gemeinsam zu Abend gegessen und sich überlegt, ob sie wieder Monopoly spielen sollten. Gegen neun Uhr sei Robby plötzlich schläfrig geworden. Der Schlaf habe ihn so schnell übermannt, daß er schon beim Ausziehen eingedöst sei. Kaum sei er jedoch im Bett gewesen, da habe er sich im Schlaf schon wieder zu wälzen begonnen und angefangen zu rufen. Die Schrecken der letzten Nacht kehrten zurück.

Bowdern und Bishop legten eilig die Chorröcke an, warfen sich die Stolen um den Hals und gingen nach oben. Halloran folgte ihnen. Im Schlafzimmer standen Karl und sein Bruder George am Kopfende des Bettes und lehnten sich schwer gegen Robby, der unter ihrem Griff zappelte.

Bowdern besprengte Robbys Gesicht mit Weihwasser und versetzte ihm mehrere Ohrfeigen. Der Junge richtete sich auf, sah sich um und fiel dann wieder in Schlaf. Er begann sich zu winden und zu schreien. Das *Rituale Romanum* warnt vor solchen Erscheinungen: »Bisweilen bewirken sie (die Teufel), daß der Kranke während der Beschwörung schläft...« – damit sich das Opfer des Exorzismus nicht bewußt wird.

Bowdern gab Halloran durch ein Zeichen zu verstehen, er solle den beiden Männern beim Festhalten von Robby helfen. Es schien nicht möglich zu sein, daß ein so zartgliedriger Junge eine solche Kraft aufbieten konnte. Ein Zeichen von Besessenheit, wie Bowdern dachte.

124

Er schlug das *Rituale Romanum* auf und begann, das erste der Gebete zu sprechen. Robby reagierte heftig. Er wandte sich mit geschlossenen Augen seinem Vater zu und spie ihm ins Gesicht. Dann spuckte er seinen Onkel George und Halloran an. Bowdern trat näher ans Bett und sprach mit lauter, gebieterischer Stimme, um Robbys Schreien zu übertönen. Der Junge schaffte es mit immer noch fest geschlossenen Augen, sich dem Griff der drei Männer zu entziehen, und langte mit einer schnellen Bewegung nach Bowderns Stola, die er anscheinend mühelos zerriß.

Pater Bishop, der Robbys Gesicht eben mit Weihwasser besprengt hatte, traf ein Speichelstrahl mitten ins Gesicht. Phyllis trat heran, um ihrem Sohn mit einem Tuch die Stirn zu trocknen. Er wandte ihr seine geschlossenen Augen zu, wich dem Tuch aus und spie auch seiner Mutter zielsicher ins Gesicht.

Dann drehte er den Kopf. Halloran duckte sich zwar schnell, aber Robby traf ihn trotzdem mitten ins Gesicht. »Auf eine Entfernung von bis zu eineinhalb Metern war er ein ausgesprochener Scharfschütze«, wie sich Halloran später wunderte. »Er hielt die Augen geschlossen und spuckte uns trotzdem ins Gesicht.«

Bowdern wankte keine Sekunde. Er sprach weiter seine Gebete, und Bishop und Halloran fielen auf ihr Stichwort ein. Robbys Tante Catherine begann den Rosenkranz zu beten. Während sie die Kugeln zählte, fielen andere in das Gebet ein. *Gegrüßet seist du Maria; voll der Gnade... Unser Vater im Himmel...*

Von Zeit zu Zeit tauchte Robby aus seinen Alpträumen auf. Er wirkte überrascht, wenn seine Eltern ihn fragten, warum er sie anspucke und so wild um sich schlage. Er war hellwach, aber erschöpft und konnte sich an nichts von dem erinnern, was er getan hatte. Er wußte nur, daß er geschlafen hatte. In diesen Augenblicken benommenen Wachseins prüfte Bishop Robbys Puls. Er war völlig normal wie schon in der Nacht zuvor. Bishop suchte Robby auch nach Kratzern und Beulen ab, fand aber keine.

Dann fiel Robby wieder in das, was Bishop als »den tiefen, tobsüchtigen Schlaf« bezeichnete, und begann wieder zu spuk-

125

ken und zu schreien. Ein paarmal stieß Robby sogar Drohungen gegen die Menschen aus, die ihn festhielten. Und bei Wörtern wie *Dominus* und *Deus* wölbte er seinen schlanken Körper hoch auf oder warf sich wild hin und her. Von Zeit zu Zeit summte er eine Melodie oder begann plötzlich mit schriller Stimme in einer falschen Tonart zu singen: »Way down upon the Swanee River...«

Bowdern betete unbeirrt weiter, und als er die Exorzismus-Gebete beendet hatte, betete er Rosenkränze und blieb bis etwa ein Uhr dreißig morgens am Bett stehen, bis Robby in einen normalen Schlaf zu fallen schien. Als Bowdern überzeugt war, daß Robby in dieser Nacht nicht mehr aufwachen würde, ging er vor den anderen hinunter.

Bishop ging mit seinem Notizbuch herum und stellte jedem der Anwesenden Fragen und notierte ihre Beobachtungen sowie seine eigenen. Schließlich wünschten die Priester und Halloran eine gute Nacht und fuhren in die Universität zurück.

Nach wenigen Stunden Schlaf stand Bowdern auf und las in der Xavier Church wie gewohnt seine Messe. Er wirkte verhärmt und bekümmert, gab sich aber Mühe, sich auf seine seelsorgerischen Aufgaben an diesem Tag zu konzentrieren. Doch im Kopf hatte er kaum etwas anderes als seinen Krieg gegen den Teufel um einen kleinen Jungen, der von diesem Krieg nichts zu wissen schien. Am Freitag nachmittag riefen Robbys Eltern an: Robby hatte kurz nach dem Mittagessen das bekommen, was sie einen »Anfall« nannten. Karl Mannheim hielt seinen Sohn fest in den Armen, während die Nicht-Katholikin Phyllis und ihre katholische Schwägerin den Rosenkranz beteten. Nach etwa einer Stunde hörte Robby auf um sich zu schlagen und schien wieder normal zu werden.

Bowdern, Bishop und Halloran erschienen um sieben Uhr wieder im Haus. Die drei setzten sich zunächst hin, plauderten mit Robby und spielten ein Spiel mit ihm. (Bishop schrieb nicht auf, um was für ein Spiel es sich handelte, und als Halloran vierzig Jahre später danach gefragt wurde, fiel es ihm nicht mehr ein.) Robby schien die Gesellschaft der drei zu genießen, erklärte aber kurz nach acht, er sei müde. Er ging nach oben und zog sich aus. Kaum lag er im Bett, versammelten sich die Priester und Halloran wieder in seinem Zimmer.

Bowdern betete den Rosenkranz als Vorbeter, während die anderen an bestimmten Stellen einfielen. Robby sprach das Gebet an einigen Stellen zaghaft mit. Als das letzte der fünfzig Ave Maria und der zehn Vaterunser zu Ende gesprochen war, erwähnte Bowdern Unsere Liebe Frau von Fátima, deren Geschichte Robby gefallen hatte, als Bowdern sie ihm zum ersten Mal erzählt hatte. Dann begann der Priester ein Unserer Lieben Frau von Fátima geweihtes Gebet zu sprechen. Robby schien ruhig zu sein und war die ganze Zeit wach geblieben.

Bowdern nahm den Platz an seiner Seite des Betts ein, Bishop denjenigen auf der anderen. Halloran kniete wieder vor den Metallstäben am Fußende des Betts nieder. Bowdern schlug das *Rituale Romanum* auf und begann mit dem ersten vorgeschriebenen Gebet, der Allerheiligenlitanei.

»*Kyrie eleison*«, sagte Bowdern.

Bishop und Halloran antworteten: »*Christe eleison.*« Und wieder einmal ertönte der Rhythmus der Litanei in Robbys Zimmer – Bowdern sprach einen lateinischen Satz, und Bishop und Halloran antworteten.

»*Christe, audi nos.*«

»*Christe, exaudi nos.*«

»*Sancta Maria, ora pro nobis.*«

»*Ora pro nobis.*«

»*Sancta Virgo virginum –*«

»*Ora pro nobis.*«

»*Sancte Michael –*«

»*Ora pro nobis.*«

»*Sancte Gabriel ...*«

Die Matratze begann sich zu bewegen.

Bowdern unterbrach die Litanei, markierte mit seinem Finger die Stelle im *Rituale Romanum*, nahm die Flasche mit Weihwasser vom Nachttisch und besprengte das Bett. Die Matratze hörte auf, sich zu bewegen.

Die Litanei wurde wieder aufgenommen.

»*Sancte Raphael –*«

»*Ora pro nobis.*«

»*Omnes sancti Angeli et Archangeli –*«

»*Orate pro...*«

Da bekam Robby einen wilden Anfall. Er ruderte mit den Armen und Beinen herum, zerrte an Decke und Laken und schlug mit den Fäusten auf das Kopfkissen ein. Halloran trat ans Kopfende des Bettes und packte den Jungen, während dessen Vater und Onkel herbeirannten und ihm halfen, Robby festzuhalten und auf das Bett zu drücken. Dennoch zuckte Robby wild und bäumte sich mit dem ganzen Körper auf. »Die Bewegungen«, notierte Bishop später, »verrieten eine Gewalt, die über Robbys natürliche Kraft weit hinausgingen.«

Robby schaffte es, schließlich den Kopf frei zu bekommen, und begann zu spucken. Obwohl er die Augen geschlossen hielt, verfehlte er sein Ziel nie. Pater Bishop duckte sich – vergeblich – und sprengte Weihwasser. Robby wand sich wie unter Schmerzen unter den Tropfen. »Er kämpfte und schrie mit teuflischer, schriller Stimme«, wie es in Bishops Tagebuch heißt.

Bowdern hielt in seinen Gebeten inne. Er folgte den Anweisungen des *Rituale Romanum* und versuchte, Robby mit einer Reliquie zu berühren. Doch zielsicher spie der Junge darauf, drehte sich blitzschnell um und spuckte auch Bishops erhobene Hand an. Nun langte Bowdern unter seinen Chorrock und zog aus einer Tasche in seiner Soutane ein kleines goldenes Gefäß, ein sogenanntes Ziborium. Darin lag eine runde Oblate, eine geweihte Hostie. Dies war, was Katholiken als das Heilige Sakrament verehren: Leib und Blut Christi.

Rhythmisch bewegten sich Robbys Füße, als marschierte er am Rand der beschriebenen Grube zu irgendeiner neuen Schlacht. Bowdern hielt das Ziborium in die Nähe einer der Fußsohlen. Dieses Bein hörte augenblicklich auf, sich zu bewegen, während das andere in Robbys Alptraum weitermarschierte.

Plötzlich war Robby wieder bei Bewußtsein. Er erklärte, seine Arme seien wund und täten ihm weh. Er sah seinen Vater, seinen Onkel und Halloran an und schien zu wissen, daß sie seine Arme umklammert gehalten hatten und daß sie deshalb schmerzten. Doch sagte er nichts. Dann, so plötzlich, wie er aufgewacht war, schloß er die Augen, fiel auf das Kopfkissen zurück und begann, sich wieder herumzuwälzen und zu schreien.

Bowdern setzte seine Gebete fort. Zwischen den Schreien schien Robby irgendwie die Worte zu wiederholen. Er schien sich zu beruhigen, und die Männer ließen ihn einen Augenblick los. »In diesem Moment«, heißt es in Bishops Tagebuch, »stand R. im Bett auf und kämpfte gegen all diese Menschen um ihn herum. Er rief, sprang auf und ab und schwang die Fäuste. Sein Gesicht war teuflisch; er bleckte die Zähne und schien im Zorn nach etwas zu schnappen. So versuchte er, dem Priester beim Segen in die Hand zu beißen. Er biß die Männer, die ihn festhielten.«

Als es mit vereinten Kräften gelungen war, Robby wieder auf die Matratze zu pressen, begann er erneut zu kämpfen und zu spucken, während der Singsang der Gebete weiterging. Stundenlang wechselte er zwischen wilder Wut und Ruhe. Und dann, gegen Mitternacht, während einer ruhigen Phase, ließen die erschöpften Männer ihn los.

In derselben Sekunde war er auf den Beinen und stand mitten im Bett. Er fiel auf die Knie und begann das arabische »Salaam« zu sprechen, beugte sich vor und berührte die Matratze mit dem Kopf. Nach mehreren stummen Salaams begann er einen Sprechgesang, »Unsere Liebe Frau von Fátima, bete für uns«, um dann abrupt mit dem Ave Maria zu beginnen.

Während alle Anwesenden wie gebannt auf das Bett starrten, legte sich Robby das Kissen vor die Knie und begann einen Rhythmus zu schlagen, der sich wie das Hufgetrappel von Pferden anhörte. Dann stand er abrupt wieder auf und begann, wie es Bishop vorkam, »seinen heftigen Kampf zur Austreibung des Teufels«. Bishop fährt fort: »Er zuckte und wand sich in allen Richtungen. Er zog sich das Unterhemd aus und reckte die Arme wie zu einer Geste der Demut flehentlich in die Höhe. Dann machte er Bewegungen, als wollte er sich übergeben. Er bewegte die Hände am Körper entlang nach oben. Er schien zu versuchen, den Teufel aus dem Magen zur Kehle zu heben.«

Robby bat jemanden, das Fenster zu öffnen. Ein kalter Nachtwind wehte ins Zimmer.

»Er weicht! Er weicht!« rief Robby mit süßer, siegesgewisser Stimme. »Da weicht er!«

Robby fiel aufs Bett. Sein Körper wurde schlaff, als hätte er urplötzlich jede Kraft verloren.

Alle Anwesenden im Raum knieten instinktiv vor dem Bett nieder. Bowdern sprach als Vorbeter ein Dankgebet. Phyllis Mannheim weinte vor Freude. Robby, dessen Gesicht ganz selig wirkte, erzählte von seinem Triumph. Er sagte, er habe eine riesige schwarze Wolke gesehen, die ihm die Sicht verdunkelt habe. Auf der Wolke sei eine Gestalt in einer schwarzen Mönchskutte erschienen. Und die Gestalt sei weggegangen und immer kleiner und kleiner geworden, bis sie verschwunden sei.

Robby stand auf, zog seinen Bademantel an und ging glücklich lächelnd mit den drei Jesuiten die Treppe hinunter. Er sprach ein paar Minuten mit ihnen und verabschiedete sie dann an der Haustür. Es war etwa ein Uhr dreißig morgens.

Um Viertel nach drei läutete im Pfarrhaus der College Church das Telefon. Pater Bowdern fürchtete sich vor dem, was er hören würde, und nahm den Hörer ab. »Ich bin's, Robby.« Der Junge hielt sich den Bauch vor Schmerz und rief: »Er kommt zurück! Er kommt zurück!«

Bowdern zog sich schnell an und weckte behutsam Bishop und Halloran. »Ich war gerade zu Bett gegangen«, erinnerte Halloran sich später, »und da trat er ein und sagte: ›Wir müssen wieder los.‹«

In der dunklen Straße brannte nur in einem einzigen Haus strahlend helles Licht. Die drei Jesuiten betraten schweigend das Haus, gingen die Treppe hinauf, und Bowdern begann wieder mit den Exorzismusgebeten. Nichts schien sich geändert zu haben. Da lag Robby zuckend auf dem Bett. Da waren sein Onkel und sein Vater, die ihn festzuhalten versuchten. Weitere Gebete, weitere Schreie, noch mehr Speichel. Doch schließlich, gegen sieben Uhr dreißig, fiel Robby in einen Schlaf, der endlich natürlich zu sein schien.

Bowdern, Bishop und Halloran bestiegen wieder den Wagen und fuhren schweigend davon. Bowdern hielt sein *Rituale Romanum* umklammert und dachte an die Richtlinien über den

130

Exorzismus. Dort heißt es an einer Stelle: »Nachdem die Teufel einmal überführt wurden, verbergen sie sich manchmal und geben den Körper von aller Belästigung frei, so daß der Kranke glaubt, er sei nun völlig befreit. Aber der Exorzist darf nicht aufhören, bis er die echten Zeichen der Befreiung wahrnimmt.« *Aber was sind das für Zeichen? Robby hat gerufen: »Er weicht!« Und: »Da weicht er!« Waren das denn keine Zeichen? Wie sehen die Zeichen aus?* Zum ersten Mal empfand Bowdern Verzweiflung – die schrecklichste Sünde, denn sie raubt der Seele alle Hoffnung.

Kapitel 10

Das Zeichen

Als Pater Bowdern die Sakristei der St. Francis Xavier Church betrat, stand ihm seine Müdigkeit ins Gesicht geschrieben. Er ging in den Waschraum und wusch sich die Hände, bevor er sich für die Messe umkleidete. Er ging zum Ankleidetisch, einer breiten, hüfthohen hölzernen Kommode. Die Fastenzeit hatte begonnen, und so zog er die breite Schublade heraus, in der die violette Oberkleidung lag.

Bowdern küßte den Saum des weißen Achseltuchs, eines länglichen leinenen Kleidungsstücks, warf es sich um die Schultern, legte es auf der Brust über kreuz, nahm die langen Leinenbänder um die Taille seiner Soutane und verschnürte sie. Dann streifte er die Albe über, den weißen Chorrock, der ihm bis zu den Füßen reichte, und legte sich eine lange weiße Schärpe um, die er an der Taille zuknotete. Um den linken Arm drapierte er die Manipel, den Armstreifen des Meßgewands, der auf beiden Seiten mit einem Kreuz bestickt war. Um den Hals legte er sich eine violette Stola, die breiter und länger war als die, die er während des Exorzismus trug. Schließlich hob er die Kasel auf, das ärmellose liturgische Obergewand, neigte den Kopf und zog sich das letzte, violette Kleidungsstück über. Der Rücken der Kasel war mit einem großen Kreuz bestickt.

Als er vollständig angekleidet war, setzte er sich sein Birett auf. Ein wartender Chorknabe öffnete die schwere Holztür zum Altarraum, worauf Pater Bowdern hinter dem Jungen in den Kirchenraum ging. Die Menschen bewegten sich auf den Kirchenbänken hinter dem Altargitter. Die Gemeindemitglieder, die sich zu dieser kleinen Sonnabendgemeinde zusammengefunden hatten, standen auf, als Bowdern dem Chorknaben sein

Birett reichte, die Treppenstufen zum Altar hinaufging, sich bückte, um den kühlen Altarstein aus Marmor zu küssen, und mit dem rechten Daumen Stirn und Brust berührte, um das Kreuzzeichen zu machen. Er drehte sich um und schlug mit der Hand noch einmal das Kreuzzeichen, mit dem er die Gemeinde segnete.

Hier, in dieser Kirche, empfand er Seelenfrieden und spürte Kraft in sich. Die Verzweiflung war verflogen. Er ging die Trepenstufen hinunter, wandte sich dem Tabernakel zu, in dem das Heilige Sakrament aufbewahrt wurde, und sagte: »Introibo ad altare Dei« (Ich begebe mich zum Altar Gottes).

Der Chorknabe antwortete: »Ad Deum qui laetificat juventutem meam« (Zu Gott, der meiner Jugend Freude schenkt).

Und so war es meist. Latein in der gedämpften Stille einer Kirche, Messe als Dienst an den Menschen. Dies hier bedeutete, in der tiefsten geistlichen Tradition Jesuit zu sein, in der Tradition des Ignatius.

Die buntbemalten Fenster in der Kirche verrieten viel über die jesuitische Weltsicht. Fenster in den Querschiffen bildeten die drei durch die Lehren Christi beeinflußten Stände ab: Staat, Kirche, Familie. Die Beziehung des Menschen zur materiellen Welt war durch Bilder der drei menschlichen Grundbeschäftigungen symbolisiert: Landwirtschaft, Transport und Handel. Ein anderes Fenster zeigte die jesuitischen Märtyrer Nordamerikas, von denen eine der Reliquien stammte, die Bowdern zu Robby mitgenommen hatte. Daneben waren Fenster mit Szenen aus dem Leben jesuitischer Heiliger zu sehen, die deutlich biblischen Szenen nachempfunden sind.

In der hoch aufragenden Apsis lenkten Spitzbogenfenster den Blick vom Hauptaltar nach oben. Sie zeigten die Heilige Dreieinigkeit mit goldenen Heiligenscheinen. Um sie herum gruppierten sich Engel und ein Regenbogen, das alte Symbol der Hoffnung.

Der Sonnabend verlief wie die anderen Tage. Robby spielte, las Comichefte, hörte Radio, stand allen im Weg und verhielt sich wie ein normaler dreizehnjähriger Junge. Mit Anbruch der Dunkelheit sollte sich sein Gemüt wieder verdüstern, und am

133

Saum des Schlafs würde sich erneut das Entsetzen einstellen. Bowdern beschloß, die dunkle Periode auf eine frühere Stunde zu verlegen, um Robby, seiner Familie und allen anderen Teilnehmern eine nächtelange Belagerung zu ersparen. Wenn Robby schon gegen acht Uhr ins Bett ging, würde die Prüfung vielleicht gegen elf Uhr abends oder um Mitternacht enden, statt sich bis zum frühen Morgen hinzuziehen.

Bowdern, Bishop und Halloran fanden sich um Punkt sieben Uhr ein und verbrachten eine Stunde mit dem Versuch, die Familie zu beruhigen, bevor ein neuer Sturm losbrach. Um acht Uhr ging Robby zu Bett, und wenige Minuten später kamen Bowdern und die anderen ins Schlafzimmer.

Bis zu dem Exorzismus der drei vergangenen Nächte hatte Robby, wie Bowdern plötzlich auffiel, keinerlei Anzeichen von Gewalttätigkeit gezeigt. *Fordert jeder Exorzismus zu Gewalt auf? Wenn der Exorzismus diese Gewalt ausgelöst hat – was beendet sie dann?*

Bowdern wußte, daß letztlich der Exorzist die Beute war, auf die der Dämon es abgesehen hatte. Doch davor fürchtete er sich nicht. Was er verabscheute, war, daß er das wilde Tier in Robby weckte und zusehen mußte, wie sich der Junge quälte. Bowdern begann zu akzeptieren, daß der Exorzismus von Robby sie beide peinigen, letztlich aber das Gute siegen würde. Nur darauf mußte er sich konzentrieren. Er durfte nicht wieder verzweifeln. Er durfte nicht vor dem Rasen zurückschrecken, das er mit seinen Gebeten auslöste. Er begann.

Robby rief, schrie, wand sich, um sich aus Hallorans Griff zu lösen. Bowdern spürte, daß die heutige Nacht schlimmer werden würde als alle zuvor. Er sprach weiter seine Gebete, Bishop fiel gelegentlich ein, und Halloran tat es ihm nach, wenn er nicht gerade vor Anstrengung keuchte.

Bowdern begann mit dem *Praecipio* – »Ich befehle dir, unreiner Geist« – und beobachtete über den Rand des *Rituale Romanum* hinweg, wie Robby mit den Zähnen schnappte und wie ein Hund bellte. »...gib mir... die Stunde deines Fortgangs mit irgendeinem Zeichen kund...«

Bowdern sprach in einer Sprache, die Robby nicht verstehen

134

konnte. Doch bei diesen lateinischen Worten, mit denen nach einem Zeichen gefragt wurde, gab Robby eines: Er urinierte. Der Urin ließ auf seiner Bettdecke einen größer werdenden Fleck entstehen. Der Gestank war überwältigend. Bowdern befahl dem Dämon, seinen Namen zu nennen. Und wieder urinierte Robby. Bowdern fragte den Dämon nach dem Tag und der Stunde seines Fortgangs. Und wieder urinierte der Junge.

Sein Schlafanzug und das Bett waren schon durchnäßt, und immer noch strömte der Urin. Robby wachte plötzlich auf, krümmte sich vor Schmerz zusammen und rief, der Urin verbrenne ihn. Er erstickte beim Sprechen fast an den Worten, weil, wie er noch sagen konnte, ihm auch die Kehle brenne. Er habe das Gefühl, in der Kehle und im Penis Feuer gefangen zu haben.

»Manchmal«, heißt es in den Richtlinien des *Rituale Romanum* warnend, »legen die Teufel alle möglichen Hindernisse in den Weg, damit der Kranke sich dem Exorzismus nicht unterziehe.« Bowdern fühlte sich versucht, loszuschreien und den Dämon zu verfluchen. Doch er widerstand dem Impuls und beachtete die Ermahnung, sich dem Teufel nicht direkt entgegenzustellen.

Der Pater beendete das *Praecipio* und begann mit dem Anfang des Johannes-Evangeliums – »Im Anfang war das Wort, und das Wort war bei Gott, und das Wort war Gott.« Er trat beim Beten vor und machte auf Robbys Stirn, Lippen und Brust das Kreuzzeichen.

Robby hörte auf zu urinieren, und Bowdern sprach weiter. »*Omnipotens Domine, Verbum Dei Patris, Christe Jesu, Deus et Dominus universae creaturae*« (Allmächtiger Herr, Wort Gottes, des Vaters, Jesus Christus, Gott und Herrscher über die ganze Schöpfung)! Bowdern fuhr fort: »...voll Furcht und Zittern rufe ich Deinen heiligen Namen an und bitte Dich, verleihe mir, Deinem unwürdigen Diener, Verzeihung all meiner Sünden, festen Glauben und die Macht, gestärkt durch die Kraft Deines heiligen Arms, diesen grausamen Dämon zuversichtlich und furchtlos anzugreifen.«

Bowdern hatte dieses Gebet schon an anderen Abenden gesprochen, doch jetzt konnte er dessen Stärke spüren. Er machte

135

über Robby erneut das Kreuzzeichen und legte dem Jungen ein Ende der Stola auf den Hals. Mit der rechten Hand auf Robbys Kopf sagte er: »*Ecce Crucem Domini, fugite, partes adversae*« (Seht das Kreuz des Herrn! Flieht, ihr feindlichen Mächte)!

Bishop antwortete: »*Vincit leo de tribu Juda, radix David*« (Gesiegt hat der Löwe vom Stamme Juda, der Sproß Davids).

Die Hand fest auf Robbys Kopf, fuhr Bowdern fort: »*Domine, exaudi orationem meam*« (Herr, erhöre mein Gebet).

Bishop entgegnete: »*Et clamor meus ad te veniat*« (Und laß mein Rufen zu Dir kommen).

»*Dominus vobiscum.*«

»*Et cum spiritu tuo.*«

Robby schien sich unter der Berührung von Bowderns Hand zu beruhigen. Für einen Moment hörte das Schreien und Bellen auf. In dem von Gestank erfüllten Raum herrschte Stille. Dann kam aus Robbys Mund die Melodie von »An der schönen blauen Donau« – da da da da *da*, da *da* da *da*. Robbys Singen war schön. Jeder Ton schimmerte, und seine Arme schwangen in vollendetem Rhythmus mit der Melodie. Seine Stimme war nicht mehr grob, und seine Bewegungen wirkten nicht mehr abgehackt. Er hatte jetzt die Stimme eines engelhaften Chorknaben, eine scheinbar geschulte Stimme.

Bishop, der für Musik ein besseres Gehör hatte als Bowdern, zeigte sich von Robbys Darbietung besonders beeindruckt. Nach dem letzten Ausbruch hatte sich Bishop, der sich nach wie vor sorgfältig über alles Notizen machte, nach Robbys musikalischen Fähigkeiten erkundigt. Phyllis hatte Bishop erzählt, ihr Junge singe nicht gut und tue es auch nicht gern. Diese Tatsachen erklärten die vorhergehende Darbietung, jedoch nicht die jetzige.

Nun stimmte Robby »The Old Rugged Cross« an, wie es schien, um eine höhnische Antwort auf Bowderns Gebet zu geben, das mit den Worten *Ecce Crucem Domini* begonnen hatte. Auch jetzt wieder hörte sich die Musik professionell vorgetragen an.

Der Gesang hörte so urplötzlich auf, wie er begonnen hatte. Robby wachte kurz auf, und Bishop bat ihn wie beiläufig, die

136

Melodie von »An der schönen blauen Donau« zu summen. Robby konnte sie jedoch nicht nachsingen und erklärte, er kenne das Lied nicht.

Er schloß die Augen und fiel wieder in seinen tranceähnlichen Schlaf. Kurze Zeit später, als Bowdern seine Gebete wieder aufgenommen hatte, nannte Robby einen der Priester beim Namen. (Bishop hat nicht festgehalten, welchen.) Der reagierte nicht. Robby rief erneut seinen Namen, und seine Stimme hörte sich immer noch angenehm an. Der Priester verweigerte erneut jede Reaktion. Mit barscher Stimme rief Robby den Namen des Priesters ein drittes Mal und fügte hinzu: »Du stinkst!« Es war der erste einer Reihe zunehmend heftigerer Angriffe auf die Priester und Halloran.

Robbys Zorn auf den Geistlichen war nun der Beginn eines heftigen Ausbruchs. Er begann wieder zu zucken und wild um sich zu schlagen. Halloran kämpfte, um ihn unten zu halten. Das Schreien und Strampeln ging bis drei Uhr morgens weiter, als Robby in einen tiefen Schlummer fiel, den Bowdern für natürlich hielt. Er, Bishop und Halloran warteten und beteten noch eineinhalb Stunden am Bett und gingen dann. Jetzt folgte ein weiteres allnächtliches Ritual: Die Mannheims zogen dem schlafenden Robby seinen durchnäßten Schlafanzug aus, wuschen ihn, zogen ihm einen frischen Pyjama über und wechselten die durchnäßte Bettwäsche.

Am Sonntag begann Bowdern bereits wieder um acht Uhr mit der Sitzung, und innerhalb von fünfzehn Minuten ließ Robby Anzeichen dafür erkennen, daß er sich für den bisher schlimmsten Abend bereitmachte. Er fluchte und schlug im Bett herum, bedrohte Halloran, fluchte, kreischte. Es machte ihm Spaß, ausgiebig zu urinieren und laute Blähungen abgehen zu lassen. Er wachte für kurze Augenblicke auf, beklagte sich, der Urin verbrenne ihn, fiel dann wieder in Trance, urinierte erneut und ließ wieder Winde fahren. Der ganze Raum stank; die Gerüche schienen in der Luft zu schweben wie übelriechender Nebel.

Zum ersten Mal wandte sich Robby gegen die Priester: »Laßt mich in Ruhe, ihr Scheißkerle!« rief er. Seine Stimme war manchmal schrill, manchmal kehlig. Die Erinnerungen der Zeu-

137

gen an Robbys Stimme weichen erheblich voneinander ab. Einige beschrieben seine Stimme als unirdisch – als eine tiefe, bedrohliche Stimme, die unmöglich von einem Jungen stammen könne. Andere erinnerten sich an eine fiestelnd hohe, äußerst irritierende Stimme, deren Laute wie Hiebe gewesen seien. Wieder andere wurden Robbys teuflisches Lachen nicht mehr los.

»Fahrt zur Hölle, ihr elenden Dreckskerle!« rief Robby.

Halloran preßte ihn noch fester aufs Bett, da er fürchtete, der Junge würde aufspringen und Bowdern angreifen, der seine Aufgabe keine Sekunde aus den Augen verlor. Er betete weiter, sprach mit lauter Stimme wie ein Offizier, der sich an einen verborgenen Feind wendet.

»Hol euch der Teufel, ihr Mistkerle!« rief Robby. »Ihr dreckigen Arschlöcher!«

Bishop notierte genau all diese Sätze. Es gab jedoch auch andere, die für den Priester zu lästerlich waren, um schriftlich festgehalten zu werden. Er berichtete nur, Robby habe in seine Flüche Hinweise auf die Heilige Mutter Gottes eingebaut sowie pervertierte Sätze aus Gebeten an Unsere Liebe Frau von Fátima.

Das Fluchen und Kämpfen ging um zwei Uhr nachts schließlich zu Ende.

Robbys Onkel und Tante waren am Ende ihrer Kraft angelangt. Niemand kam mehr zum Schlafen. Am nächsten Tag, Montag, dem 21. März, wurde die vor Kummer, Furcht und Mangel an Schlaf völlig ausgelaugte Phyllis Mannheim zu einem Arzt gebracht. Sie scheint ihm jedoch nichts über die Ursache ihres Zustands erzählt zu haben.

Robby blieb in anscheinend seliger Unwissenheit um seine nächtlichen Ausbrüche. Seine Erinnerungslosigkeit während des Tags verblüffte jeden. »Ich hatte immer das Gefühl, daß er es gesagt hätte, wenn er sich an das erinnert hätte, was passiert war«, sagt Halloran. »Doch er hat mit niemandem, der je an diesem Exorzismus beteiligt war, nur ein Wort darüber gesprochen. Er hat nie eine Anspielung darüber verlauten lassen, was dabei gesagt oder getan wurde. Dabei hatte ich auch nie das

138

Gefühl, daß er schauspielerte. Nie. Wenn er wach war, wenn wir gingen, sagten wir ›Auf Wiedersehen‹ und ›Bis bald‹, und er sagte ›Okay‹.«

Die protestantischen und die katholischen Mitglieder der Familie versammelten sich zu einem gemeinsamen Familienrat, um zu beschließen, was als nächstes geschehen sollte. Unter den Verwandten befanden sich Anhänger von Tante Harriets Spiritismus und andere, die an Parapsychologie glaubten. Sie drängten auf Alternativen zum Exorzismus. Phyllis und Karl Mannheim waren bereit, alles zu versuchen, doch im Augenblick hielten sie es für richtiger, die anderen Vorschläge abzulehnen und Bowdern und Bishop zu folgen.

Die Jesuiten empfahlen, Robby wenigstens für eine Nacht in ein Krankenhaus zu bringen, damit der Rest der Familie schlafen konnte. Robby wurde nicht befragt. Seine Eltern stimmten zu, worauf Bowdern sofort Vorkehrungen traf, um den Jungen ins Alexian Brothers Hospital bringen zu lassen, einer in St. Louis wohlbekannten Institution.

Der Laienorden der Alexianer wurde von Mönchen gegründet, die sich um die Opfer des Schwarzen Todes kümmerten, der Pest, die Europa im vierzehnten Jahrhundert heimsuchte. In Europa sind sie auch unter den Namen »Arme Brüder« oder »Lungenbrüder« bekannt, als Mönche, die in der Zeit der Pest Sterbenden beistanden, die aushielten und blieben und die Toten begruben, wenn andere vor der Krankheit flüchteten. Der Name ihres Ordens erinnert an ihren Schutzheiligen St. Alexius, einen frommen Mann, der sein Leben der Hilfe für die Armen geweiht hatte.

Die Alexianer eröffneten ihr erstes Krankenhaus in den USA 1866 in Chicago. Sie waren auf die Behandlung von »Idioten und Verrückten des männlichen Geschlechts« spezialisiert und setzten ihre Arbeit fort, als sie 1870 in St. Louis ein weiteres Krankenhaus eröffneten. In dem von Rassentrennung geprägten St. Louis fügten sie ihrem Handeln das Versprechen hinzu, Männer »jeder Klasse, Nationalität, Religion, Rasse oder Hautfarbe« zu behandeln. 1873 entstand dort ein neues Gebäude. Einer seiner beiden sechsunddreißig Meter langen Flügel war geisteskranken Patienten vorbehalten. Strikte Vorschriften verboten die Verwendung von Ketten, Handschellen und Zwangsjacken, doch es war vorgesehen, daß man einen gewalttätigen Patienten in einem »Sicherheitszimmer« unterbringen konnte. Bowdern ließ eines dieser Sicherheitszimmer im vierten Stock für Robby reservieren.

Bowdern, der Erzbischof Ritters Forderung nach Geheimhaltung nicht vergessen hatte, wußte, daß er den Alexianern vertrauen konnte. Die Brüder waren in den USA unter den in der Krankenpflege Tätigen die ersten, die den Alkoholismus als Krankheit erkannten. Sie hatten seit den zwanziger Jahren Alkoholiker behandelt und sich nebenbei einer besonderen Aufgabe gewidmet, die außerhalb ihrer Mauern kaum bekannt war: Sie kümmerten sich um alkoholkranke Priester. Die Kirche überließ es ihrer Entscheidung, wann ein Priester als geheilt angesehen werden konnte und seine religiösen Pflichten wiederaufzunehmen vermochte.

Am Abend des 21. März wurde Robby um zehn Uhr im Krankenhaus aufgenommen und in einem Sicherheitszimmer zu Bett gebracht. Das Bett war mit Gurten ausgestattet, vor dem Fenster waren Gitterstäbe, und auf der Innenseite der Tür fehlte der Türgriff. Um das Zimmer verlassen zu können, mußte man pochen und warten, bis ein Bruder aufschloß. Bruder Bruno, der schon lange in diesem Flügel gearbeitet hatte, besaß ein waches Gespür für die Bedürfnisse seiner Patienten und ihrer Verwandten. Er ließ für Robbys Vater eine Liege in das Zimmer bringen.

Bowdern begann, die Allerheiligenlitanei zu sprechen, um sich auf die Exorzismusgebete einzustimmen. Er rüstete sich für eine weitere Nacht des Schreckens. Nichts geschah. Er beobachtete Robby scharf. Die Augen des Jungen waren vor Angst geweitet, und er drehte den Kopf nach allen Seiten. Er blickte zuerst zu dem vergitterten Fenster hin und dann auf die Gurte, die ihn hielten. Seine Umgebung schien ihn mehr zu erschrecken als das, was Bowdern auszutreiben versuchte.

Zum ersten Mal verlief der Exorzismus ungestört, ohne jeden Ausbruch von Robby, der die ganze Zeit wach blieb und alles mit ängstlicher Aufmerksamkeit verfolgte. Als die Gebete ende-

140

ten, betete Bowdern als Vorbeter mit den anderen im Raum – Bishop, Halloran, Karl Mannheim und mehreren Alexianern – den Rosenkranz.

Schließlich klopfte Bowdern an die Tür. Ein diensthabender Bruder öffnete sie sofort, und Bowdern ging hinaus. Er gab allen außer Karl ein Zeichen, daß sie gehen sollten. Als Bishop das Zimmer verließ, sah er noch, wie Mannheim sich über seinen Sohn beugte und laut für dessen Schlaf betete. Um elf Uhr dreißig fiel Robby in einen tiefen und gesunden Schlaf, und sein Vater legte sich auf die Liege und schlief zum ersten Mal seit Wochen friedlich die ganze Nacht durch. Robby wachte um sechs Uhr dreißig auf und weckte seinen Vater. Sie kehrten ins Haus von Karls Bruder zurück und verbrachten dort den Tag.

Kurze Zeit darauf – die Begebenheit ist in Bishops Tagebuch nicht festgehalten – kam Karl W. Bubb sen. zu Besuch. Bubb war ein siebenundfünfzigjähriger Mathematik- und Physikprofessor an der Washington University in St. Louis und ein bekannter Wissenschaftler. Er war wohl von einem Familienmitglied eingeladen worden, das von Bubbs Interesse für paranormale Erscheinungen wußte. Bubbs Mutter war Spiritistin gewesen und hatte ihren Sohn und andere oft an ihren Séancen teilnehmen lassen.

Bubb berichtete später, er sei in Robbys Zimmer gewesen und habe gesehen, wie sich ein Tisch langsam in die Luft erhoben und unter der Decke geschwebt habe. Eine Kommode soll sich ebenfalls bewegt haben, als Bubb sich in dem Zimmer aufhielt. Wie Halloran sich später erinnerte, habe der exorzistische Aspekt des Falls Bubb bei seinem Besuch (den die Jesuiten nicht arrangiert hatten) sehr gestört, denn er war gekommen, um einen Poltergeist in Aktion zu erleben. Bubb habe sich ein paar Notizen gemacht »und beim Abschied gesagt: ›Dies ist nicht mein Gebiet.‹«

Während des Zweiten Weltkrieges hatte Bubb an dem streng geheimen »Manhattan Project« mitgearbeitet, an der Entwicklung der Atombombe. Zahlreiche Wissenschaftler hatten an dem Mammutunternehmen mitgewirkt. An der Washington University war Bubb nacheinander Leiter der Abteilung für Angewandte Mathematik und der Abteilung für Mechanik gewesen. Nach seinem Tod 1961 wurden seine Arbeiten über Parapsychologie – darunter wahrscheinlich auch seine Aufzeichnungen über den Besuch bei Robby – zerstört, um seinen Ruf als Wissenschaftler zu schützen.

Bowdern, der nach der letzten Nacht Hoffnung schöpfte, Robby sei auf dem Weg der Besserung, erklärte, eine Nacht im Krankenhaus sei genug. Am nächsten Abend, Dienstag, dem 22. März, blieb Robby wieder im Haus seines Onkels. Gegen neun Uhr dreißig abends, kurz nachdem er schlafen gegangen war, begann sein Bett, sich wieder zu bewegen und zu erzittern, und Robby stand erneut unter einem Bann. Phyllis Mannheim rief Bishop an, der mit zwei weiteren Priestern (die er in seinem Tagebuch nicht nennt) und einem Ziborium mit dem Heiligen Sakrament erschien. Die drei Priester knieten vor dem quietschenden Bett nieder und sprachen die Exorzismusgebete und beteten anschließend den Rosenkranz. Kurz vor Mitternacht fiel Robby in einen natürlichen Schlaf.

Bowdern deutete Robbys friedliches Verhalten in zwei aufeinanderfolgenden Nächten offenbar als ein Anzeichen dafür, daß die Besessenheit nachzulassen begann. Der Priester beschloß jetzt, es mit einer neuen Strategie zu versuchen: der Bekehrung Robbys zum Katholizismus. Sein Motiv scheint der Wunsch gewesen zu sein, den Jungen für die stärkste Macht zu gewinnen, die gegen die schwächer werdenden Dämonen aufgeboten werden konnte. Vielleicht hatte Bowdern inzwischen die Exorzismusgebete so oft gesprochen, daß vor allem ein Satz ihn zu diesem Vorhaben brachte: »Ich beschwöre dich... weiche eilends... von diesem Diener Gottes, Robert, der zum Schoß der Kirche seine Zuflucht nimmt.«

Bowdern hatte in seinem Pfarrhaus für Robby und dessen Vater ein Zimmer frei gemacht. Karl Mannheim, der Protestant, erteilte Bowdern Vollmacht, Robby im Katholizismus zu unterweisen. Am Mittwoch abend zogen Robby und Karl ins Pfarrhaus um. Bowdern verbrachte einige Zeit damit, mit Robby über den Katholizismus zu sprechen und ihm Gebete beizubringen, die katholische Kinder, sogar jüngere als Robby, als eine Art Einführung in ihre Religion lernen.

142

In diesen Gebeten sind die Kernbereiche des Katholizismus enthalten und, wie Bowdern glaubte, geistiges Rüstzeug für einen Besessenen. In vier Gebeten wird um Glaube, Hoffnung, Liebe gebetet:

»O mein Gott, ich glaube an Dich; laß mich fester glauben. Ich hoffe auf Dich, laß mich sicherer hoffen. Ich liebe Dich: laß mich inniger lieben.

Gott, Du bist es, an den ich glaube; Du bist es, dem ich glaube. Du hast zu uns gesprochen durch Deinen Sohn. Seine frohe Botschaft will ich annehmen. Die Kirche verbürgt sie mir auch in unserer Zeit. Du sprichst zu mir auch durch Menschen, die mir begegnen, und durch Ereignisse, die mir widerfahren. Hilf mir, Dich in allem zu finden und immer mehr aus dem Glauben zu leben.

Gott, Du bist es, auf den ich meine Hoffnung setze. Du hast durch Leben, Tod und Auferstehung Deines Sohnes die Welt erneuert und wirst sie einmal vollenden. Von daher bekommt mein Leben Sinn und Richtung. So erwarte ich für mich und alle Menschen Vergebung, Heil und künftige Herrlichkeit; denn Du bist getreu. Hilf mir, in dieser Hoffnung zu leben.

Gott, Du bist die Liebe. So sehr hast Du die Welt geliebt, daß Du Deinen Sohn für sie hingegeben hast. In ihm liebst Du mich und nimmst mich an. Du willst, daß ich Dich liebe, Dich und den Nächsten und alles, was Du geschaffen hast. Sende mir Deinen Heiligen Geist, und hilf mir, aus dieser Liebe zu leben.«

Glaube, Liebe, Hoffnung – sowie mehrfache Hinweise auf die Sünde –, das waren die Begriffe, die Robby im Kopf dröhnten, als er um neun Uhr dreißig zu Bett ging. An diesem Abend war ein weiterer Jesuit mit dabei, Pater William A. Van Roo, S.J., ein geweihter Priester, der gerade sein Tertiat durchlief.

Van Roo, von anderen Jesuiten als brillanter Denker bezeichnet, hatte schon mit seinem Lebenswerk als Theologe begonnen, nämlich mit Studien über die Einflüsse arabischer Philosophie auf Thomas von Aquin. Er sollte später ein hervorragender Theologe an der Gregorianischen Universität in Rom werden. Doch an diesem Märzabend hatte man ihn als potentielle Hilfe für Halloran angeworben. Im Rahmen seines Tertiats war Van

Roo Bowdern vor kurzem als Assistent zugeteilt worden, und der hatte ihn mit den Worten begrüßt: »Bill, ich habe genau das richtige Projekt für dich.«

Alle, die sich am Bett versammelt hatten, beteten mit Robby die Gebete von Glaube, Hoffnung, Liebe und Reue. Dann begann Bowdern die Allerheiligenlitanei zu sprechen. Robby fing fast sofort an zu toben, trat um sich, spuckte und schlug auf Halloran ein, der den Jungen auf das Bett preßte und Van Roo und Karl Mannheim verzweifelt zu verstehen gab, daß er Hilfe brauchte.

Während Bowdern weiterbetete, bemühten sich die drei Männer, Robby festzuhalten. Mit fest geschlossenen Augen zuckte er, wand sich und kreischte. Nach ein paar Minuten schlug er die Augen auf und lächelte Halloran bittend an. »Bitte lassen Sie meine Arme los«, sagte der Junge. »Sie tun mir weh.«

»Ich werde die Hände nur eng bei dir halten«, sagte Halloran.

Van Roo zog die Augenbrauen hoch.

Dann war Robbys friedliche Stimmung plötzlich zu Ende, und Halloran umklammerte schnell einen der dünnen Arme des Jungen mit den Händen und gab Van Roo zu verstehen, er solle den anderen Arm festhalten. Mannheim hielt sich zurück, da er zögerte, mit seinem Sohn zu kämpfen. Van Roo runzelte erneut die Stirn. »Es hat doch keinen Sinn, seine Arme so fest zu halten«, sagte er zu Halloran. »Er fühlt sich doch nur unwohl dabei.«

Halloran, der sich im Exorzistenteam den Mann fürs Grobe nannte, war zwar der Meinung, es besser zu wissen. Er kannte dieses Verhaltensmuster schon: Robby würde erst lächeln, die Augen aufschlagen, auf eine Gelegenheit warten und dann – zuschlagen. Dies war Van Roos erste Nacht – doch er war ein Priester und Halloran nur Scholastiker, so daß Halloran Robbys Arm losließ.

Im Bruchteil einer Sekunde schlug Robby blind zu und traf mit seiner kleinen Faust Hallorans Nase. Mit immer noch geschlossenen Augen traf er dann Van Roos Adlernase. Beide Jesuiten faßten nach der unfehlbar zielenden Faust und preßten Robby aufs Bett. Hallorans Nase war gebrochen, während die von Van Roo zwar blutete, aber sonst heil geblieben war.

Nun hielten sie den Jungen grimmig entschlossen fest. Mann-

144

heim machte den zaghaften Versuch, ihnen zu helfen. Und Bowdern begann mit dem Gebet, das schon so oft heftige Reaktionen ausgelöst hatte. »*PRAECIPIO TIBI!*« sagte er laut. »Ich befehle dir, unreiner Geist...«

Da begann Robbie zu urinieren und Winde fahren zu lassen. Der Gestank war unerträglich. Jemand öffnete ein Fenster. Robby schrie, kreischte und ließ ein teuflisches Lachen hören. Das war das Wort, das den Zuhörern sofort einfiel: teuflisch.

Vom Fenster aus konnte man Verhaegen Hall sehen, das alte rote Backsteingebäude, das Wohnheim der Jesuiten mit den vielen von den Jesuiten »Zellen« genannten Einzelzimmern. Scholastiker wie Halloran wohnten im Erdgeschoß. Priester, die sich auf ihre Promotion vorbereiteten, und solche, die an der Universität lehrten, wohnten im ersten und zweiten Stock. In einem der oberen Räume saß ein junger Jesuit, der gerade in seinem Brevier las. »Ich hörte dieses wilde, idiotische, teuflische Lachen«, wie er sich später erinnerte. Wegen der Geheimhaltung wußte er nichts von dem Exorzismus. »Ich blickte zu dem Fenster hin, aus dem das Licht kam, sah aber nichts.«

In diesem Zimmer erlebte Bowdern gerade die bislang schlimmste Nacht. Robby wachte für kurze Augenblicke auf, jammerte wegen des Brennens in seinem Penis und fiel dann wieder in seinen alptraumhaften Schlaf, in dem er sich herumwälzte, lachte und schrie.

»Ich bin in der Hölle«, rief er und lachte. »Ich sehe euch. Ich sehe euch.« Er wandte sich mit seinem grinsenden Gesicht und den geschlossenen Augen an Bowdern. »Du bist in der Hölle. Es ist 1957.«

Bowdern reagierte jetzt zum ersten Mal auf eine Bemerkung Robbys und stockte in seinem Gebet. Er erbleichte und sah sich verwirrt und mit einem gequälten Gesichtsausdruck um. Doch nur für einen Augenblick verstummte er, nahm dann wieder alle Kraft zusammen und setzte das Gebet fort.

»Ich habe einen wunderschönen Schwanz«, rief Robby und kicherte idiotisch. »Einen Pint, einen Pimmel. So rund, so fest. Mit einer roten Spitze und einem Loch in der Mitte.«

Er wandte das Gesicht, das von Speichel befleckte, ausdrucks-

145

lose Gesicht eines irren, blinden Mann-Kindes Bowdern zu und rief: »Oh, du hast einen großen dicken Penis!«

Jemand hatte Robby ein Handtuch um den Unterleib gewikkelt, um den Urin aufzusaugen. Irgendwie schaffte er es, seine Hände frei zu bekommen, riß das Handtuch beiseite und begann, pantomimisch zu masturbieren. Die Priester ergriffen seine Hände und preßten sie aufs Bett. Er rief Worte, die Bishop nicht festgehalten hat. Der Jesuit notierte nur: »Seine Ausdrücke waren gemein und ließen einen Mißbrauch von Sex erkennen.« Wenn Robby am Tag Robby war, wie Bishop in seinem Tagebuch bemerkte, gebrauchte er nie obszöne Wörter.

Zwischendurch wachte der Junge immer wieder unverhofft auf, um zu berichten, was er in der Hölle sah und hörte. Die Männer dort unten, sagte er, benutzten schmutzige Wörter. Dann verfiel er wieder in den Zustand, in dem er die Augen geschlossen hielt, sich vielsagend wand und zuckte, bellte und Lieder sang, die keiner der Anwesenden kannte. Um zwei Uhr dreißig erschlaffte sein Körper, und er sank nach und nach in einen natürlichen Schlaf.

Halloran war dankbar, daß das Wohnheim so nahe lag. Er betrat die Eingangshalle und verschwand schnell in seinem Zimmer. Die Nase tat ihm weg, und er wußte, daß sie gebrochen sein mußte. Er hoffte, die rund zwanzig anderen Scholastiker im Erdgeschoß würden nicht bemerken, daß er erst jetzt nach Hause kam. Sie betrieben alle weiterführende Studien und hatten einen strikt vorgeschriebenen Tagesablauf. Weil sie sehr viel lernen mußten, fanden sie kaum Zeit, sich miteinander zu unterhalten. Keiner von ihnen wußte, daß Halloran seine Nächte damit verbrachte, einen vom Teufel besessenen Jungen festzuhalten.

Der Scholastiker fiel erschöpft ins Bett, schlief sofort ein und stand wie gewohnt um fünf Uhr auf. Er duschte, rasierte sich und versuchte, sein Gesicht möglichst abgewandt zu halten, um Fragen nach seiner geschwollenen Nase zu vermeiden. Er betete mit anderen Scholastikern in der Kapelle und meditierte vor dem Tabernakel mit dem Heiligen Sakrament. Dann ging er in die Messe, frühstückte im Refektorium und begann seinen Arbeitstag um acht Uhr mit einer Vorlesung.

146

An einem Tag wie diesem – vielleicht während der Meditation, vielleicht zu anderen Zeiten – begann Halloran, sich wegen seiner mangelnden Reaktion auf das, was er bis jetzt gesehen und erlebt hatte, Sorgen zu machen. Rund vierzig Jahre später erinnerte er sich an seine damaligen Gefühle: »Ich war irgendwie enttäuscht und fühlte mich nicht wohl in meiner Haut. Mußte ich denn nicht irgendwelche Reaktionen auf alles zeigen? War ich etwa schon so weit gekommen, daß ich nicht mehr wirklich daran glaubte, der Teufel könnte sich unter uns Menschen bewegen?« Und er dachte an die anderen. »Wir müßten stärker darauf reagieren, als wir es tun«, sagte er sich. Rückblickend staunte er: »Wie konnte ich nur so gefühllos und gleichgültig sein?« Mit der Weisheit des reifen Alters ist er heute der Meinung, durch das Böse vielleicht abgestumpft worden zu sein.

Der fortgesetzte Exorzismus hatte tatsächlich etwas Abstumpfendes an sich: Tag für Tag die gleichen Gebete, die gleichen Hoffnungen, die immer wieder zunichte gemacht wurden. Doch Bowdern würde nicht wieder verzweifeln, und Bishop, der zwar besorgt war, hatte nie gezweifelt, nicht einmal nach jener ersten schrecklichen Nacht im Pfarrhaus. Beide Priester glaubten, der Teufel werde in Kürze aus Robby ausfahren.

Die Anweisungen zum Exorzismus enthalten für den Exorzisten die Vorschrift, von dem unreinen Geist die Nennung von Tag und Stunde seines Fortgangs zu verlangen. Am ersten Abend, als an Robbys rechtem Bein ein X aufgetaucht war, hatten beide Priester daraus geschlossen, dies sei das Signal des Teufels, den Jungen in zehn Tagen zu verlassen. Bishop stellte sich vor, daß es Donnerstag, der 24. März, sein würde, weil dies der Tag des heiligen Gabriel war, des Erzengels, der in der Allerheiligenlitanei an so hervorgehobener Stelle genannt wird. Bishop wies auch darauf hin, daß der nächste Tag, Freitag, der 25. März, der Tag von Mariä Verkündigung sei – exakt neun Monate vor dem Weihnachtstag, an dem der Erzengel Gabriel gesagt habe: »Gegrüßet seist du, Maria« und der Heiligen Jungfrau die Menschwerdung Christi verkündet habe. Nach Bowderns Zählung war jedoch der 25. März der zehnte Tag.

Robby blieb am Donnerstag im Pfarrhaus, und an jenem

Abend, von dem Bishop zuversichtlich glaubte, der Teufel werde nun ausfahren, begann Bowdern mit der Litanei. Er war kaum bis zu Gabriel gekommen, als Robby schon zu schreien und rufen begann. Er bellte, sang, urinierte und ließ Winde fahren. Wieder erfüllte sich der Raum mit einem üblen Gestank.

Bowdern hatte weitere jesuitische Priester aufgefordert, ihm zu assistieren. Einer von ihnen half drei anderen Männern dabei, Robby während seiner schlimmsten Zuckungen festzuhalten. Der Junge wandte seine geschlossenen Augen diesem Priester zu und sagte: »Du dicker fetter Arsch. Du Ochse.« Robby wählte gerade diesen Priester – der in Bishops Tagebuch namentlich nicht genannt wird – für besondere Beschimpfungen aus. »Was hast du hier überhaupt zu suchen?« fragte Robby. »1957 wirst du mit mir in der Hölle schmoren.« Nach einem der zahlreichen Gerüchte, die in Jesuitenkreisen über diesen Exorzismus kursieren, soll dieser Priester, ein schwerer Trinker, eine Zeitlang dem Alkohol abgeschworen haben.

Eine weitere Zielscheibe war das Faktotum der Universität namens Michael. Bowdern hatte Michael rekrutiert, um neben Halloran einen zweiten kräftigen Mann dabei zu haben. Einige fragten sich, ob Michaels Name, der auch der Name eines Erzengels war, den Teufel besonders in Wut gebracht habe. »Michel, Stichel, Pichel, Sichel«, brüllte Robby in einem gereimten Singsang und attackierte dann direkt Michaels äußere Erscheinung. »Michael, du siehst so dreckig aus«, sagte er. Er schien den Arbeiter bloßstellen zu wollen, da er einer anderen Klasse angehörte als die Jesuiten.

Diese Art sozialer Verhöhnung ähnelte Phänomenen, die Robbys Fall mit überlieferten Fällen von Besessenheit in anderen Jahrhunderten verband. Weil der Teufel, der Fürst der Hölle, so stolz und neidisch sei, lautete die Theorie, habe er eine hohe Meinung von seinem Platz in der Welt. Berichte über Fälle von Besessenheit im Mittelalter schreiben dem Teufel oft ein majestätisches Gehabe zu, eine Haltung, die auch Robby nun oft annahm. Die Veränderung seiner Stimme, sein Fluchen, seine groben sexuellen Anspielungen, das Urinieren, das Fahrenlassen von Winden, das alles läßt sich auch in Beschreibungen von

148

Besessenheitsfällen entdecken, die bis in die Frühzeit des Christentums zurückreichen.

Bishop fiel auf, daß Robbys schmutzigste Reden nach Mitternacht begannen und damit das Freudenfest von Mariä Verkündigung entweihten. Er sprach vom »Küssen meines Pimmels« und »Benutzen meines Lümmels«. An die Priester gewandt, die sein Bett umstanden, sagte er: »Ihr habt auch große Schwänze. Und es gefällt euch, sie fleißig zu reiben.« Wieder nahm er sich einen Priester besonders vor, einen übergewichtigen Mann. »Du hast vielleicht große Zitzen, du dicker Ochse«, sagte er und machte Lutschlaute.

Robby wirbelte herum, so daß seine geschlossenen Augen sich Bowdern zuwandten. »Hör auf mit diesem verdammten Latein!« verlangte der Junge. »Laßt mich in Ruhe, ihr gottverdammten Scheißkerle!«

Als sich niemand rührte, begann er, sich wieder heftig hin und her zu werfen und zu fluchen. Dann wurde seine Stimme schüchtern, und er sagte, anscheinend zu Bowdern: »Du würdest gern bei mir bleiben. Na schön, soll mir recht sein.« Anschließend beruhigte er sich und fiel gegen zwei Uhr dreißig in einen echten Schlaf.

Bowdern und Michael taten ihr Bestes, um das Bett zu säubern und das Zimmer zu lüften, ohne Robby zu wecken. Wieder einmal trotteten Halloran und Bishop zusammen mit den anderen, die Bowdern assistiert hatten, zum Wohnheim zurück. Als Bowdern schließlich erschöpft ins Bett ging, war er voller Erwartung und fast in Hochstimmung. Er ging davon aus, daß er den Dämonen am nächsten Tag, diesem Freudenfest, befehlen konnte, sich aus Robbys Körper zu entfernen und zu verschwinden.

Robby schlief am Morgen des 25. März bis elf Uhr dreißig und begann wieder einen seiner normalen Tage. Bishop, der sich vorgenommen hatte, den Ablauf des Exorzismus genau festzuhalten, schrieb jedoch nur auf, was während der nächtlichen Sitzungen geschah. Was Robby tagsüber tat, kann man nur erraten. Wahrscheinlich erschien seine Mutter mit sauberen Schlafanzügen. Vielleicht hat sie auch, was ihr unangenehm gewesen sein muß, angeboten, bei der täglichen Säuberung des Zimmers zu helfen. Die Residenzen von Jesuiten sind Angehörigen des weiblichen Geschlechts jedoch normalerweise verschlossen. Nirgends ist erwähnt, daß Phyllis Mannheim in der Zeit der dortigen Exorzismussitzungen im Pfarrhaus anwesend war.

Robby, dessen Haut dem Vorschlag, wieder zur Schule zu gehen, ein blutiges *Nein* entgegengesetzt hatte, scheint den größten Teil des Tages mit Lesen verbracht zu haben. Er war meist allein. Von seinem Vetter wird nichts mehr erwähnt, vermutlich weil Robby von anderen Kindern isoliert worden war. Wenn er sich im Pfarrhaus aufhielt, verbrachte Bowdern viel Zeit mit ihm, sprach über den Katholizismus und gab ihm Bücher zu lesen. Robby gewann immer größeres Vertrauen zu Bowdern. Zu keinem anderen Jesuiten entwickelte der Junge ein so vertrauensvolles Verhältnis.

Als der Abend des 25. März näherrückte, bereitete sich Bowdern auf das vermeintliche Ende der Prüfung vor. Kurz nachdem Robby ins Schlafzimmer gegangen war, erschienen nach und nach jesuitische Priester im Pfarrhaus, die Bowdern eingeladen hatte. Als Karl Mannheim, Bowdern, Bishop, Van Roo und Halloran den Raum betraten, versammelten sich die anderen Jesuiten vor der geschlossenen Tür und begannen zu beten.

Robby warf sich auf dem Bett herum und fiel in seinen tranceähnlichen Zustand. Ohne zu fluchen oder auch nur irgendeinen Laut hören zu lassen, begann er mit etwas, das wie eine gymnastische Übung aussah. Er lag flach auf dem Rücken, hielt die Augen geschlossen, bewegte die Arme steif zur Seite und zog sie wieder zu sich heran, während er die Beine spreizte. Wie ein Automat bewegte er sich rhythmisch, ohne zu ermüden oder auch nur einmal die Bewegungen zu verändern.

Als sich die Bewegungen beschleunigten, schien er die Körperbeherrschung zu verlieren und fiel aus dem Bett. Ohne aufzuwachen kehrte er wieder ins Bett zurück und begann erneut mit seinen Bewegungen, die jetzt jedoch behutsamer waren, und wälzte sich in die Arme von Bowdern und Van Roo. Diese hoben ihn wieder ins Bett, und Bowdern fuhr fort, die Gebete des *Rituale Romanum* zu sprechen.

150

Einige Zeit nach Mitternacht veränderte sich die Stimmung. Robby brach sein Schweigen, verfluchte seinen Vater und spie ihm ins Gesicht. Bis dahin hatte er sich so ruhig gehalten, daß Halloran und Van Roo ihren Griff etwas gelockert hatten. Plötzlich wirbelte der Körper des Jungen im Bett herum, und er trat nach Bowdern und seinem Vater. Die beiden Männer wichen zurück, so daß der Fußtritt einen Stuhl traf. Kurz nach diesem Ausbruch, gegen ein Uhr, fiel Robby in tiefen Schlaf.

Draußen vor der Tür ging das Gemurmel der Priester weiter. Die beiden letzten Gebete des Exorzisten stellen einen starken Kontrast dar – das erste wendet sich an den Teufel, das zweite an Gott. Die Macht dieser kämpferischen und vom Glauben erfüllten Gebete verliehen Bowdern in dieser Nacht, die er für die Nacht des Sieges hielt, neue Zuversicht.

»*Exorciamus te!*« begann Bowdern und machte in der Luft das Kreuzzeichen. »Im Namen und in der Kraft unseres Herrn Jesus † Christus, beschwöre ich dich, unreiner Geist, wer immer du bist, jede satanische Macht, jeden höllischen Feind, jede teuflische Legion, Schar und Rotte: Reiß dich los und entferne dich von der Kirche Gottes und von den Seelen, die nach Gottes Ebenbild erschaffen und durch sein kostbares Blut erlöst wurden †.«

Wieder raschelte der Chorrock, als Bowdern über Robby, der weiterhin den Schlaf des Friedlichen schlief, das Kreuzzeichen machte. Es war, als hätte Bowdern dieses Gebet noch nie gesprochen, so neu und machtvoll kam es ihm vor, als es in ihm aufwallte. »*Non ultra audeas, serpens callidissime, decipere humanum genus...*«

»Du listige Schlange, wage nicht weiterhin, das Menschengeschlecht zu betrügen, die Kirche Gottes zu verfolgen und die von Gott Auserwählten zu schütteln und zu sieben, wie man den Weizen siebt †. Dir gebietet Gott, der Allerhöchste †, dem du in deinem großen Hochmut noch immer vermessentlich gleich sein willst, er, der will, daß alle Menschen gerettet werden und zur Erkenntnis der Wahrheit gelangen. Dir gebietet Gott, der Allerhöchste †. Dir gebietet Gott, der Vater †. Dir gebietet Gott, der Sohn †. Dir gebietet Gott, der Heilige Geist †. Dir gebietet

Christus, das ewige Wort Gottes †, das Fleisch geworden ist, um das durch deinen Neid verlorengegangene Menschengeschlecht zu retten; er, der sich selbst erniedrigte und gehorsam wurde bis zum Tod. Er hat seine Kirche auf dem festen Felsen Petri erbaut und verheißen, daß die Mächte der Finsternis sie nicht überwältigen werden und daß er bei ihr bleibe alle Tage bis ans Ende der Welt.

Dir gebietet das Geheimnis des Kreuzes † und die Kraft aller Geheimnisse des christlichen Glaubens †. Dir gebietet die glorreiche Jungfrau und Gottesmutter Maria †, die vom ersten Augenblick ihrer unbefleckten Empfängnis an dein stolzes Haupt durch ihre Demut zertreten hat.« Bei diesem theologischen Hinweis – der katholischen Glaubensvorstellung, daß Maria ohne Erbsünde geboren sei – machte Bowdern eine Pause. Dieses Bild war jedem Katholiken vertraut, der das Medaillon der Unbefleckten Empfängnis trug. Es zeigt eine strahlende Maria, die den Kopf der Schlange zertritt. Manchmal befestigte Bowdern ein solches Medaillon an Robbys Schlafanzugjacke oder hängte ihm eines an einer Kette um den Hals. Eines dieser Medaillons zeigte die Unbefleckte Empfängnis auf der einen Seite und das Heiligste Herz Jesu auf der anderen.

»Dir gebietet der Glaube der heiligen Apostel Petrus und Paulus und der übrigen Apostel †!« fuhr Bowdern fort. »Dir gebietet das Blut der Märtyrer und die mächtige Fürsprache aller heiligen Männer und Frauen †.

Ich beschwöre dich also, du verfluchter Drache, und jedes Heer von Teufeln, durch den lebendigen † Gott, durch den wahren † Gott, durch den heiligen † Gott, durch den Gott, der die Welt so sehr geliebt hat, daß er seinen eingeborenen Sohn dahingab, damit jeder, der an ihn glaubt, nicht verlorengeht, sondern das ewige Leben hat: Höre auf, die Menschenkinder zu täuschen und ihnen das Gift darzureichen, das zur ewigen Verdammnis führt. Höre auf, der Kirche zu schaden und ihre Freiheit in Fesseln zu legen! Weiche, Satan, du Erfinder und Lehrmeister allen Truges, du Feind des menschlichen Heils. Mach Platz Christus, dem Herrn, an dem du nichts von deinen Werken vorfinden konntest! Mach Platz der einen, heiligen, katholi-

152

schen und apostolischen Kirche, die Christus mit seinem eigenen Blut erworben hat. Zittere und fliehe, indes wir den heiligen und ehrfurchtgebietenden Namen Jesu anrufen, vor dem die Hölle erbebt, dem alle Mächte, Gewalten und Herrschaften des Himmels untertan sind, den die Cherubim und die Seraphim unaufhörlich preisen mit den Worten: Heilig, heilig, heilig, Herr, Gott der Heerscharen!... *Sanctus, Sanctus, Sanctus Dominus Deus Sabaoth!*«

Bowdern zögerte einen Augenblick. Auf all diese Worte – auf *Dominus* und *Jesu* und *Deus* – hatte es keinerlei Reaktion gegeben, kein Fluchen, kein Herumrudern mit den Armen. Vielleicht war dies ein Zeichen, daß der Teufel schon aus dem Jungen ausgefahren war. Jetzt wandte Bowdern sich dem Gebet der Hoffnung zu, einem an Gott gerichteten Gebet. Die Worte spiegelten seine Hoffnung und seinen Glauben wider, daß der Dämon Minuten vor Beginn des Fests von Mariä Verkündigung geflohen war und daß das Recht am Ende über das Böse triumphiert hatte.

»Gott des Himmels, Gott der Erde, Gott der Engel, Gott der Patriarchen, Gott der Propheten, Gott der Märtyrer, Gott der Bekenner, Gott der Jungfrauen: Gott, der Du die Macht hast, nach dem Tod das Leben, nach der Mühe die Ruhe zu verleihen. Außer Dir gibt es keinen anderen Gott. Du bist der Schöpfer aller sichtbaren und unsichtbaren Dinge, und Deines Reiches wird kein Ende sein. Demütig flehen wir Deine glorreiche Majestät an, befreie uns mit Deiner Macht von der Gewalt, von jedem Fallstrick und Betrug, von der Verruchtheit der höllischen Geister und bewahre uns unversehrt. Durch Christus, unseren Herrn.«

»Amen«, sagten die anderen im Raum.

»Von den Nachstellungen des Teufels: bewahre uns, o Herr«, betete Bowdern, »...wir bitten Dich, erhöre uns.«

Er besprengte das Bett mit Weihwasser und verließ den Raum vor den anderen, die ihm folgten. Die Priester draußen verstummten, als Bowdern, wie gewohnt erschöpft, heute nacht aber auch seltsam heiter, an ihnen vorbeiging.

Kapitel 11

Botschaften

Am Sonnabend kehrte Robby in das Haus seines Onkels zurück. Seine Familie versuchte, ihm einen seiner gewohnten Faulenzertage zu gönnen. Aber Robbys Eltern, Onkel und Tante wußten, was Bowdern dachte. X bedeutete zehn Tage. *Wenn Robby es heute abend schafft...* Folglich spielten sie nach einem Abendessen, bei dem sie sich alle Mühe gaben, es nicht wie eine Feier erscheinen zu lassen, alle zusammen ein Spiel, und Phyllis Mannheim sagte zu ihrem Sohn anschließend, er solle ins Bett gehen. Er ging die Treppe hinauf, als wäre dies ein Abend wie jeder andere. Für diejenigen, die zusahen und beteten, war dies jedoch der erste Abend voller Hoffnung.

In dieser Nacht geschah nichts. Robby schlief bis zum Morgen durch. Sonntagnacht geschah ebenfalls nichts. Wieder durften Robby und seine Familie in Frieden schlafen. Karl Mannheim fuhr in der Gewißheit nach Maryland zurück, daß Phyllis und Robby bald nachkommen würden.

In St. Louis war inzwischen der Frühling ausgebrochen. Die Menschen saßen abends auf ihren Veranden und genossen die länger werdenden Tage. Die ersten Blumen wagten sich über die Ränder der Blumenkästen an den Fenstern hervor. Der Löwenzahn begann seine alljährliche Invasion der perfekten Rasenflächen des Viertels. Phyllis mußte sich entscheiden, ob sie für sich und Robby neue Osterkleidung hier in St. Louis oder in Washington kaufen sollte.

Ostern, der Tag der Hoffnung. Dieses Fest bedeutete für Robby jetzt mehr, denn er war dabei, etwas über den Katholizismus zu erfahren, und Katholiken, so schien es ihm, nahmen Ostern ernster als Protestanten. Er fragte sich, ob er Ostern

154

schon Katholik sein würde, und dachte über die rätselhaften Worte nach: Gewissensprüfung, Reue, Beichte, Erstkommunion.

Am Montag kam Bowdern, um das Haus zu segnen. Er ging von Raum zu Raum, machte das Kreuzzeichen und besprengte alles lächelnd mit Weihwasser. Jetzt erteilte er keinem Teufel mehr Befehle. Er murmelte die lateinischen Sätze – »*In nomine Patris et Filii et Spiritu Sancti*« – wie gewohnt schnell herunter. Er sprach mit Robby über die Zukunft und ermahnte ihn, nie Angst zu haben. Bowdern fragte ihn auch in einem beiläufigen Tonfall, ob er sich im Vergleich etwa mit den letzten Wochen jetzt anders fühle. Robby machte ein fragendes Gesicht. Er fühle sich immer gut, erwiderte er, nur an manchen Abenden sei er etwas müde.

Phyllis begann mit den Vorbereitungen für die Rückkehr nach Maryland. Montag, Dienstag und Mittwoch verstrichen, ohne daß sich etwas Besonderes ereignet hätte. Robbys Onkel, Tante und seine Vettern und Cousinen freuten sich schon darauf, ihr Haus wieder für sich zu haben und ein normales Leben führen zu können.

Am Donnerstag gingen Robby und sein Vetter wie gewohnt zu Bett, und die Erwachsenen richteten sich auf einen ruhigen Abend ein. Sie wollten lesen und Radio hören und gegen elf Uhr dreißig schließlich schlafen gehen, als Robby die Treppe herunterkam und seiner Mutter sagte, er fühle sich krank. *Was fehlt dir denn?* fragte sie. Sie dachte, er könnte sich eine Frühjahrserkältung zugezogen haben. *Meine Füße sind erst kalt, und dann werden sie heiß.* Sie sagte ihm, er solle wieder ins Bett gehen und versuchen zu schlafen. *Bitte kommt mit mir rauf. Alle. Bitte.*

Die Erwachsenen und Robbys Cousine Elizabeth sahen sich besorgt an, äußerten aber nichts von dem, was ihnen gerade durch den Kopf schoß. *Aber es ist doch verschwunden. Es ist doch verschwunden*, sagten sie sich im stillen. Sie gingen hinter Robby die Treppe hinauf. Fing alles wieder von vorn an? *Aber es ist doch verschwunden. Es ist verschwunden.*

Robbys Augen wurden glasig, schlossen sich dann. Er krabbelte ins Bett, legte sich jedoch nicht hin. Er saß einfach nur da,

155

und der Zeigefinger seiner rechten Hand bewegte sich auf dem Bettlaken, das seine Beine bedeckte. Das Bett begann zu beben. Er bewegte den Zeigefinger weiter, und es hatte den Anschein, als sagte er etwas, das sich wie *Wandtafel* anhörte. War es das? *Schreibst du etwas auf eine Tafel?* Phyllis Mannheim fielen wieder das Ouija-Brett und der Tisch ein, an dem sie die Botschaften Tante Harriets buchstabiert hatten. Das schien schon eine Ewigkeit her zu sein.

Robby senkte den Kopf, so daß er seine geschlossenen Augen dem Bettlaken zuwenden konnte, als wäre es die Seite eines Buchs. Er begann zu sprechen, ganz langsam, und bildete Worte. Er schien zu lesen, was er auf das Bettlaken geschrieben hatte. Elizabeth nahm einen Bleistift und sah sich nach Papier um. Während er sprach, schrieb sie mit. Die Worte schienen ihm in Zeilen über die Lippen zu kommen. Er sprach mit einer toten, unakzentuierten Stimme. Die Worte kamen aus ihm heraus wie bei einem völlig ungereimten Vers. Elizabeth konnte erkennen, wann Robby auf dem Bettlaken mit einer Zeile fertig war. Folglich schrieb sie die Worte so auf. Am Ende hatte sie folgendes zu Papier gebracht:

Ich werde zehn Tage bleiben, aber nach vier Tagen wiederkommen
Wenn Robert bleibt (ist zum Mittagessen gegangen)
Wenn du bleibst und katholisch wirst, wird es wegbleiben
Dorothy Mannheim
Wenn es zehn Tage verschwunden ist, wird Gott es nach vier Tagen wegnehmen
Gott wird mächtig
Am letzten Tag, wenn es fortgeht, wird es auf meiner Stirn ein Zeichen zurücklassen
Pater Bishop – alle Menschen, die sich auf einen Kampf mit mir einlassen, werden eines schrecklichen Todes sterben

Phyllis Mannheim verließ das Zimmer, ging zum Telefon und rief Pater Bowdern an. Ihr drohte die Stimme zu versagen, doch sie gab sich die größte Mühe, klar zu sprechen. Sie berichtete

156

ihm, was passiert war. Sie muß den Hinweis auf Pater Bishop erwähnt haben, denn Bowdern beschloß, diesen nicht mitzubringen. Er kam mit Pater Van Roo gegen ein Uhr ins Haus.

Als Bowdern und Van Roo Robbys Zimmer betraten, hatte der Junge wieder die Augen geschlossen und völlig steife Glieder. Doch statt auf dem Bett zu liegen, saß er aufrecht. Bowdern überflog die Botschaft auf dem Papier. Er folgte den Warnungen des *Rituale Romanum*, sich auf keinerlei Zwiegespräch mit dem Teufel einzulassen, sondern begann gleich mit den Exorzismusgebeten.

Als er die Stelle erreichte, die mit den Worten beginnt »*Praecipio tibi*« (Ich befehle dir), wandte sich Robby Bowdern zu und bat um einen Bleistift.

Bowdern zögerte. Ein Dialog mit dem Dämon kam für ihn nicht in Frage. Dies war anders und schlau ausgedacht. Ein Bleistift. Daraus konnte ein geschriebener Dialog entstehen, doch nur dann, wenn Bowdern dumm genug war, Antworten zu schreiben. Solange Robbys Worte unbeantwortet blieben, würde es keinen Dialog geben. Dennoch: Dieses Manöver unterbrach die Exorzismusgebete... Bowdern faßte in Sekundenschnelle seinen Entschluß. Er gab Van Roo durch ein Zeichen zu verstehen, Robby solle einen Bleistift bekommen.

Robby drehte sich herum, so daß er das Kopfende seines Betts sehen konnte. Jemand hatte aus irgendeinem Grund ein Bettlaken darüber gelegt. Wer es getan hatte und warum, ist nicht klar. Anscheinend hatte sich Robbys Onkel bei der ersten Episode, als Robby mit dem Finger auf das Bettlaken geschrieben hatte, entschlossen, ein Ersatzlaken bereitzuhalten.

Robby murmelte wiederholt zwei Namen: »Pete« und »Joe«. Während er diese Namen und einige weitere Worte murmelte, die nicht festgehalten worden sind, begann er, schnell auf das Laken zu schreiben. Er steigerte sich in ein immer wilderes Tempo hinein, kritzelte Worte auf das Laken, bedeckte innerhalb weniger Minuten etwa neunzig Zentimeter mit Schrift. Elizabeth und Phyllis versuchten festzuhalten, was er schrieb, und kritzelten seine Botschaften schnell hin, während er sie in einer großen, etwas unleserlichen Handschrift aufs Laken schrieb. Jemand – es läßt sich nicht mehr feststellen, wer oder warum – rannte hinaus, holte Wasser und Seife und begann, das Laken auszuwaschen.

Der Bericht über diese Nacht war nicht das Ergebnis von Pater Bishops methodischer Befragung der Zeugen und Niederschriften dessen, was er und sie gesehen hatten. Er ist bruchstückhaft und wirft mehr Fragen auf als er beantwortet. Was die Rekonstruktion dieser Nacht vor uns erstehen läßt, ist eine Szene des Irrsinns. Der Bericht vermittelt den Eindruck von Aberwitz, von einer Kette von Ereignissen, die allmählich außer Kontrolle gerieten. Man gewinnt den Eindruck, daß der Bann, der sich Robbys bemächtigt hatte, sich jetzt weiter ausdehnte. In anderen Nächten war Bowdern der Mittelpunkt des Geschehens gewesen, der ruhige, gefaßte Exorzist, der mit seiner festen und gebieterischen Stimme die Exorzismusgebete gesprochen hatte. In dieser Nacht schienen die Anwesenden, statt um das Bett zu stehen oder zu knien, durch Robbys wahnwitziges Schreiben elektrisiert zu werden. Sie verwandelten sich von Zuschauern in Teilnehmer.

Robbys Onkel, der eine kleine Druckerei betrieb, verließ das Zimmer und kam mit großen Papierbögen zurückgerannt. Er befestigte sie mit Heftzwecken am Kopfende des Bettes und trat dann zurück. Robby zögerte keinen Augenblick, sondern schrieb gleich auf dem Papier weiter statt auf dem Bettlaken.

Von Bowdern oder den üblichen Gebeten wird nichts berichtet. Indem er Robby gestattete, einen Bleistift zu benutzen, hatte Bowdern zugelassen, daß der Ablauf durchbrochen wurde. Wie hieß es in einem der Gebete über den Teufel? »Du Erfinder und Lehrmeister allen Truges.« Und wie hieß es in den Richtlinien? »Manchmal läßt der Teufel den Kranken in Ruhe, damit es scheine, er sei gewichen... Überhaupt sind die Künste und Listen des Teufels zahllos, um den Menschen in die Irre zu führen. Der Exorzist sei darum auf der Hut, um nicht sich selbst täuschen zu lassen.«

Bowdern hatte sich täuschen lassen. Seine Hoffnung, mit dem X sei der Tag von Mariä Verkündigung gemeint, war in dem Chaos dieses Zimmers zerschlagen worden. Er machte sich Vor-

158

würfe, weil er zugelassen hatte, daß seine Hoffnungen und sein Glaube die strikte Anwendung des Exorzismus verhindert hatten. Und er tadelte sich, weil er zugelassen hatte, daß dieses Bettlaken und diese Papiere zu einer Bühne für das Werk des Teufels geworden waren.

Doch der Jesuit schaffte es, das Zimmer wieder unter Kontrolle zu bekommen. Er faßte sich, nahm die Gebete wieder auf und brachte sie zu Ende. Er erlebte wieder den vertrauten Ablauf, bei dem Robby nach Stunden anscheinenden Irrsinns dem Bann entkam und in einen ungestörten Schlaf fiel. Die Gebete endeten, und Bowdern sah sich mit den Überresten der Nacht konfrontiert, dem tropfenden Bettlaken und den Papieren. Er hob sie auf. Zum ersten Mal besaß er Aufzeichnungen nicht über das, was andere Robby hatten tun sehen, sondern über das, was Robby seinem Geist und seiner Seele entlockt hatte.

Elizabeths Mitschrift war nicht vollständig. Sie hatte es nicht geschafft, alles aufzuschreiben, was Robby vor sich hin gemurmelt und gesummt hatte. Worte, ganze Sätze und Kritzeleien waren bei dem frenetischen Schrubben des Bettlakens sowie bei dem Wechseln von Papierblättern verlorengegangen. Bowdern, Van Roo und Bishop analysierten, was sie hatten, und Bishop, der nie den Kopf verlor, sondern immer der kühl denkende Organisator blieb, stellte das Material für sein Tagebuch zusammen. Er konzentrierte sich auf Äußerungen, die den Forderungen des Exorzisten entsprachen – die Antworten auf den Befehl in dem ersten Exorzismus-Gebet: »Gib mir deinen Namen, den Tag und die Stunde deines Fortganges mit irgendeinem Zeichen kund!«

Bishop notierte auch die Häufigkeit der römischen Zahl X, die wegen der kleinen Querstriche oben und unten unverkennbar war. »Dieses Zeichen wurde beim ersten Mal viermal geschrieben und während des Exorzismus noch mehrmals wiederholt, meist zur Antwort auf die Frage ›diem‹ (Tag).«

Robby hatte mit einer leichten Veränderung auch eine Zeile wiederholt, die Elizabeth mitgeschrieben hatte: »Ich werde zehn Tage bleiben und dann zurückkehren, nachdem die vier Tage um sind.« Wenn man davon ausging, daß der zehnte Tag Freitag, der 25. März, war und daß die Tage der Abwesenheit Sonnabend, Sonntag, Montag und Dienstag waren, ergab diese Äuße-rung keinen rechten Sinn. Doch es war denkbar, daß die Besessenheit am Mittwoch wieder eingesetzt hatte, ohne von Robbys Familie erkannt worden zu sein, weil ein sichtbarer Ausbruch erst am Donnerstag abend erfolgt war. Bowdern, der inzwischen überzeugt war, den Tag des »Fortganges« zu erkennen, war nicht im Haus gewesen, so daß er Robbys Zustand nicht hatte selbst einschätzen können.

Während der Austreibung befiehlt der Exorzist dem Teufel nicht nur, Tag und Stunde seines Fortgangs zu nennen, sondern auch seinen Namen. In dieser chaotischen Nacht kam die Antwort in unverständlichen Zeichen auf einem Blatt Papier. Die Zeichen waren keine Buchstaben des römischen Alphabets. *Eine* Antwort war herausfordernd deutlich: »Ich spreche die Sprache der Menschen (das Wort ›Sprache‹ war falsch geschrieben). Ich werde Robert, wenn er soweit ist, einschärfen, daß die Priester (ebenfalls falsch geschrieben) nicht englisch schreiben dürfen. Ich werde, das heißt, der Teufel wird versuchen, Roberts Mutter und Vater dazu zu bringen, die katholische Kirche zu hassen. Ich werde antworten, wenn man mich mit dem Namen Bosheit anredet.«

Eine weitere Äußerung schien eine Reaktion auf den Befehl zu sein, daß der Teufel seinen Namen nenne: »Ich bin der Teufel.« Dem war eine sonderbare Bemerkung hinzugefügt: »Du wirst einen Monat lang in der katholischen Kirche beten müssen.« Wer war »du«, und was sollte »einen Monat lang« bedeuten? Hieß das etwa, daß Robby einen weiteren Monat besessen bleiben würde? Weder Bowdern noch Bishop gelang es, die Bemerkung befriedigend zu deuten.

Vieles von dem, was da geschrieben stand, war verblüffend. So hatte Robby beispielsweise etwas gezeichnet, das wie eine Karte aussah. Darauf stand »zweitausend Fuß«. Bishop äußerte die Vermutung, diese rätselhafte Karte habe vielleicht etwas mit dem Versuch zu tun, Tante Harriets versteckten Schatz zu finden. Ein Zeuge sagte, etwa um die Zeit, zu der Robby dies gezeichnet habe, habe er gesprochen und gesagt: »Ja, das habe ich auf dem Ouija-Brett erfahren.«

160

Eine andere Zeichnung machte Bishop sprachlos. Es war ein nicht zu identifizierendes Gesicht, aber ein menschliches Antlitz. Daneben standen zwei Worte: »Toter Bischof.«

Und eine bestimmte Zeile versetzte Bowdern einen tiefen Schock: »Es kann sein, daß du mir nicht glaubst. Dann wird Robert ewig leiden müssen.«

Robby bekam seit dem 23. März Unterricht über die katholische Kirche. Das war der Tag gewesen, an dem man ihn ins Pfarrhaus gebracht hatte, und in der Nacht jenes Tages hatte er Halloran die Nase gebrochen und die von Van Roo blutig geschlagen. Bowdern hatte beschlossen, daß die Erfüllung seiner Aufgabe – Robbys Unterweisung im Katholizismus – im Krieg mit den Dämonen nicht mit Verlusten erkauft werden durfte. Folglich wies er Robby einem weiteren Hilfspfarrer zu, Pater Joseph McMahon, einem liebenswürdigen, sanften Mann, der mit Robby gut auszukommen schien. Bei den Jesuiten hieß es, Joe McMahon könne alles, solange man nicht von ihm verlange zu singen oder bei den Gregorianischen Gesängen teilzunehmen. Er war so unmusikalisch, daß man ihn in seiner Zeit als Scholastiker schließlich gebeten hatte, beim Gesang in der Kapelle nicht mitzumachen, sondern nur die Lippen zu bewegen.

Robbys Eltern hatten ursprünglich geplant, ihren Sohn in der protestantischen Kirche konfirmieren zu lassen. Sie sagten Bowdern aber, daß Robby die Wahl seiner Religion freistehe. Irgendwann entschied sich Robby dann fast beiläufig, zum Katholizismus zu konvertieren, vielleicht Bowdern zu Gefallen.

Die Anweisungen des *Rituale Romanum* für einen Exorzismus schreiben nicht vor, daß der vom Teufel Besessene zum Katholizismus bekehrt werden muß. Doch überall in den Richtlinien und Gebeten wird davon ausgegangen, daß der Teufel meist Katholiken als Opfer auswählt. Aus diesem Grund wird beispielsweise empfohlen: »Wenn es die seelischen und körperlichen Kräfte des Besessenen erlauben, werde dieser ermahnt, für sich zu Gott zu beten, zu fasten und nach dem Dafürhalten des Priesters öfters zu beichten und die heilige Kommunion zu empfangen.« Und eines der Gebete, das dem Teufel kategorisch befiehlt: »Mach Platz der einen, heiligen, katholischen und aposto-

161

lischen Kirche«, ist so etwas wie ein Katechismus der katholischen Dogmen.

Bowdern war kein Missionar, der sich zum Ziel gesetzt hatte, für den Herrn eine weitere Seele zu gewinnen. Robbys Bekehrung hatte in seinem Schlachtplan jedoch eine strategische Bedeutung. Der Exorzismus ist ein Kampf Christi gegen Satan, wobei ein katholischer Priester die Stelle von Christus einnimmt. Wenn Robby katholisch wurde, würden sich Priester und Opfer im Kampf verbünden. Indem er den Jungen in die katholische Kirche brachte, würde Bowdern die Front gegen die Dämonen verstärken. Und Robby sollte »sein volles Vertrauen auf Gottes Hilfe setzen«. Doch jetzt, nach dem Rückfall in die Besessenheit, beschleunigte Bowdern seine Bemühungen, den Jungen in die katholische Kirche zu bekommen. Heutzutage gehört die Taufe nicht unbedingt zur Konversion eines Protestanten zum Katholizismus, da die meisten Protestanten – darunter mit Gewißheit die evangelisch-lutherischen Christen – schon als kleines Kind getauft worden sind. Die katholische Kirche erkennt die Taufe anderer Kirchen im allgemeinen an. Vor den Reformen des Zweiten Vatikanischen Konzils, die Ende der sechziger Jahre verkündet wurden, war eine zusätzliche Taufe jedoch noch weit häufiger als heute – ein Ritus für den Fall, daß die protestantische Taufe aus irgendeinem Grund nicht gültig gewesen sein sollte. Und Bowdern wollte kein Risiko eingehen. Auf seine Empfehlung hin erklärten sich Robby und seine Eltern damit einverstanden, daß der Junge noch einmal, diesmal katholisch, getauft wurde. Anschließend sollte er in den nächsten beiden Sakramenten unterrichtet werden: der Buße und der Firmung.

Seine Taufe wurde für Freitag, den 1. April, zwischen acht und acht Uhr dreißig abends in der Xavier Church festgesetzt, der College-Kirche. Bowdern scheint die Zeit bewußt so gewählt zu haben, daß die Taufe vor den Stunden stattfand, in denen Robbys schlimmste Ausbrüche begannen. Gegen sieben Uhr dreißig machten sich Robby, seine Eltern, sein Onkel und seine Tante auf den Weg zur Kirche. Robby quetschte sich auf den Rücksitz zwischen seine Eltern. Onkel George fuhr, neben ihm saß Tante Catherine.

162

In der Kirche warf Bowdern Chorrock und Stola über und legte die Utensilien für die Taufe bereit. Das Taufbecken aus Marmor befand sich am Ende des Mittelschiffs in der Nähe des Haupteingangs der Kirche, ein Standort, der den Eintritt in das Christentum durch die Taufe symbolisiert. Wenige Schritte entfernt befand sich das Olearium, ein kleiner Schrein, der das Chrisam enthielt, das Salböl, das bei der Spendung der Sakramente der Taufe, der Firmung und der Letzten Ölung verwendet wird. Das Wasser und die Öle waren mit Gebeten gesegnet worden, die den Teufel aus ihnen austrieben.

Bei einer katholischen Taufe ist der Täufling meist ein Säugling. Seine Annahme des Sakraments erfolgt stellvertretend durch die Paten. Der dreizehnjährige Robby konnte nicht wie ein Säugling behandelt werden. Mit Erlaubnis seiner Eltern würde er sich selbständig der Taufe unterziehen. Eine solche Taufe unterscheidet sich in einigen Dingen von der Säuglingstaufe. Einige Elemente der Taufriten wurzeln in Exorzismustraditionen, die bis in die frühen Jahrhunderte des Christentums zurückreichen, als erwachsene Konvertiten sich wochenlang auf die Taufe vorbereiteten.

Die Kandidaten für die Taufe, die sogenannten Katechumenen, wurden bei einer besonderen Zeremonie exorziert. Ein Bischof hauchte sie an und zischte dem Teufel einen Befehl zu: »Fahre aus, du Verfluchter.« Das Zischen wurde *exsufflatio* genannt, das «Ausblasen des Teufels«; bei einem anderen Ritus, der *insufflatio*, wurde den Kandidaten der Heilige Geist eingehaucht. Ohren und Nasenlöcher wurden berührt, um die Öffnung der Seele für die Worte Gottes zu symbolisieren. Die Täuflinge wandten sich nach Westen und sagten: »Ich widersage dir, Satan, mit all deinem Gepränge und all deinen Werken.«

Als nächstes wandten sie sich nach Osten und sagten: »Dir weihe ich mich, Jesus Christus, ewiges und unerschaffenes Licht.«

Nach Bowderns Strategie sollten die uralten Riten der Taufe, obwohl sie in der heutigen Welt dazu dienen, Babys in das Christentum aufzunehmen, eine Gegenoffensive gegen Robbys Besessenheit darstellen. Er würde über Robby sprechen: »Ich

163

exorziere dich... im Namen Gottes, des allmächtigen Vaters, und in der Liebe unseres Herrn Jesus Christus und in der Macht des Heiligen Geistes. Ich exorziere dich durch den lebendigen Gott..., der dich zum Schutz der Menschheit erschaffen hat..., um dich mit dem Sakrament (der Taufe) für die Flucht vor dem Feind zu belohnen.«

Auf den Mund, der geflucht und gespien und geschrien hatte, würde der Jesuit ein paar Körnchen Salz legen. Weil die Taufe eine Form des Exorzismus ist, spielt Salz, ein altes Heilmittel gegen den Teufel, seit langem eine Rolle in diesem Ritual. Robbys Rücken und Brust, wo die Kratzer ihn gepeinigt hatten, würde Bowdern mit Chrisam salben und dazu einen uralten Segen sprechen, der Weisheit und Kraft vermittelt. Dann wollte er Robbys Kopf dreimal mit Weihwasser aus dem Taufbecken übergießen, und zwar in der Form eines Kreuzes, und dabei auf lateinisch sprechen: »Ich taufe dich im Namen des Vaters, des Sohnes und des Heiligen Geistes.« Auf der Stirn, dem Sitz des Wissens, würde Bowdern das Kreuzzeichen machen, den alten Talisman gegen Dämonen.

Während der Pater an der Kirchentür stand und auf Robbys Ankunft wartete, kämpften der Junge und sein Onkel um den Platz am Lenkrad des Wagens. Der Kampf hatte mehrere Straßenblocks von der Kirche entfernt begonnen, als Robby sich plötzlich über Schmerzen in den Füßen beklagte. Einen Augenblick später sagte er, ihm sei mal kalt, mal heiß. Das war ein Symptom, das Phyllis Mannheim nur zu gut kannte. Während sie fieberhaft überlegte, was sie tun sollte, schloß Robby die Augen und bekam einen Anfall. Das Autoradio war angestellt. Welcher Sender auch gerade eingestellt war, der Ton blieb plötzlich weg, und es war nur noch ein Rauschen zu hören.

»Ihr wollt mich also taufen!« rief Robby mit einer durchdringenden, gutturalen Stimme. Dann das schauerliche Lachen: »Ha! Ha! Und ihr glaubt, ihr könnt mich mit der Heiligen Kommunion austreiben! Ha! Ha!«

Robby ergriff von hinten das Lenkrad und ließ den Wagen auf den Straßenrand zusteuern. »Du Scheißkerl!« schrie er seinen Onkel an. George Mannheim, der sich plötzlich heftig vom

Lenkrad weggestoßen sah, zog geistesgegenwärtig die Handbremse. Der Wagen fuhr auf den Bürgersteig und blieb nach dem Aufprall auf einen Laternenpfahl stehen.

Robby wirbelte herum und packte seine Mutter an der Kehle. Sein Onkel drehte den Zündschlüssel um. Er sprang aus dem Zündschloß und landete vor dem Rücksitz auf dem Fußboden. Doch das Radio verstummte nicht, sein krächzendes Rauschen ging weiter.

Karl schaffte es, Robby von Phyllis loszureißen. George sprang aus dem Wagen und half seinem Bruder, Robby herauszuzerren. Catherine glitt auf den Fahrersitz hinüber. Es gelang den beiden Männern, Robby gegen den Wagen zu pressen, während Phyllis sich neben Catherine auf den Beifahrersitz setzte. Robby stieß einen Strom von Flüchen aus und kämpfte wild, als die beiden Männer ihm die Arme an die Seiten preßten, ihn wieder in den Wagen schoben und ihn zwischen sich auf dem Rücksitz festhielten. Catherine startete, fuhr vom Bürgersteig herunter und setzte den Weg Richtung Kirche fort. Obwohl sie das Radio abstellte, ertönte aus dem Lautsprecher weiterhin ein Rauschen.

Robby riß sich los und legte Catherine die Hände um die Kehle, bevor Karl und George ihn zurückreißen konnten. Catherine entwand sich dem Griff ihres Neffen und schaffte es, den Wagen unter Kontrolle zu halten. Inzwischen waren sie schon in der Nähe der Kirche. Sie hielt am Lindell Boulevard vor der Kirche, und Karl und George zerrten Robby aus dem Wagen. Bowdern, der Rufe und Schreie hörte, eilte durch die Taufkapelle zum Haupteingang der Kirche und wartete auf den breiten Stufen der Freitreppe.

Im Lichtkegel einer Straßenlaterne sah er, wie Robby, dessen Sonntagsanzug zerrissen war, von seinem Onkel und seinem Vater auf den Bürgersteig gezerrt wurde. Bowdern konnte fast körperlich spüren, welche Gewalttätigkeit und Bosheit von Robby ausstrahlten. Phyllis und Catherine blieben im Wagen; sie waren zu verängstigt, um auszusteigen. Die beiden Männer brachten Robby auf die Beine, preßten ihm die Arme gegen den Körper. Dann begannen sie, ihn auf die Treppenstufen der Kirche zuzuschleifen. Er fluchte, spie und ließ sein irres Lachen hören.

Bowdern, der eine mögliche Entweihung fürchtete, beschloß auf der Stelle, Robby nicht in die Kirche zu lassen. Er wies die Männer an, den Jungen in das Pfarrhaus zu bringen, das neben der Kirche lag, jedoch etwas zurückgesetzt. Die Taufe werde stattfinden, betonte er. Er spürte, daß er sich jetzt in direktem Kampf mit dem Bösen befand.

Bowdern ging vor, öffnete die Tür des Pfarrhauses und half dann den beiden Männern, Robby durch die Tür zu stoßen. Der Junge rief unzusammenhängende Sätze und spuckte um sich. Sein Onkel, sein Vater und jetzt auch Bowdern hatten große Speichelkleckse auf den Wangen. Die Männer, die vor Erschöpfung stolperten, schleiften Robby in das Wohnzimmer, das von der Eingangshalle abging, und zwangen ihn zu Boden. Bowdern holte einen Krug mit Eiswasser aus dem Kühlschrank in der Küche und goß es über Robbys grimassierendes Gesicht. So sollte also die Taufe aussehen: Eiswasser auf das Gesicht eines Jungen, der zum Dämon geworden war.

Für eine Minute beruhigte sich Robby, und die Männer zogen ihn hoch, so daß er wieder stand. Da machte er sich ganz schlaff und weigerte sich zu gehen. Das Fluchen und Spucken begann erneut. Vater und Onkel trugen ihn in das Zimmer im ersten Stock, in dem er schon mal geschlafen hatte, und legten ihn aufs Bett. Sie hielten Robby an Armen und Beinen fest, während sie auf Bowdern warteten.

Der erschien mit Michael, dem Hausmeister, den Robby beim letzten Mal verhöhnt hatte. Bowdern erklärte Michael, er werde als Pate Stellvertreter bei einer dringenden Taufe sein, die er, Bowdern, improvisieren wolle. Statt einer ruhigen, feierlichen Taufe an dem marmornen Taufbecken würde es ein verzweifeltes und von Gewalt bedrohtes Ritual geben. Bowdern hatte eine Erwachsenentaufe mit einem langen Glaubensbekenntnis und einem Abschwören der Häresie geplant. Doch dazu gab es weder die Zeit noch die Ruhe.

Der Jesuit beugte sich über das Bett und fragte: »Widersagst du dem Satan und all seiner Bosheit?«

166

Robby knurrte und wand sich, so daß er sich um ein Haar aus dem Griff von Vater und Onkel befreit hätte. Er spie Bowdern ins Gesicht.

»Widersagst du dem Satan und all seiner Bosheit?« wiederholte der Priester.

Diesmal reagierte der Junge noch heftiger.

Bowdern stellte die Frage ein drittes Mal, glaubte, den wild zuckenden Körper schwächer werden zu sehen, und fragte nach einer langen Pause ein viertes Mal: »Widersagst du dem Satan und all seiner Bosheit?«

Robby schlug die Augen auf. Einen Augenblick lang war sein Gesicht das Gesicht eines erschöpften Jungen. »Ich widersage dem Satan und all seiner Bosheit«, flüsterte er. Und im nächsten Augenblick entwand er sich bereits fast wieder den Händen, die ihn hielten. Mit geschlossenen Augen begann er zu spucken, und, wie jedes seiner Opfer später bezeugte, verfehlte sein Ziel kein einziges Mal.

Jetzt begann Bowdern mit den Vorbereitungen zur Spendung des Sakraments der Taufe. Er gab Michael ein Zeichen, der näher an das Bett herantrat und damit zu einer neuen Zielscheibe wurde. Bowdern erklärte ihm, was er zu tun habe: Michael mußte Robby berühren, ihn als Täufling bestätigen und in Roberts Namen das Apostolische Glaubensbekenntnis ablegen, eine Zusammenfassung der katholischen Dogmen.

Die erste Berührung mit Weihwasser auf Robbys Stirn hatte einen der wüstesten Wutausbrüche zur Folge, die Bowdern in jener Nacht zu sehen bekam. Während Robby zuckte, sich wand und strampelte, spie und fluchte, besprengte ihn Bowdern immer wieder mit Weihwasser. Einen Moment lang glaubte der Priester, so etwas wie den wahren Robby zu erkennen. In diesem Augenblick sagte Bowdern: »*Ego te baptizo* (Ich taufe dich) *in nomine Patris* (im Namen des Vaters) ...«

Diese Worte lösten einen weiteren Ausbruch aus, dem Bowdern mit einer weiteren Gabe von Weihwasser begegnete. Mit Hilfe dieser Technik, erst Worte, dann Wasser, brachte Bowdern die Taufe zu Ende. Sie dauerte fast vier Stunden. In der Überzeugung, Robby sei endlich getauft, begann Bowdern mit

167

den Exorzismusgebeten. Bishops letzter Tagebucheintrag für diesen Tag zeigt, wie sehr dieser Schrecken zur Routine geworden war: »Das übliche Spucken, Zucken, Fluchen und die körperliche Gewalt gingen bis elf Uhr dreißig abends weiter.«

Robby Onkel George war einige Zeit zuvor mit Phyllis Mannheim und Tante Catherine nach Hause zurückgekehrt. Sie waren erschüttert und standen noch unter dem Eindruck der Erlebnisse bei der Fahrt zur Kirche. Karl Mannheim wollte bleiben und eine weitere Nacht auf dem Sofa neben Robbys Bett schlafen.

Bowdern und Bishop stellten später Spekulationen über das Erlebte an. Sie fragten sich, ob die Gewalttätigkeit ein Hinweis darauf war, daß Robbys Dämon auf den Versuch zu einer Ersttaufe reagierte. Dies würde sowohl in theologischer wie theoretischer Hinsicht bedeuten, daß der Teufel geglaubt hatte, sich in dem Leib eines ungetauften Menschen niedergelassen zu haben. Und das wiederum würde bedeuten, daß Robbys protestantische Taufe aus irgendeinem Grund nicht wirksam geworden war.

Spekulationen über die Absichten von Dämonen sind theologisch wie auch logisch riskant, weil man nie wissen kann, ob der Fürst der Lüge die Wahrheit sagt. Doch wie wirksam Robbys erste Taufe auch gewesen sein mag, die zweite hatte einen vernichtenden Effekt. Seine Gewalttätigkeit eskalierte. Robby wurde wilder und ungebärdiger als je zuvor.

Am Sonnabend, dem 2. April, erwachte er erstmals zu einem Tag, der nicht wie gewohnt friedlich und ruhig verlief, sondern ein fast fünfzehnstündiges Wüten und Toben brachte. »Es war offenkundig«, schrieb Bishop, »daß ein Kampf tobte.«

Als der frisch getaufte Robby gegen neun Uhr dreißig aus dem Schlaf erwachte, hielt er die Augen geschlossen und begann, sich auf dem Bett hin und her zu werfen. Bevor jemand zu ihm ins Zimmer laufen und ihn festhalten konnte, schleuderte er ein Kopfkissen an die Deckenlampe und zerbrach sowohl den Lampenschirm als auch die Glühbirne. Eine Steingutschale war seine nächste Zielscheibe, wobei niemand genau sagen konnte, wie er es geschafft hatte, sie zu zerbrechen.

Bowdern hatte beschlossen, schnell zu handeln und der Taufe am nächsten Tag die Erstkommunion folgen zu lassen.

168

In der ruhigen Zeit vor den letzten Ausbrüchen hatten Bowdern und McMahon Robby auf seine erste Kommunion vorbereitet. Zu den Vorbereitungen gehörte eine Gewissensprüfung. »O Heiliger Geist!« beginnt das Gebet für diese Selbstprüfung. »Ewige Quelle des Lichts!...O Jesus!... Zeige mir jetzt meine Sünden...« Anschließend folgte die Aufforderung an Robby, sich selbst zu prüfen, ob er seinen Eltern gegenüber ungehorsam gewesen sei oder sich undankbar gezeigt oder ihnen Kummer gemacht habe.

Robby, der besessene Junge, hatte ihnen natürlich Kummer gemacht. Doch die Theologie der Besessenheit stellt fest, daß Dämonen nicht in die Seele eindringen oder sie überwältigen können. Die Seele bleibt frei, wenn auch belagert. Handlungen, die der besessene Junge Robby beging, waren nicht Handlungen des normalen Jungen Robby. Die Tatsache, daß er in seinen wachen Augenblicken nicht wußte, was er während seiner Anfälle mit geschlossenen Augen tat oder sagte, wurde als Beweis dafür gewertet, daß er sich seiner Besessenheit nicht bewußt geworden war.

Die Formel der Gewissensprüfung ließ ihn sein Gewissen auch nach Unbescheidenheit im Denken, in Wort oder Tat, durch Lektüre, Kleidung oder Betrachten unkeuscher Gegenstände prüfen. Er suchte in sich nach Anzeichen von Stolz, Eitelkeit, Habgier, Gefräßigkeit, Zorn, Neid, Trägheit, Falschheit, Vorurteilen, Verachtung, Haß, Eifersucht, Rachegefühlen, Streitsucht oder Verleumdung.

Obwohl Robby so lernte, zur Vorbereitung der Beichte sein Gewissen zu prüfen, legte er an diesem Tag noch nicht seine erste Beichte ab. Bowdern erteilte Robby bedingte Absolution und sprach ihn von den läßlichen Sünden los, die er im Beichtstuhl gebeichtet hätte. Der Jesuit besaß die priesterliche Autorität zu dieser Entscheidung. Angesichts von Robbys sündhaftem Zustand und Bowderns Eile, den Jungen in die katholische Kirche aufzunehmen, scheint der Verzicht auf die Beichte ein Teil des Schlachtplans gewesen zu sein, damit Robby so schnell wie möglich die heilige Kommunion empfangen konnte.

Um seinen Schützling für die Erstkommunion vorzubereiten,

zog Pater Bowdern Pater Bishop sowie Pater John G. O'Flaherty, S.J., einen achtunddreißigjährigen Jesuiten aus Kansas City, hinzu. Bowdern kannte O'Flaherty von der Campion High School, wo der Kollege Algebra, Latein und Englisch unterrichtet hatte. Obwohl O'Flaherty kein herausragender Lehrer gewesen war, erkannte Bowdern in ihm einen Mann, der sich gut als Gemeindepriester eignen würde. O'Flaherty verstand etwas von Menschen, und seine Predigten waren lebensnah, da sie auf eigener Lebenserfahrung beruhten. Überdies war O'Flaherty von einer stillen Ehrfurcht erfüllt, die nicht unbedingt typisch jesuitisch war.

Robby lag ruhig auf dem Bett, als Bowdern ihm die bedingte Absolution erteilte. Doch als der Priester die Kommunionsgebete zu sprechen begann, wurde der Junge unruhig. Bishop und O'Flaherty traten näher, um ihn festzuhalten, doch er wehrte sich nur wenig und leistete kaum Widerstand. Bowdern trat noch näher heran und hielt in der ausgestreckten rechten Hand ein Stück der geweihten Hostie. Einer der anderen Priester hielt ein Leinentuch, ein sogenanntes Purifikatorium, an Robbys Kinn.

Plötzlich schien der Junge nur noch aus herumrudernden Armen und Beinen zu bestehen. Bowdern drängte sich noch näher heran und legte Robby die Hostie in den Mund. Der spie sie aus. Eine schnelle Bewegung des Purifikatoriums, und die Hostie landete auf dem Tuch. Bowdern ergriff sie und versuchte es erneut: Wieder spuckte Robby sie aus, und das Purifikatorium fing sie auf. Im Verlauf der nächsten zwei Stunden versuchte es Bowdern noch zweimal. Beide Male spie Robby die Hostie aus, die vom Purifikatorium aufgefangen wurde.

Nun warf O'Flaherty ein, es sei der erste Sonnabend des Monats, ein Tag, an dem in vielen Kirchen, auch in der Xavier Church, Gottesdienste für Unsere Liebe Frau von Fátima abgehalten wurden. Er schlug vor, zu Ehren Unserer Lieben Frau von Fátima den Rosenkranz zu beten, und als die drei Priester damit fertig waren, versuchte Bowdern es zum fünften Mal. Diesmal schluckte Robby das Stückchen Hostie. Er hatte seine Erstkommunion empfangen.

170

Die Stimmung im Raum veränderte sich. Die Priester lächelten; Robby, der jetzt mit offenen Augen auf dem Bett lag, schien ruhig zu sein. Bowdern forderte ihn auf, sich anzuziehen, um mit seinem Vater nach Hause fahren zu können. Kurz vor zwölf Uhr mittags setzte sich O'Flaherty hinter das Lenkrad des gemeindeeigenen Wagens. Bowdern und Karl Mannheim nahmen Robby auf dem Rücksitz in ihre Mitte. Die Priester unterhielten sich gerade mit dem Jungen, als der plötzlich vorschnellte und O'Flaherty mit beiden Händen um den Hals faßte. Bowdern und Mannheim zerrten Robby zurück auf den Sitz und hielten ihn für den Rest der Fahrt fest.

Zu Hause veränderte sich Robby erneut, kaum daß die Priester gegangen waren. Er erklärte, er sei völlig ausgehungert, und nahm eine herzhafte Mahlzeit zu sich. Phyllis und Karl beobachteten ihn aufmerksam. Es lag etwas in der Luft, etwas Neues. Robbys Verhalten im Wagen schien Phyllis' Ängste zu bestätigen. Die Dinge beschleunigten sich, gerieten außer Kontrolle. Während des ganzen Tages legte Robby nicht das gewohnte normale Verhalten an den Tag, sondern schien sich nur vage dessen bewußt zu sein, was er tat. In einem Augenblick ging er ruhelos durchs Haus, um etwas zu finden, was er an diesem Sonnabend nachmittag tun konnte. Im nächsten Moment kauerte er in einem Sessel, hielt die Augen geschlossen oder starrte einfach nur vor sich hin.

Um zwanzig vor acht kamen Bowdern und O'Flaherty in Begleitung Bishops und Michaels zurück. Bowdern hatte wieder eine Reliquie mitgebracht, einen winzigen Holzsplitter, der als Stück vom Wahren Kreuz Jesu verehrt wurde. Er lag in einem kleinen goldenen Reliquiar, das Bowdern auf eine hohe Kommode legte, damit Robby nicht heran konnte.

Robby saß in seiner Unterwäsche auf dem Bett, während Bowdern schnell die Exorzismusgebete sprach. Als er mit dem *Praecipio* begann – »Ich befehle dir, unreiner Geist...« –, fragte er sich, ob der Teufel in Robby jetzt anders reagieren würde, nachdem der Junge nun katholisch war.

Robby zeigte keinerlei Reaktion auf die Gebete. Einmal bat er seine Mutter um einen Teller mit Eis. Er saß im Bett und aß das

171

Eis, während Bowdern weiterbetete. Der Priester glaubte schon fast, es werde eine kurze Nacht geben, als Robby mit einem Satz aus dem Bett war und die Treppe hinunterrannte.

Aus Furcht, der Junge könnte gewalttätig werden, folgte Bowdern ihm ins Erdgeschoß und befahl ihm, wieder in sein Zimmer hinaufzugehen. Robby nickte und ging langsam und mürrisch die Treppe hinauf wie ein Kind, das getadelt worden ist, Bowdern direkt hinter sich. Am oberen Ende der Treppe rannte Robby plötzlich los, lief in sein Zimmer und griff nach dem Reliquiar. O'Flaherty stieß Robbys Hand zur Seite, doch der Junge wirbelte herum und riß schnell wie der Blitz vier Seiten mit Exorzismusgebeten aus dem aufgeschlagenen Exemplar des *Rituale Romanum*.

Als Bowdern im Zimmer ankam, saß Robby auf dem Bett und ließ ein irres Lachen hören. Die herausgerissenen Seiten hielt er zerknüllt in der Hand. Bowdern lieh sich O'Flahertys *Rituale*-Exemplar und begann erneut mit dem *Praecipio*.

Nach den Worten: *»Dicas mihi nomen tuum, diem et horam existus tui, cum aliquo signo«* (Gib mir deinen Namen, den Tag und die Stunde deines Fortganges mit irgendeinem Zeichen kund!), machte Bowdern eine Pause. Alle Anwesenden fuhren zusammen, als Robby sagte: *»Dicas mihi nomen tuum, diem ...«* Dann fügte er hinzu: »Steck es dir doch in den Arsch.«

Später, als er gefragt wurde, wann der Dämon fortgehen werde, sagte Robby: »Maul halten! Maul halten!«

So ging es in den nächsten vier Stunden weiter: Bowdern betete auf lateinisch ... manchmal wiederholte Robby die Worte wie ein Echo oder reagierte mit einem schauerlichen Lachen ... Bowdern betete ... Robby verhöhnte oder verspottete ihn, veränderte die lateinischen Worte zu einem unverständlichen Kauderwelsch, lachte, fluchte.

Beim zweiten Durchgang des *Praecipio* blickte Bowdern blinzelnd nach unten. Er hatte schlechte Augen. Beim Lesen trug er eine Brille mit dicken Gläsern. Tag für Tag hatte er nun stundenlang in schlecht erleuchteten Räumen gelesen. Bishop folgte Bowderns Blick und stöhnte auf. Bowdern hatte soeben den Satz *»Dicas mihi«* gesprochen. An einem von Robbys Beinen began-

172

nen Kratzer sichtbar zu werden: drei parallele Linien. Bei dem Wort *horam* erschien ein rotes Zeichen in Gestalt eines X. Dann bildeten die Kratzer die Zahl 18. Dann erschien eine weitere 18 und noch eine. (In Bishops Tagebuch ist nicht ausdrücklich festgehalten, wo an Robbys Körper die Kratzer auftauchten).

Viertel nach eins tauchte Robby aus seinem tranceähnlichen Zustand auf und bat seinen Vater um die Erlaubnis, aufzustehen und sich auf einen Stuhl zu setzen. Karl half ihm aus dem Bett. Der Junge war schwach auf den Beinen und wurde zu einem Stuhl geleitet. Seine Hände zitterten. *Bitte, bitte, bring mich nach Hause,* flehte er. Er wußte, daß sein Vater am nächsten Tag nach Maryland zurückkehren wollte. *Bitte. Ich kann es nicht mehr aushalten. Ich werde verrückt.*

Noch nie war Robby mit dem Bewußtsein aus diesem Zustand aufgewacht, in so etwas wie Trance gewesen zu sein. In allen anderen Nächten hatte ein Schleier sein normales Bewußtsein von dem Bewußtsein der Besessenheit getrennt. Jetzt war dieser Schleier verschwunden. Er schien zu wissen, daß er besessen war. Und er wußte genau, daß er Gefahr lief, den Verstand zu verlieren.

Kapitel 12

Die Suche nach einem ruhigen Ort

Am Sonntag begann Robby den Tag erneut damit, daß er ein Kissen gegen die Deckenlampe schleuderte. Er schlief wieder ein, wachte leicht benommen auf, schlief erneut ein und wachte dann gegen elf Uhr dreißig endgültig auf. Er hatte keine Lust aufzustehen. Seine Mutter brachte ihm das Frühstück ans Bett. Nachdem er gegessen hatte, ging er, bleich und mitgenommen, nach unten.

Karl Mannheim schlug ein Ballspiel vor, für das er Robbys Onkel George, einen weiteren Onkel und Vetter Marty gewann. Sie standen auf der großen Rasenfläche und begannen, einander einen Baseball zuzuwerfen. Robby spielte eher lustlos mit, aber Karl war überzeugt, daß sein Sohn nur außer Form war und bloß ein paar Stunden Ballspiel brauchte, um aus der Stimmung herauszukommen, die ihn an diesem Morgen bedrückte.

Die Mannheims setzten große Hoffnungen auf Robbys Übertritt zum Katholizismus. Irgend etwas war passiert, als Tante Harriet in der Dunkelheit des Winters gestorben war. Doch jetzt war Robby zu dieser mächtigen Religion übergetreten, die ihm das Gift austrieb. Morgen würden sie nach Hause fahren, und der Alptraum würde nicht mitreisen.

Karl rief Robby zu, ihm den Ball zuzuwerfen. Gerade, als er zum Wurf ausholte, wurde sein Arm schlaff, der Ball fiel ihm aus der Hand. Robby taumelte einen Augenblick und sah aus, als würde er hinfallen. Dann rannte er plötzlich quer über den Rasen˜los. Karl sah, daß er die Augen fest geschlossen hielt. Sofort folgte er mit den beiden anderen Männern dem Jungen, der seine Schritte beschleunigte und schon über den Rasen der

Nachbarn rannte. Er hatte bereits den Garten des übernächsten Hauses erreicht, immer noch mit geschlossenen Augen, als Karl ihn einholte und stoppte. Robby schaffte es kurz, sich loszureißen, doch da hielten ihn seine Onkel fest. Dann brach er zusammen. Sie trugen ihn nach Hause und setzten ihn behutsam auf den Fußboden, so daß er sich gegen den großen Holztisch in der Küche lehnen konnte. Phyllis bot ihm ein Glas Wasser an. Mit immer noch geschlossenen Augen veränderte er seine Körperhaltung, stemmte ein Bein unter den Tisch und hob ihn vom Fußboden hoch.

Als er schließlich die Augen aufschlug, schien er zwischen zwei Bewußtseinszuständen zu schweben. Seine Eltern konnten diese Zustände nicht bezeichnen, aber einige Spezialisten für Besessenheit konnten es. Sie nannten sie die Krise und die Ruhe. In der Krise kamen Gewalttätigkeit und Augenblicke scheinbaren Wahnsinns – Anfälle oder Zustände, in denen ein Patient nicht weiß, was er tut. In dem ruhigen Zustand kam – *nichts*. Robby war in den Zustand der Ruhe gefallen, einen unheimlichen Zustand, in dem er unfähig war, sich der Realität um ihn herum bewußt zu werden.

Exorzisten erklären dieses Gefühl als die Berührung des Bösen: Der Teufel bleibt zwar verborgen, verbreitet aber eine düstere Aura, die das Opfer einhüllt. Ein Psychiater, der Fälle angeblicher Besessenheit studiert hat, konnte den Ursprung dieser Zustände nicht nennen, bestätigt aber ihre Existenz: »Einer der stärksten Hinweise auf die geistige Natur der Besessenheit besteht darin, daß die besessene Person die Qualität des Menschseins verloren zu haben scheint: Der Helfer hat das Gefühl, sich in Gegenwart von etwas Unmenschlichem zu befinden, oder daß die besessene Person innerlich leer und sich selbst entfremdet ist.« Genauso schien Robby an diesem warmen, strahlend schönen Sonntagnachmittag zu sein.

Obwohl es nicht zu Gewaltausbrüchen kam, waren Robbys Eltern voller Angst. Die Familie wollte am nächsten Tag nach Hause reisen, und die Eltern wollten sichergehen, daß Robby sich während der Bahnfahrt gut benahm. Folglich wurde wieder Pater Bowdern geholt, der sich höchst überrascht zeigte. Er war schon sehr optimistisch gewesen. Dieser Optimismus gründete sich ebensosehr auf priesterliche Hoffnung wie auf den liturgischen Kalender.

Dies war nämlich der Passionssonntag, der fünfte Sonntag der Fastenzeit. In zwei Wochen war Ostersonntag. Im Mittelpunkt der zweiwöchigen Passionszeit, die am Passionssonntag beginnt, steht die Leidenszeit Christi – seine letzten Tage, sein Leiden sowie die Werkzeuge dieses Leidens: Geißel, Dornenkrone, Kreuz und Nägel. Sowohl in der Xavier Church wie in allen katholischen Kirchen werden Statuen und Kruzifixe zum Zeichen der Trauer in violettes Tuch gehüllt. Die dunklen Tage der Buße machen die katholische Seele für den Triumph und die Herrlichkeit von Ostern bereit. Robbys Tage und Nächte würden sich jetzt in diese Abfolge einfügen, und Bowdern stellte sich vor, wie Robby aus der Dunkelheit des Todes ans Licht der Hoffnung wanderte. *Aber was ist mit der 18 an seinem Körper? Was hat diese Zahl zu bedeuten? Die Zahl hätte 17 sein müssen. Ostern ist am 17. April. Warum ist die Zahl nicht 17?*

Bowdern erschien gegen sieben Uhr mit Bishop, Van Roo und O'Flaherty. Die Priester versammelten sich im Wohnzimmer und unterhielten sich mit der Familie und Robby, der ausgelaugt und schwach wirkte. Dann stürzte er sich ohne Vorwarnung plötzlich auf seine Tante Catherine und ergriff den Kragen ihres Kleids. Onkel George reagierte als erster und packte Robby, der sich jedoch dem Griff seines Onkels entwand, ohne Catherine loszulassen. Gemeinsam konnten die Männer Catherine schließlich von dem Jungen befreien. Karl und George trugen ihn nach oben und warfen ihn wütend aufs Bett. Dort blieb er liegen, sah zur Decke und betrachtete die zerbrochene Lampe. Georges Toleranz und seine Geduld mit Robbys Anfällen waren dahin. Catherine war jetzt schon zweimal von ihrem Neffen angegriffen worden. Wie krank der Bursche auch sein mochte ...

Robby fing an zu singen und zu rufen. Einen Augenblick konnte George nicht verstehen, was der Junge sagte. Dann begriff er. Robby sang von Billy, seinem kleinen Vetter Billy,

176

George Mannheims jüngstem Kind. »Billy, Billy«, sang Robby. »Du wirst heute nacht sterben. Du wirst heute nacht sterben. Du wirst heute nacht sterben.«

Jemand – Bishop verrät nicht, wer – schnappte sich ein Kissen und schob es Robby über das Gesicht, um seinen Gesang zu ersticken. Ein anderer wieder zog das Kissen weg, damit der Junge nicht erstickte. Zorn war in dieser Situation für ihn ein neues Gefühl, und er wich zurück. Auf die Exorzismusgebete, mit denen Bowdern pflichtbewußt begonnen hatte, erfolgte keine Reaktion. Gegen neun Uhr dreißig schien Robby in einen natürlichen Schlaf zu fallen. Er schnarchte laut, war jedoch ruhelos und fiel nicht in Tiefschlaf.

Um Mitternacht verließen die Priester das Haus. Es verging keine halbe Stunde, da wurde Robby so gewalttätig, daß Vater und Onkel ihm die Arme mit Klebeband festschnürten und ihm Handschuhe überzogen. Er jammerte über den Schmerz, den ihm das Klebeband verursachte, und klagte, die Handschuhe machten seine Hände heiß. Kaum gab sein Vater nach und entfernte Klebeband und Handschuhe, bekam Robby einen Tobsuchtsanfall. Karl und George kämpften mit ihm, bis er gegen drei Uhr dreißig am Montag morgen endlich einschlief.

Als Phyllis und Karl Pater Bowdern von den Wutausbrüchen ihres Sohnes erzählten, beschloß er, sie noch am selben Morgen mit dem Zug um neun Uhr fünfzig nach Maryland zu begleiten. Er bat Van Roo, mitzukommen, und wies O'Flaherty an, seine Pflichten in der Xavier Church zu übernehmen. Normalerweise hätte eine solche Reise nicht ohne weiteres arrangiert werden können; er hätte den Vater Superior benachrichtigen und dessen Genehmigung einholen müssen. Doch als Exorzist besaß Bowdern Vollmacht, in diesem Fall die nötigen Maßnahmen selbst zu treffen, ohne sich mit seinen Vorgesetzten abzustimmen.

Es hatte den Anschein, als wolle Robby gar nicht aufwachen. Etwas kaltes Wasser, das ihm ins Gesicht gesprengt wurde, brachte ihn jedoch so weit auf die Beine, daß seine Mutter ihn anziehen und nach unten bringen konnte. Seine Eltern und Onkel George setzten ihn in Georges Wagen, um zum Bahnhof zu fahren. Für den Fall, daß ein paar zusätzliche Hände nötig sein sollten, um Robby zu bändigen, nahm sein Onkel einen Freund mit. Die Fahrt verlief jedoch friedlich, und als der Wagen am Bahnhof ankam und alle sich voneinander verabschiedet hatten, plapperte Robby schon munter drauflos und erweckte den Anschein, als wäre er glücklich.

Die Jesuiten saßen in einem anderen Abteil des Zuges als die Mannheims. Die Bahnfahrt schien Robby Spaß zu machen. Er verbrachte die Zeit mit Brettspielen und sah die Landschaft an sich vorüberziehen. Karl und Phyllis hatten zum erstenmal seit Wochen Ruhe. Bowdern hoffte auf ein schnelles Ende dieses Abstechers. Die Karwoche, für ihn als Geistlichen die hektischste Zeit des Kirchenjahres, rückte näher, und er mußte rechtzeitig zurück sein, um alle Vorbereitungen dafür zu treffen.

Van Roo sehnte ebenfalls das Ende dieses Exorzismus herbei, denn er freute sich schon auf sein Studium in Rom. Er wollte die nächtliche Bahnfahrt dazu benutzen, etwas Studienlektüre nachzuholen, die er in den letzten turbulenten Nächten versäumt hatte. Das Erlebte brachte ihn jedoch nicht dazu, sein Interesse der Dämonologie zuzuwenden. »Nachdem es vorbei war«, sagte er lange Zeit später, »habe ich das (Exorzismus) nie zu einem meiner Interessengebiete gemacht.« Was er am meisten zu verabscheuen schien, war die Tatsache, daß er in einen Exorzismus hineingezogen worden war, ohne die Chance zu haben, das Phänomen wirklich näher zu studieren.

Gegen elf Uhr dreißig, als sich alle für die Nacht bereitmachten, hörte Bowdern, wie ein Schaffner den Gang zum Abteil der Mannheims entlangrannte. Dann noch ein Schaffner. Und noch mehr schnelle Schritte. Bowdern und Van Roo eilten zu den Mannheims. Robby und seine Eltern waren wach und trugen Schlafanzüge und Bademäntel. Der Junge verhielt sich, als wäre er mit Elektrizität geladen. Er zuckte, zappelte, sprach laut und redete auf die Schaffner ein. Karl erklärte den Priestern, Robby drücke dauernd auf den Klingelknopf, mit dem man die Schaffner rufe.

Bowdern verließ das Abteil, nahm einen Schaffner beiseite und wies ihn an, jedes weitere Läuten aus diesem Abteil zu ignorieren. Der Schaffner spürte, daß hier etwas in der Luft lag,

178

was mit normalen Streichen nichts zu tun hatte, und fragte, was mit dem Jungen nicht stimme. Bowdern erklärte ihm knapp, Robby sei ein wenig überdreht.

Robby ging schlafen und wachte lange vor Ankunft des Zuges in der Union Station in Washington auf. Es war Dienstag, der 5. April. Er schien froh, wieder zu Hause zu sein, und seine Eltern fragten sich wieder einmal mit leichter Besorgnis, ob er wohl völlig wiederhergestellt war.

Während die Mannheims sich wieder in ihrem Haus einzuleben versuchten, besuchte Bowdern Pater Hughes in der St. James Church. Falls er nicht schon gewußt hatte, was Robby Hughes angetan hatte, hätte er es bei der Begegnung erfahren müssen. Der Priester konnte noch immer nicht den Arm heben, den Robby aufgeschlitzt hatte.

Es gibt keine Aufzeichnung über die Unterhaltung dieser beiden Exorzisten. Sie waren Fremde, die durch ein Erlebnis zusammengeführt worden waren, das sich keiner von ihnen gewünscht hatte. Männer, welche die Schrecken erlebt und gesehen hatten, die der Exorzismus ihnen gebracht hatte. Sie hätten kaum verschiedener sein können: Hughes, der unbekümmerte Gemeindepriester, der sich in den Exorzismus hineingestürzt und Narben davongetragen hatte, und Bowdern, der Kriegsveteran und Theologe, der einfach zu einem Exorzismus abkommandiert worden war und jetzt kein Ende dessen sah, was er begonnen hatte. So, wie einige Menschen Hughes als unbekümmerten Priester beschrieben, wie ihn Bing Crosby in dem Film *Going My Way* gespielt hatte, bezeichneten Gemeindemitglieder der Xavier Church Pater Bowdern als eine Art jüngeren Barry Fitzgerald, der den liebenswerten alten Seelsorger und geistlichen Mentor des von Crosby gespielten jungen Kuraten dargestellt hatte.

Hughes stellte Bowdern dem Kanzler der Erzdiözese Washington vor, dem Monsignore, der das Gespräch zwischen Hughes und Erzbischof O'Boyle vermittelt hatte. Bowdern brauchte O'Boyles Erlaubnis, den Exorzismus fortzusetzen, weil er aus einem anderen Erzbistum kam. O'Boyle dürfte sich kaum gewünscht haben, noch etwas von diesem Exorzismus zu hören,

179

der in seiner Erzdiözese verpfuscht worden war, um dann in einer anderen fortgesetzt zu werden und jetzt wiederzukommen.

Bowdern erklärte ihm, als Seelsorger einer großen Gemeinde in St. Louis müsse er so schnell wie möglich nach Hause, um das Programm seiner Kirche für die Karwoche zu überwachen. Aber er sagte zugleich, er werde in Washington bleiben, bis ein anderer Exorzist ernannt sei, der den Fall fortführen könne. O'Boyle ging auf diesen Vorschlag jedoch nicht ein. Er erteilte Bowdern einfach die Genehmigung, den Exorzismus in der Erzdiözese Washington fortzusetzen.

Bowdern machte sich zunehmend Sorgen um Robbys wachsende Neigung zur Gewalttätigkeit. Er wollte den Jungen am liebsten hinter Schloß und Riegel sehen, vorzugsweise in einer katholischen Nervenheilanstalt. O'Boyle hätte ohne weiteres anordnen können, daß man den Jungen in jeder von Bowdern gewünschten katholischen Einrichtung unterbrachte, doch er tat es nicht, sondern ließ dem Jesuiten völlig freie Hand. Für einen Bischof oder Erzbischof, dem modernes Management mehr liegt als Wunderglaube, ist ein Exorzismus eine schmuddelige Angelegenheit aus dem Mittelalter, mit der er ebensowenig zu tun haben will wie mit einer Statue, die angeblich Tränen vergießt oder Krankheiten heilt. Für einen Erzbischof wie O'Boyle ließen sich die Zeit und die Energie, die mit Aberglauben verschwendet wurden, weit besser für das Wohlergehen der Kirchen und Schulen in seinem Verantwortungsbereich nutzen.

Aus Gründen, die weder von Bishop noch sonst jemandem erklärt worden sind, der mit dem Fall zu tun hatte, versuchte es Bowdern nicht mit dem Georgetown University Hospital. Vielleicht wollte er Jesuiten einer anderen Provinz nicht in die Sache hineinziehen. Oder er hat vielleicht befürchtet, das Krankenhaus könne wegen Robbys Gewalttätigkeit bei seinem letzten Aufenthalt den Exorzismus stören, etwa dadurch, daß es auf einer psychiatrischen Behandlung beharrte. Bowdern wollte einfach nur einen Ort, an dem er Robby ungestört unter Aufsicht hatte.

Er spürte, daß die Besessenheit seit Robbys Übertritt zum Katholizismus ihren Griff um den Jungen gefestigt hatte. Die Wut des Dämons, so glaubte Bowdern, werde seine Wider-

180

standskraft oder die Robbys schon bald brechen. Es hatte schon vom Teufel Besessene gegeben, wie Bowdern wußte, die sich nie erholten. Es hatte Exorzismen gegeben, die den Teufel nicht hatten austreiben können. Oder aber der Dämon war geflüchtet und hatte nur noch die leere Hülle eines Menschen zurückgelassen. Bowdern wollte nicht, daß irgendein Psychiater Robby abschrieb. Und er wollte ebenfalls nicht, daß Robby sich selbst oder einen anderen Menschen verletzte. Bowdern wollte mit dem Exorzismus fortfahren, obwohl er den Verdacht hatte, daß das Schlimmste noch bevorstand.

Am Mittwoch fuhr Hughes Bowdern nach Baltimore – das nicht mehr O'Boyle unterstand –, um sich in einer von Nonnen geleiteten Nervenheilanstalt zu erkundigen, ob dort für Robby ein Zimmer frei sei. Sollten die Nonnen Robby aufnehmen, würde Bowdern allerdings noch einen weiteren Erzbischof aufsuchen und um die Genehmigung zur Fortsetzung des Exorzismus nachsuchen müssen. Er war jedoch bereit, das auf sich zu nehmen, falls es bedeutete, daß der Junge dadurch geschützt werden konnte. Die Nonnen erklärten sich mit der Aufnahme des Jungen einverstanden, doch die Ärzte lehnten ab. Wenn Robby als Psychiatriepatient aufgenommen würde, erklärten sie, sei das in Ordnung. Die Anstalt werde vom Staat Maryland finanziert, und der werde einen jugendpsychiatrischen Fall sicher bezahlen. Aber einen Exorzismus? Sie könnten es sich nicht leisten, sich als Ärzte lächerlich zu machen, von dem finanziellen Verlust ganz zu schweigen. Die Antwort war Nein.

Hughes' Superior, der Pfarrer von St. James, lehnte Bowderns Bitte um Benutzung des Pfarrhauses ab. Er habe kein Zimmer frei, sagte der Pfarrer. Schließlich rief Bowdern das Alexian Brothers Hospital in St. Louis an. Und Bruder Rektor Cornelius versicherte Bowdern, für den Jungen stehe im Krankenhaus ein Platz zur Verfügung, wann immer er ihn brauche.

Am Donnerstag gewöhnte sich Robby noch ein wenig mehr an das normale Leben in seinem Elternhaus. Schon drohte die Aussicht, wieder in die Schule zu gehen. Doch er würde so viel verlorene Zeit aufholen müssen, daß seine Eltern davon sprachen, ihn für den Rest des Schuljahres zu Hause zu behalten, damit er Nachhilfeunterricht bekommen konnte. Er sollte erst wieder im nächsten Herbst mit dem Schulbesuch beginnen. Folglich hatten für Robby an diesem warmen Frühlingstag schon die Ferien begonnen, wenn auch mit häuslichen Pflichten. Er verbrachte den größten Teil seiner Zeit damit, den kleinen Garten hinter dem Haus umzugraben und den Rasen zu mähen.

Gegen acht Uhr dreißig ging er ins Bett. Kurze Zeit blieb es im Obergeschoß ruhig. Dann hörten seine Eltern und seine Großmutter, wie er sich oben rührte. Er rief nach ihnen. Es fing wieder an.

Bowdern und Van Roo erschienen kurz nach neun Uhr. Sie fanden Robby wieder einmal auf dem Bett liegend vor. Er wand sich und zuckte. Der Exorzist begann sofort mit dem *Praecipio*. Er hatte nur wenige Worte gesprochen, als Robby sich krümmte, seine Schlafanzugjacke aufriß und einen Kratzer enthüllte, der sich sogar noch unter den Augen von Bowdern und Robbys Eltern quer über seinen Bauch hin verlängerte. Plötzlich traten zwei weitere Kratzwunden auf, die quer über die Haut verliefen. Es war, als würde sich unter der Haut ein Rasiermesser bewegen. Seine schmale Brust wogte, und er schrie vor Schmerz auf. Auf seiner Brust bildeten die Kratzer die Zahl 4.

Bowdern betete weiter. Bei dem Wort »*Jesu*« zuckte Robby zusammen. »Meine Beine! Seht euch meine Beine an!« rief er aus. Seine Mutter riß die Bettdecke zurück und zog ihm die Schlafanzughose aus. Zwei tiefe, parallele Wunden verliefen langsam an einem Bein vom Schenkel bis zum Fuß herunter und rissen dabei alten Schorf an der Fessel ab. Blut glitzerte an den Kratzern, die aussahen, als wären sie von einer Kralle gezogen worden.

Robbys Augen waren offen. Van Roo, der Intellektuelle, den das Unfaßbare sprachlos machte, starrte den Jungen an. Er versuchte zu verstehen, versuchte, ein Muster zu erkennen. Bowdern betete unbeirrt weiter. Viele Worte wurden von Schmerzensschreien akzentuiert, vor allem »*Jesu*« und »*Maria*«.

Beim Wort »*Jesu*« schrie Robby erneut auf, und auf einem seiner Schenkel erschien ein großer roter Fleck. Einigen der Anwesenden kam er vor wie das Abbild eines Teufels.

Im *Rituale Romanum* steht nichts darüber, daß der Exorzist

Schmerz verursachen kann. Bowdern verabscheute seine Rolle, als er sah, wie der Junge sich krümmte. »*Maria*«, sagte Bowdern immer und immer wieder, als er auf englisch den Rosenkranz betete. Robby zitterte bei jeder Erwähnung des Namens. Mitternacht nahte, und Bowdern betonte die Verehrung von Maria und das Mitgefühl mit ihrem Leiden. »*Maria, Maria, Maria*« – darauf Schmerz, Schmerz, Schmerz.

Bowdern sah keinen anderen Weg. Er konnte geradezu körperlich spüren, wie das Böse von diesem gequälten Jungen ausstrahlte. Das Böse mußte durch ihn hindurch, mußte aus ihm hervorbrechen, und erst dann würde der Junge es hinter sich haben, erst dann würde es von ihm weichen.

Als Bowdern nach dem Namen des Teufels und dem Zeitpunkt seines Fortganges fragte, erschien die Antwort in roten, blutigen Linien auf Robbys Brust: HÖLLE und BOSHEIT. An den Armen und am Körper begannen Zahlen zu erscheinen: 4-8-10-16. Dann ertönte die schauerliche Stimme:

»Ich werde nicht weichen, bevor ein bestimmtes Wort ausgesprochen ist, und dieser Junge wird es nie sagen.«

In einem wachen Augenblick erzählte Robby Bowdern, daß sich etwas verändere. In den Bildern, die der Junge zuvor beschrieben hatte, war immer eine tiefe Grube vorhanden. Jetzt war aus der Grube eine Höhle geworden. Er befinde sich in einer langen dunklen Höhle, erzählte er. In weiter Ferne könne er jedoch einen schmalen Lichtstreif sehen. Und das Licht werde allmählich größer.

Als Bowdern mit dem dritten Hauptgebet fertig war, untersuchten er und Van Roo sorgfältig Robbys Bauch und Beine. Der Priester zählte mindestens zwanzig Wunden. Manche waren einzelne Striche, andere doppelte, einige wenige bildeten vier parallele Linien. Ein Kratzer sah aus wie eine winzige Heugabel. Robbys Hände waren jedoch die ganze Zeit zu sehen gewesen. Beide Priester waren sich darin einig, daß er sich nicht selbst gekratzt haben konnte. Selbst jetzt noch, als er auf dem Bett lag und sich untersuchen ließ, schrie er plötzlich auf, und die beiden Jesuiten sahen, wie sich ein frischer Kratzer langsam an seinem Bein hinunterbewegte.

Robby schloß die Augen und begann zu spucken und zu fluchen. Speichel landete klatschend auf Bowderns Gesicht und dann auf dem von Van Roo. Es waren zähflüssige Speichelklumpen in einer Menge, die Van Roos Vorstellungsvermögen überstieg. Einer Schätzung zufolge spie Robby in wenigen Minuten mehr als einen Viertelliter aus. Bowderns Brillengläser waren so verschmiert, daß er kaum noch etwas sehen konnte. Van Roo wischte die Brille mit einem Handtuch ab, das er dann schützend vor Bowdern hielt. Doch Robby spuckte über das Handtuch oder darunter hindurch, wobei er nie die Augen öffnete und trotzdem sein Ziel niemals verfehlte.

Mit krächzender Fieselstimme begann er zu singen. Die Priester hörten Verse aus zotigen Liedern, die mit Obszönitäten und Gotteslästerungen durchsetzt waren (nichts davon ist im Tagebuch festgehalten). Gelegentlich summte Robby »Ave Maria« in einer falschen Tonart. Seine Lieder, Bewegungen und Flüche wurden zunehmend abgehackter und nahmen an Intensität zu. Er schien einem Höhepunkt entgegenzutreiben. Bowdern betete weiter.

Robbys rechte Hand begann sich auf seiner Brust zu bewegen. Van Roo blickte hinunter. Blut. Ihm war nicht aufgefallen, wie lang Robbys Fingernägel waren. Mit einem dieser Fingernägel war er gerade dabei, zwei blutige Wörter in großen Buchstaben auf seine Brust zu kratzen: HÖLLE und CHRISTUS.

Erschüttert und ermattet sah Bowdern auf die Uhr auf dem Nachttisch. Es war fast zwei Uhr morgens. Nur Augenblicke später warnte Robby: *Ich werde euch bis sechs Uhr morgens wach halten.* Um die Echtheit der Drohung zu bestätigen, knurrte eine Stimme: *Um es zu beweisen, werde ich ihn jetzt einschlafen lassen und dann aufwecken.* Robbys Zustand änderte sich fast augenblicklich. Aus einer komaähnlichen Benommenheit fiel er in einen tiefen natürlichen Schlaf. Fünfzehn Minuten später wachte er urplötzlich auf. Bowdern fragte sich, ob er noch vier weitere Stunden aushalten konnte. Der Teufel hatte Robbys Durchhaltevermögen jedoch offenkundig überschätzt, denn der Junge fiel fast augenblicklich in einen natürlichen Schlaf. Die Nacht war vorbei.

In der Hoffnung, Hughes' Superior werde seine Meinung ändern, nachdem er Robby gesehen habe, lud Bowdern den alten Priester zu der Exorzismussitzung am Freitag abend ein. Er sagte, er werde den Pfarrer anrufen, wenn Robby ruhig genug sei, um die heilige Kommunion zu empfangen. Der Pfarrer erklärte sich einverstanden und sagte zu, eine geweihte Hostie mitzubringen.

Robby spielte und vertrödelte seinen Tag lustlos. Bowdern war klar, daß er den Jungen an einen abgeschirmten Ort bringen mußte, um mit dem Exorzismus fortfahren und gleichzeitig den Jungen und seine Eltern schützen zu können. Er sprach lange mit Karl und Phyllis Mannheim und machte ihnen mit Nachdruck klar, daß sie nach St. Louis zurückkehren mußten, wo der Exorzismus im Alexian Brothers Hospital weitergeführt werden konnte. Bowdern ließ Van Roo Fahrkarten für die Bahn besorgen und die Alexianer anrufen, denen er Robbys Ankunft für Sonntag, den 10. April, ankündigte – für Palmsonntag, den Beginn der Karwoche.

Am Freitag abend war Robby gegen acht Uhr im Badezimmer, als seine Eltern ihn plötzlich rufen und fluchen hörten. Sie holten ihn aus dem Badezimmer, brachten ihn zu Bett und riefen Bowdern an. Als der erschien, stieß Robby einen endlosen Strom von Flüchen und Obszönitäten aus und spuckte unentwegt um sich. Bowdern hatte den Jungen noch nie so wild und diabolisch erlebt. Seine Worte waren so haßerfüllt und abscheulich, daß niemand sie notieren mochte. In Bishops Tagebuch heißt es über diese Sitzung: »Er führte schmutzige Reden, machte unkeusche Bewegungen und machte wüste Ausfälle gegen die im Raum Anwesenden; es ging dabei um Masturbation und Empfängnisverhütung sowie um sexuelle Beziehungen zwischen Priestern und Nonnen.«

Bowdern und Van Roo beteten drei Stunden lang, während Robby die Priester vollspuckte und seine Hand auf und ab bewegte, als masturbierte er. Er zerrte an der Kleidung der Priester, zerriß das Bettlaken, warf mit dem Kopfkissen, sang »Ave Maria«, summte »An der schönen blauen Donau« in einer scheußlich falschen Tonart und tat, als antworte er mit wirren

185

lateinischen Sätzen auf lateinisch gestellte Fragen. Meist sprach er in einer tiefen, kehligen Stimme.

Hughes und sein Pfarrer erschienen gegen elf Uhr abends. Der Pfarrer hatte eine geweihte Hostie mitgebracht, das Heilige Sakrament. Es lag in einem Ziborium, das er in einen Stoffbeutel mit einer Schnur gesteckt hatte, damit er es um den Hals tragen konnte. Während der Pfarrer im Wohnzimmer wartete, ging Hughes durch das Haus, besprengte die Räume mit Weihwasser und betete: »O Herr, blicke in Güte auf dieses Haus und verleihe ihm Deinen Segen. Erhöre die Bitten, die wir, vereint mit seinen Bewohnern, an Dich richten, und schenke ihnen Frieden und Freude im Heiligen Geist, Erfolg in ihren Unternehmungen und Schutz vor allen Gefahren. Bewahre sie vor falschem Vertrauen auf vergängliche Güter und lehre sie, daß Du selbst das Ziel unseres Lebens bist. Darum bitten wir durch Christus, unseren Herrn.«

Als Hughes den Segen zu Ende gesprochen hatte, gingen er und der Pfarrer nach oben und betraten Robbys Zimmer. Der Junge war relativ ruhig, als die Geistlichen eintraten. Dann explodierte er und stieß wilde, unflätige Flüche aus. Er wandte sich mit geschlossenen Augen dem perplexen Pfarrer zu, der gerade das Ziborium auf eine Kommode legte. Robby warf mit einem Kissen danach, aber Hughes fing es ab. Bowdern blickte von seinem *Rituale Romanum* hoch. Er fühlte, daß Robby die Anwesenheit des heiligen Sakraments gespürt hatte. Die Wahrnehmung verborgener geweihter Objekte ist ein traditionelles Anzeichen von Besessenheit. Bowdern gab dem Pfarrer zu verstehen, er solle das Ziborium wieder in die Tasche stecken. Als er darauf geduckt den Raum verließ, verfehlte ihn ein Kissen um Haaresbreite.

Bowdern beschloß jetzt, Robby nicht die heilige Kommunion zu spenden. Als der Junge einen Augenblick lang ruhig blieb, gab er ihm eine Kapsel mit einem leichten Beruhigungsmittel in den Mund. Robby spuckte es aus, klaubte es dann von der Bettdecke und schluckte es schließlich herunter. Als Bowdern wieder die Frage anzuschneiden versuchte, ob man Robby nicht in das Pfarrhaus von St. James bringen könne, lehnte der Pfarrer das

186

noch heftiger ab, als er es am Mittwoch getan hatte. Die schroffe Ablehnung überraschte Bowdern keineswegs, doch er hatte die Frage noch einmal angesprochen, weil er glaubte, daß Robby sich in einer Einrichtung in der Nähe seines Elternhauses wohler fühlen würde als in St. Louis. Jetzt blieb keine andere Wahl, als den Exorzismus in St. Louis fortzusetzen.

Am Sonnabend morgen bestiegen Bowdern, Van Roo, Robby und Phyllis Mannheim einen Zug nach St. Louis. »R. war den ganzen Tag über normal«, heißt es im Tagebuch. »Als er sich abends zum Schlafengehen bereitmachte, hatte er einen kurzen Anfall.« In diesem Stadium des Exorzismus nennt das Tagebuch nur noch Ereignisse, die von dem üblichen Muster abweichen. Das Urinieren, das Fahrenlassen von Winden, die schamlosen Gesten, das Kreischen und die verbalen Obszönitäten waren inzwischen schon zum festen Bestandteil der Nächte geworden und wurden nicht mehr festgehalten.

Das Tagebuch enthüllt uns auch nicht, was die schauerliche Stimme, mit der Robby gelegentlich sprach, über die Priester äußerte.

»Gelegentlich«, berichtete ein Jesuit, der mit allen Einzelheiten des Falls vertraut war, »legte der Junge ein unfaßbares Wissen um die Empfindlichkeiten des Exorzisten und der anderen an den Tag und versuchte, eine Atmosphäre des Mißtrauens und der Feindseligkeit zwischen ihnen zu schaffen.« Ein anderer Jesuit sagte: »Er erzählte Dinge aus ihrer Vergangenheit, die der Junge unmöglich gewußt haben konnte.« Hughes erklärte in einem Bericht, »der Teufel habe einige Enthüllungen gemacht, die den Teilnehmern peinlich waren, habe sie sich jedoch nicht zunutze gemacht«. Worum es sich bei diesen Details auch immer gehandelt haben mag – viele von ihnen waren anscheinend höchst privater Natur –, sie wurden von Bowdern nicht schriftlich festgehalten.

Ebensowenig ist in dem Tagebuch die Gewohnheit Bowderns aufgezeichnet, die lateinischen Gebete kurz zu unterbrechen und zwei Sätze der Exorzismusgebete zu übersetzen.

»Gib mir deinen Namen«, befahl Bowdern, um dann auf eine Antwort zu warten. Robby reagierte meist mit weiteren Flüchen,

187

oder er spuckte und redete wirr. Dann verlangte Bowdern: »Gib mir den Tag und die Stunde deines Fortganges mit irgendeinem Zeichen kund!« Sobald der Junge diesen Satz hörte, wurde er noch ungebärdiger.

Die Richtlinien des *Rituale Romanum* weisen den Exorzisten an, darauf zu achten, »bei welchen Worten die Teufel mehr beunruhigt werden. Diese soll er dann mit besonderem Nachdruck vorbringen und öfters wiederholen.« Bowdern wußte, daß er eine Schwachstelle gefunden hatte, und bearbeitete sie unablässig, indem er immer wieder nach Tag und Stunde des Fortganges fragte. Vielleicht, so sagte er sich, schüchtert diese Frage den Teufel ein, weil er weiß, daß das Ende nahe ist.

Bowdern hoffte es zumindest. Obwohl er sich seelisch so stark fühlte wie eh und je, ließen seine Körperkräfte allmählich nach. Er wußte, daß ein Exorzist irgendwann ausgebrannt ist und durch einen anderen ersetzt werden muß.

Vielleicht dachte Bowdern über einen geeigneten Nachfolger nach. Bishop dürfte der naheliegendste Kandidat gewesen sein. Doch als Bowdern und Van Roo sich nach Washington aufgemacht hatten, hatte Bowdern erkannt, daß diese Prüfung für Bishop allmählich zuviel wurde. Und was Van Roo betraf, kam diesem wohl der gesamte Exorzismus ein wenig dubios vor. Er war jedoch pflichtbewußt genug, alles zu ertragen und seinen Anteil an den Beschimpfungen klaglos zu erdulden. Auch das Anspucken ließ er wortlos über sich ergehen. In Gedanken befand er sich jedoch schon in Rom und bei den höheren Weihen der Theologie. O'Flaherty und McMahon hatten schon genug gesehen, um einspringen zu können; beide unterstützten den Exorzismus von ganzem Herzen.

Und außerdem wußte Bowdern genau, daß letztlich jeder der Jesuiten in der Gemeinschaft ihn ersetzen konnte.

Joe Boland, ein kleiner ehemaliger Marinekaplan, den so leicht nichts umwarf, hatte Bowdern gelegentlich schon geholfen. Ebenso Ed Burke, Jesuit und gleichfalls ehemaliger Kaplan, der den Silver Star dafür erhalten hatte, daß er auf Peleliu Island Verwundete mehrmals mit dem eigenen Körper geschützt hatte, bis die Sanitäter kamen. Ohne es groß anzukündigen, hatte der

188

Jesuitenkonvent diese Angelegenheit zu seiner Sache gemacht. Es war ein Werk »der Unsrigen«, und Bowdern konnte sich mit dem Gedanken trösten, daß jeder dieser Männer die Sache zu Ende führen würde, was auch immer mit ihm geschah.

Kapitel 13

Im vierten Stock des Alexian Brothers Hospital

Am Palmsonntag kehrte Robby in den besonders gesicherten Raum im vierten Stock des alten Flügels im Alexian Brothers Hospital zurück. Es schien ihm nichts auszumachen, in einer Nervenheilanstalt zu sein; vielleicht erwartete er, wie vor drei Wochen, nur für eine Nacht hier zu sein. Bruder Bruno, der sanfte Herrscher über den alten Flügel, hieß den Jungen wieder willkommen, plauderte mit ihm und überließ ihn der Obhut eines der Brüder, der ausgebildeter Krankenpfleger war. Bruno hatte mit Bruder Rektor Cornelius gesprochen und wußte, daß im Sicherheitszimmer ein Exorzismus vorgenommen werden würde.

In medizinischen oder psychiatrischen Lehrbüchern findet sich nichts über Exorzismen, doch das störte Bruno nicht im mindesten. Er wußte, was er zu tun hatte und den anderen sagen mußte: Verlaß dich auf deinen gesunden Menschenverstand, folge der Tradition der Alexianer, die liebevolle Fürsorge für den Nächsten über alles andere stellt, tu, was die Jesuiten dir sagen – und bete. Bruder Rektor Cornelius sorgte dafür, daß rund um die Uhr gebetet wurde, und zwar in Form der Anbetung des Heiligen Sakraments. Eine goldene Monstranz, die eine geweihte Hostie enthielt, wurde auf dem Altar der Kapelle zwischen zwei brennende Kerzen gestellt. Tag und Nacht kamen und gingen Brüder, um in der Kapelle niederzuknien und für den Jungen im vierten Stock zu beten.

Der Exorzismus, der jetzt in dem gesicherten Raum fortgeführt werden sollte, war zwar offiziell ein Geheimnis, doch die betenden Alexianer wußten oder glaubten zu wissen, was dort oben vorging, ebenso viele Laien vom Krankenhauspersonal.

Irgendwann verbreiteten sich Gerüchte über den Exorzismus im ganzen Krankenhaus bis hin zur Krankenpflegerschule.

Während Robby sich an die Krankenhausumgebung gewöhnte, begab sich Bowdern in die Xavier Church. Dort las er die Messe, und als er auf der Kanzel stand, um aus dem Evangelium über den triumphalen Einzug Christi in Jerusalem zu lesen, sah er viele Gesichter, die er längere Zeit vermißt hatte – sogenannte Palmsonntags-Katholiken, die sich jetzt ein wenig aufwärmten, um auch gute Oster-Katholiken zu werden. Am Ende der Messe gingen sie mit Palmwedeln in der Hand hinaus. Sie würden die geweihten Palmwedel zu Hause hinter irgendein Heiligenbild im Wohnzimmer oder im Schlafzimmer stecken, und manche dieser Leute würde Bowdern erst zu Weihnachten wieder sehen.

Seine Doppelbelastung als Exorzist und Seelsorger machten ihn mutlos und schwach, die seelsorgerischen Pflichten bereiteten ihm jedoch trotzdem Freude. Da waren zarte Babys, die getauft werden, und Kinder mit leuchtenden Augen, die auf ihre Erstkommunion vorbereitet werden mußten. Er hatte Krankenbesuche zu machen. Er würde das Ziborium in Häuser tragen, in denen zwar Trauer herrschte, in denen es aber auch Licht und menschliche Güte gab. Häuser, in denen die Menschen ihm die Hand schüttelten und ihn anlächelten und sich nicht getrieben fühlten, ihm ins Gesicht zu spucken und auf ihn zu urinieren.

Am Nachmittag gab ihm Michael Listen mit Dingen, die noch erledigt werden mußten, um die Kirche für Ostern herauszuputzen. *Würde er wieder dieses Zimmer im zweiten Stock benutzen? Nein, aber er würde Mr. Halloran ausfindig machen und ihm sagen, daß er ihn wieder als Fahrer brauchte.* Die Haushälterin war einer guten alten Tradition gefolgt und hatte die drei Tage vor Palmsonntag damit verbracht, die Fenster zu putzen und jedes einzelne Möbelstück mit Wachs einzureiben und zu polieren. Jetzt wollte sie, daß alles bis Ostern so blitzblank blieb. *Und würden Sie bitte darauf achten, Pater Bowdern, daß hier keiner reinkommt, der alles in Unordnung bringt?*

So sah es aus, ein Priester zu sein, ein Seelsorger in seinem Pfarrhaus, ein Mann, der die Freude anderer miterlebte, selbst

191

jedoch nichts an sich herankommen lassen durfte, und sei es das lebendige, atmende, spuckende, pissende, furzende, fluchende Böse. Wie lange konnte er das noch aushalten?

»Er sah schrecklich aus«, wie sich sein Bruder, Dr. Edward H. Bowdern, vier Jahrzehnte später erinnerte. Edward musterte seinen Bruder mit dem wissenden Blick des Arztes. Bowdern hatte erheblich abgenommen. Und als er die Brille abnahm, um sich die Augen zu reiben, entdeckte Edward Schwellungen an den Augenlidern seines Bruders. Gerstenkörner. Die hatte er noch nie gehabt. Pater Bowdern schnitt eine Grimasse und hob dabei einen Arm. Die Ärmel seiner Soutane rutschten zurück, und Edward sah eiternde Schwären und Schwellungen. *Furunkel.* Der Arzt hakte nach, und sein Bruder gestand zögernd, er habe an vielen Stellen des Körpers Furunkel. Edward wollte ihn gründlich untersuchen und behandeln. Es konnte Anämie vorliegen, eine Blutvergiftung... Doch der Priester tat die Befürchtungen seines Bruders mit einer ungeduldigen Handbewegung ab. Es sollten noch Jahrzehnte vergehen, bevor Dr. Bowdern erfuhr, weshalb sein Bruder so bleich und schwach aussah. Pater Bowdern erzählte keinem aus seiner Familie etwas von dem Exorzismus.

Inzwischen schien der Jesuit, der zuvor eine leichte Diät gehalten hatte, nur noch von Wasser und Brot zu leben. Die Anregung zu diesem strengen Fasten dürfte er in der bereits erwähnten Richtlinie des *Rituale Romanum* gefunden haben: »Eingedenk der Worte des Herrn, es gebe eine Art von Teufeln, die nur durch Gebet und Fasten ausgetrieben werden kann (Matthäus 17, 20), sorge der Priester, soweit es in seinen Kräften steht, daß nach dem Beispiel der Väter hauptsächlich diese beiden Mittel um göttliche Hilfe angewendet werden, und zwar von ihnen selbst und von anderen.«

Am Palmsonntag kurz nach sieben Uhr abends führte Bowdern Van Roo, O'Flaherty und Bishop in Robbys düsteres kleines Zimmer. Bowdern sprach kurz mit dem Jungen, der keine Beschwerden zu haben schien. Der Jesuit beschloß, sogleich mit den Exorzismusgebeten zu beginnen. Er wollte die Initiative ergreifen, statt auf den Beginn eines Anfalls zu warten, um dann

192

nur darauf zu reagieren. Der Exorzismus löste bei dem überraschend friedlichen Robby keinerlei Reaktion aus. Anschließend begann Bowdern, den Rosenkranz zu beten. Diesmal rief selbst die wiederholte Erwähnung Marias keinen Strom von Flüchen und Obszönitäten hervor. Bowdern sprach bis etwa elf Uhr noch mehrmals den Rosenkranz, als Robby einschlief.

Bowdern wartete einige Minuten und schüttelte den Jungen dann wach, um ihm die heilige Kommunion zu geben. Robby konnte die Augen nur ein paar Sekunden offen halten. In der Zeit, die Bowdern brauchte, um die Hostie aus dem Ziborium zu nehmen und Robby zwischen die Lippen zu legen, war der Junge schon wieder eingeschlafen. Der Priester wollte sein Vorhaben schon aufgeben, als Robby plötzlich aufwachte und die Hostie empfing. Er legte sich mit einem Lächeln wieder aufs Kissen und lag kurz darauf in einem tiefen, friedlichen Schlaf.

Die Priester klopften leise an die Tür und gaben dadurch zu verstehen, daß sie den Raum verlassen wollten. Der diensthabende Bruder schloß die Tür auf und versprach, Robby während der Nacht sorgfältig im Auge zu behalten. Der Palmsonntag war friedlich zu Ende gegangen, und Bowdern begann erneut zu hoffen, daß der von der heiligen Kraft der Karwoche vertriebene Teufel dabei war, Robby zu verlassen.

Am Montag machte Bruder Emmet Robby mit dem Tagesablauf auf dieser Station bekannt. Der Junge räumte unter Emmets wachsamem Blick sein Zimmer auf und trottete dann mit Emmet los, um ihn bei seiner Arbeit zu begleiten. Er ging Emmet zur Hand und bekam das Gefühl, an diesem düsteren Ort einen Freund zu haben. Die Brüder auf dieser Station für chronisch psychisch Kranke hatten dafür gesorgt, daß Robby im Laufe des Tages unter der Aufsicht eines Bruders immer etwas zu tun bekam und trotzdem daneben die Zeit fand, den Katechismus zu studieren.

Bowdern hatte sich für die Fortsetzung des Exorzismus ein religiös geprägtes Umfeld gewünscht und es hier gefunden. In jedem Zimmer hing ein Kruzifix an der Wand, und morgens und abends waren im ganzen Krankenhaus über Lautsprecher die von dem Krankenhauskaplan gesprochenen Gebete zu hören.

Der fromme Eifer der Alexianer erzeugte jedoch keine bedrückend strenge Stimmung. Die Brüder selbst waren fröhlich und unermüdlich. Unter den rund hundertvierzig Patienten des Krankenhauses gab es viele Nicht-Katholiken.

Ein Alexianer verbindet einen starken persönlichen Glauben mit der Verpflichtung, seinen Patienten sowohl Fürsorge als auch Mitgefühl angedeihen zu lassen. Ein Bruder liest keine Zeitungen und darf bei den Mahlzeiten nicht sprechen, die er an einem ihm zugewiesenen Platz im Refektorium einnimmt. Wenn er stirbt, legt man eine Woche lang jeden Tag ein Kruzifix auf seinen Stuhl. Die Speisen, die er gegessen hätte, werden irgendeiner armen Familie in der Gegend gegeben.

Ein Bruder arbeitet normalerweise acht Stunden und verbringt weitere acht Stunden pro Tag in Gebet oder Meditation – vier Stunden am Morgen und vier am Nachmittag. Er enthält sich jeder eitlen Unterhaltung, besucht andere Brüder nicht in ihren Zellen und verläßt nie allein das Gebäude. Am Freitag wird gefastet. Der Tag beginnt um vier Uhr vierzig morgens. Anschließend wird fünfundvierzig Minuten lang in der Kapelle gebetet, worauf die Messe gelesen wird. Um zwanzig Uhr dreißig endet der Tag mit Gebeten. Um einundzwanzig Uhr liegt jeder Bruder in seiner Zelle im Bett.

Um diesen Tagesablauf mit den Bedürfnissen des Krankenhauses in Einklang zu bringen, arbeiteten die Alexianer der Anstalt in Schichten und beschäftigten auch Laien – Angestellte, von denen viele aus einem Waisenhaus der Stadt stammten, sowie von den Alexianern ausgebildete Krankenpfleger. Alle Angestellten und Pfleger waren Männer.

Die Religiosität der Alexianer verstellte ihnen nicht den Blick für medizinische Notwendigkeiten. Sie waren immer um Objektivität bemüht. Überdies waren sie daran gewöhnt, Heranwachsende als Patienten zu haben, und auch Kinder mit psychischen Problemen. Bruder Cornelius wollte kein Risiko eingehen, zog einen nichtkatholischen Kinderarzt hinzu, verpflichtete ihn auf Geheimhaltung und bat ihn, Robby zu beobachten und zu untersuchen. Cornelius sagte dem Arzt: *Ich möchte wissen, ob es irgendeine natürliche Erklärung für all dies gibt.* Der Kinderarzt sah sich Robbys Kratzer an, beobachtete seine plötzlichen Stimmungsumschwünge und sah mit eigenen Augen, wie der Junge sich in einem Augenblick heftig bewegte, strampelte und zuckte, um gleich darauf in einen komaähnlichen Schlaf zu fallen. Der Arzt sagte später aus, er sei auch anwesend gewesen, als Gegenstände durch den Raum flogen. In seinem Bericht an Cornelius konstatiert er: *Ich kann Ihnen dafür keine natürliche Erklärung geben.*

Am Montag abend traten Bowdern, Van Roo, Bishop und Halloran in Robbys Zimmer. Bishop hatte ein paar katholische Lesebücher mitgebracht, damit der Junge außer dem Katechismus noch weitere Lektüre hatte. Alexianer und Jesuiten hatten sich außerdem zusammengetan, um Robby auf Trab zu halten und seine Aufmerksamkeit nicht auf das zu lenken, was die – wie Bowdern hoffte, schwindende – Macht des Teufels war.

Auch an diesem Abend blieben die Exorzismusgebete ungestört. Bowdern klappte sein *Rituale Romanum* zu und zog den Rosenkranz aus der Tasche. Vielleicht würde der Abend früh und ruhig zu Ende gehen. Doch die Jesuiten und Robby waren kaum bei der zweiten Dekade des Rosenkranzes angelangt, als der Junge schmerzlich aufschrie und seine Brust umklammerte. Einer der Priester beugte sich über ihn, öffnete Robbys Morgenmantel und sah einen roten Fleck. Das Rosenkranzgebet wurde fortgesetzt, doch Robby schrie erneut auf. Diesmal erschien das Wort FORTGANG in blutigen Kratzspuren auf seiner Brust, zusammen mit einem langen Kratzer in Form eines Pfeils, der über Brust und Bauch verlief und auf den Penis des Jungen zeigte. Das Wort FORTGANG erschien dreimal an verschiedenen Stellen von Robbys Körper.

»Wir hatten ihm das Hemd ausgezogen. Ich habe diese Male gesehen«, wie sich Halloran erinnerte, »und er hätte sie sich um nichts in der Welt mit einer Nadel, seinen Fingernägeln oder sonst etwas selbst beibringen können. Unmöglich, denn wir standen dabei und sahen zu. Sie erschienen einfach. Manchmal tauchten am ganzen Körper urplötzlich Wunden auf. So wie man sie etwa bekommt, wenn man sich an einem Dorn ritzt. Solche Dinge. Sehr rot, tiefrot. Es kam vor, daß sie nicht da

195

waren, wenn ich einmal hinsah, um beim nächsten Mal wieder da zu sein. Jeweils zehn oder fünfzehn Sekunden lang.«

Erneut schrie Robby auf. Er sagte, er habe tief im Körper schreckliche Schmerzen, und deutete auf die Nieren. Dann sagte er, sein Penis brenne. Unter großen Schmerzen begann er zu urinieren. Bowdern schöpfte wieder Hoffnung, da der Teufel in einigen Exorzismusfällen die Harnröhre oder den Dickdarm als Ausgang benutzt hatte. Er beschloß, Robbys Seele durch die Spendung der heiligen Kommunion zu stärken.

Bei der Erwähnung des Worts Kommunion drehte Robby durch. Die im Raum anwesenden Alexianer hielten ihn fest und banden ihn schnell mit Gurten ans Bett. In jener Nacht trug er wie üblich ein Nachthemd der Anstalt. Als er den Körper spannte und sich wie eine Brücke wölbte, öffnete es sich und entblößte Kratzer und Flecken, mit denen sein Körper übersät war. Auf der Brust, dann an einem Schenkel, erschien das Wort HÖLLE. Bei jedem »heilige Kommunion« oder »heiliges Sakrament« wölbte sich Robbys Körper nach oben, und weitere Kratzer zerschnitten ihm die Haut.

»Ich spende die Kommunion!« rief Bowdern und beugte sich tief über das zuckende, grimassierende Gesicht mit den geschlossenen Augen. Irgendwie schaffte es der Junge, eine Hand aus den Gurten zu lösen, und stieß Bowdern die Faust mit aller Wucht in die Hoden.

»Wie gefällt dir das? Als Nußknacker nicht schlecht, was?« sagte Robby mit einer triumphierend krächzenden Stimme.

Bowdern taumelte ein paar Schritte zurück, während die Alexianer die Gurte fester anzogen und Robbys Körper sich aufbäumte und mit aller Macht wehrte. Dieses Aufbäumen erklärt offenbar Berichte, er könne den Körper rückwärts neigen, bis er mit dem Nacken die Fersen berühre. Das war schon bei anderen Fällen von Besessenheit berichtet worden, wird in Bishops Tagebuch jedoch nicht erwähnt. Halloran sagt, er habe so etwas nie mit angesehen.

Bowdern ließ nicht locker. Er sprach vom letzten Abendmahl, bei dem Jesus am Vorabend seiner Kreuzigung das Sakrament der heiligen Kommunion gestiftet habe. Während er sprach,

196

»erschienen Kratzer von R.'s Hüften bis zu den Fesseln, breite, blutrote Linien«, wie Bishop schrieb, »anscheinend als Protest gegen die heilige Kommunion.«

Um die geweihte Hostie vor einer Profanierung zu schützen hatte Bowdern das Ziborium nicht in Robbys Nähe kommen lassen. Jetzt ging er zu dem Tisch, auf den er es gelegt hatte, öffnete das Behältnis, entnahm ihm die Hostie, brach ein Stück ab und trat wieder ans Bett. Er hielt das Stück der Hostie zwischen Daumen und Zeigefinger und streckte die rechte Hand aus. Robby, der die Augen noch immer geschlossen hielt, wandte sich zu Bowdern. Eine Stimme, die Bishop als die Stimme des Teufels bezeichnete, sprach und schien etwas wie: *Ich werde nicht zulassen, daß er die Hostie empfängt* zu sagen.

Bowdern versuchte es immer und immer wieder. Er löste jedes Mal ein ganzes Repertoire von Reaktionen aus. Der Junge zuckte, bellte, fluchte, spie und schnaubte. Bowdern legte das Hostienstück wieder in das Ziborium und sagte, er werde geistige Kommunion spenden. Er erklärte, Robby brauche Jesus nur in der Kommunion empfangen zu *wollen*, und dann werde Jesus auf wundersame Weise kommen, und es werde so sein, als hätte Robby die geweihte Hostie in sich aufgenommen.

»Ich möchte«, begann Robby. »Ich ... möchte dich in der heiligen ...« Bevor er »Kommunion« sagen konnte, überwältigte ihn eine Welle aus Toben und Schmerz. Er fluchte und schrie, was den Alexianern kalte Schauer über den Rücken jagte, denn für sie war ein Exorzismus etwas völlig Neues. In der ganzen Station hörten Patienten, Krankenpfleger und Ärzte die Schreie. Schreie waren für sie nichts Neues, doch Laute wie diese hatten sie noch nie gehört.

Schließlich war es vorbei. Robby fiel in einen erschöpften Schlaf. Bowdern klopfte schwach an die Tür, und als sie geöffnet wurde, taumelten die Männer hinaus. Der sonst so sorgfältige Bishop hat dieses eine Mal nicht festgehalten, wann der Exorzismus dieser Nacht zu Ende ging.

Am Dienstag abend fanden sich die Priester, Halloran und die Alexianer wieder im Zimmer des Jungen ein. Bowdern, der den ganzen Tag als Seelsorger gearbeitet hatte, wirkte so stark, schwermütig und entschlossen wie immer. Rückblickend sagte Halloran von ihm: »Er hätte den Exorzismus sogar auf dem Sims eines sechzehnstöckigen Gebäudes fortgesetzt.«

Bowdern kniete sich neben dem Bett nieder, sprach schnell die Allerheiligenlitanei und das Vaterunser, um dann wie gewohnt den dreiundfünfzigsten (54.) Psalm zu sprechen. Doch seine Stimme hatte ein neues, festes Timbre, und die ganze Musikalität des Psalms war deutlich zu spüren: »*Deus, in nomine tuo salvum me fac: et in virtute tua.*«

Als Bowdern beim »*Praecipio tibi*« angelangt war (Gib mir deinen Namen, den Tag und die Stunde deines Fortganges mit irgendeinem Zeichen kund! Gehorche in allem mir . . .), kam ein Schrei vom Bett: »Steck es dir doch in den Arsch!« Diesen Worten folgte ein durchdringendes, schrilles Lachen.

Die Stimme veränderte sich. *Ich bin der Teufel. Ich werde ihn aufwecken, und er wird angenehm sein. Er wird euch gefallen.* Im selben Augenblick schlug Robby die Augen auf, lächelte, sah sich um und sprach voller unheimlicher Liebenswürdigkeit mit den Anwesenden. Nach einem Moment schlossen sich die Augen des Jungen, und sein Körper spannte sich. *Ich bin der Teufel, und ich werde ihn aufwecken, und er wird furchtbar sein.* Robby erwachte wieder, jammerte, war übellaunig und verfluchte die Männer, die ihn festhielten.

Als die Exorzismusgebete endeten, begann Bowdern den Rosenkranz zu beten und sah Robby dabei erwartungsvoll an. In dieser Nacht erschienen jedoch keine Male an dessen Körper. Dann versuchte der Jesuit erneut mehrmals, Robby die heilige Kommunion zu spenden. »Ich werde nicht zulassen, daß Robby die heilige Kommunion erhält!« sagte die Stimme, die sich als Stimme des Teufels ausgegeben hatte. Robby fiel unvermittelt in einen natürlichen Schlaf, wie es schien, und Bowdern beendete die Sitzung.

Weil Robby schon seit geraumer Zeit am Tage seelisch stabil gewesen war, sah Bowdern den Jungen am Vormittag oder am Nachmittag nicht in Gefahr. Er schien tagsüber wie ein normaler Junge zu leben und nur nachts das Leben einer gequälten Seele zu führen. Bowdern hatte den Eindruck, daß Robby morgens für

198

die Gnade am empfänglichsten war, und so bat er am Mittwoch morgen den Krankenhauskaplan, Pater Seraphim Widman, Robby die heilige Kommunion zu spenden. Widman erklärte sich sofort einverstanden.

Da die Alexianer keine Priester sind, mußten auch die Brüder von St. Louis Kaplane von außen holen. In der Erzdiözese St. Louis konnte jedoch keine Gemeinde in der Stadt und in der näheren Umgebung Priester entbehren, so daß die Alexianer ihren Kaplan von einem kleinen religiösen Orden holten, den Missionaren vom Kostbarsten Blut Christi.

Widman, formal ein dem Krankenhaus zugeteilter Missionar, war von der Erzdiözese so unabhängig, daß er Priester objektiv beurteilen konnte, darunter auch Jesuiten, die wegen Alkoholismus und Nervenzusammenbrüchen in das Krankenhaus eingeliefert wurden. Er hatte zu bestätigen, ob ein Priester, der sich hier in Behandlung befand, dazu in der Lage war, in der Krankenhauskapelle die Messe zu lesen. Wenn er diese Bestätigung erhielt, war ihm die Entlassung aus der Klinik fast schon sicher.

Nach dem Empfang der Kommunion hatte Robby einen Tag vor sich, an dem er Bruder Emmet wieder zur Hand gehen sollte. Folglich willigte er freudig ein, als Halloran erschien und eine Fahrt aufs Land vorschlug. Obwohl Halloran für Bowdern so etwas wie der Mann fürs Grobe war, wollte er in Robbys Leben mehr sein als nur eine Art Freistilringer im Priesterkragen. Robby schien keine Erinnerung an das zu haben, was während seiner Anfälle passierte, doch Halloran spürte, daß der Junge ihn nicht sonderlich mochte. Durch diesen Ausflug wollte Halloran sich mit Robby anfreunden und dessen Feindseligkeit überwinden.

Robby verließ das Krankenhaus in Begleitung Hallorans und eines anderen jungen Jesuiten, des Scholastikers Barney Hasbrook. Halloran schlug eine Fahrt zum »White House« vor, einem Landgut der Jesuiten, das am Steilufer des Mississippi liegt und fünfundsiebzig Morgen Land umfaßt. Dieses Gut, das die Jesuiten als Exerzitienzentrum benutzten, war eng mit der Geschichte der Gesellschaft Jesu verbunden. Die Akten der Gesellschaft deuten darauf hin, daß Pater Jacques Marquette, ein jesuitischer Missionar und Forschungsreisender, 1673 an dieser Stelle vorbeisegelte. Das »White House« verdankt seinen Namen den Bemühungen einer Lobby, die Hauptstadt der USA nach dem Ende des Bürgerkrieges nach St. Louis zu verlegen. Die Förderer dieses Gedankens wollten das Land am Steilufer zum künftigen Sitz des Präsidenten machen. Die Jesuiten kauften dann im Jahre 1922 das Land und gründeten das Exerzitienhaus von St. Louis.

Hasbrook steuerte am Fluß entlang nach Süden, und Halloran und Robby saßen auf dem Rücksitz des gemeindeeigenen Wagens. Die Fahrt dauerte etwa zwanzig Minuten. Halloran hatte keine Ahnung, was er mit Robby anfangen sollte, wenn sie das »White House« erreichten. Er hatte sich nur gedacht, den Jungen auf dem Gelände herumspazieren zu lassen. Das große Hauptgebäude aus Kalkstein ist von einer großzügigen Parkanlage umgeben, die sich bis zum dreißig Meter über dem Fluß liegenden Steilufer erstreckt.

Die beiden Jesuiten gingen mit Robby in die Kapelle und zeigten ihm Reliquien der Nordamerikanischen Märtyrer, deren Reliquiare in die Wände eingelassen sind. Dann schlenderten alle drei über den abschüssigen Rasen zum Steilufer. Auf der anderen Flußseite lag das fruchtbare Ackerland von Illinois. Diese Aussicht nahm Robbys Aufmerksamkeit nur für ein paar Minuten gefangen. Halloran hätte am liebsten Baseball gespielt, doch auf dem stillen, von einem Landschaftsarchitekten gestalteten Gelände waren Ballspiele verboten. Ein Pfad führte am Steilufer zu den Kreuzwegstationen Christi mit den Darstellungen des Weges von Jerusalem nach Golgatha, die mit großen weißen Statuen markiert waren.

Halloran zeigte auf die einzelnen Stationen, die an der Südseite des Haupthauses zum Teil durch immergrüne Bäume verdeckt waren. »Die Kreuzwegstationen«, sagte er, »das sind die Situationen, die unser Herr während seiner Passion durchlitt. Möchtest du dir das mal ansehen?«

»Ja, gern«, erwiderte Robby.

Halloran führte ihn zur ersten Station. Die beiden Jesuiten knieten vor einem gut einen Meter hohen steinernen Sockel

200

nieder. Darauf war eine weiße Statue errichtet, die Jesus zeigte, der vor einem Mann auf einem Thron stand und von römischen Soldaten festgehalten wurde. Auf einem Schild hieß es: »Jesus wird zum Tode verurteilt.« Robby kniete unbeholfen nieder. Halloran erläuterte, Katholiken gingen von einer Station zur nächsten, knieten einen Augenblick nieder und dächten einige Minuten darüber nach, was auf dem Kreuzweg Christi geschehen sei.

Robby schien stark interessiert zu sein. Er betrachtete die Statue, die überlebensgroß war. Wie mochte die nächste Station aussehen?

Sie folgten dem Pfad, der sich zum Rand des Steilufers hinschlängelte. Hier ging es steil bergab. Halloran, der das Gelände kannte, hielt sich zwischen Robby und dem Abgrund. Sie blieben vor der Station mit der Aufschrift »Jesus nimmt das Kreuz auf seine Schultern« stehen.

Das Wasser des Mississippi glitzerte durch das Laub der Eichen zu ihrer Linken. Auf der rechten Seite, in einer grasbewachsenen Senke, gingen die Stationen weiter.

Es gebe vierzehn Stationen, sagte Halloran, als sie auf dem Pfad weitergingen. An der dritten, »Jesus fällt zum ersten Mal unter dem Kreuz«, blieb Robby mit offenem Mund stehen. Jesus, den Erschöpfung und Schmerz hatten stürzen lassen, lag unter dem Gewicht des Kreuzes auf Händen und Knien. Ein Soldat geißelte ihn.

Die Jesuiten erklärten Robby, was hier geschehen sei. Jesus, sagten sie, trage mehr als nur das Kreuz; Er trage die Sünden der Welt. »Wir beten Dich an, Herr Jesus Christus, und preisen Dich«, hieß es in dem Gebet, das an dieser Station gebetet werden sollte, »Erbarme Dich über uns und über die ganze Welt.«

Die drei gingen weiter. »Jesus begegnet seiner Mutter.« Jesu Mutter, die Heilige Jungfrau Maria – bei dem Wort »Maria« zuckte Robby zusammen –, kniete neben dem Pfad. Jesus, unter der Last des Kreuzes gebeugt, sieht, wie sie den Schmerz einer Mutter erleidet. »Simon von Zyrene hilft Jesus das Kreuz tragen.« Halloran erzählte, wie die Soldaten einen Mann namens

Simon gezwungen hätten, Jesu Kreuz zu tragen, weil er inzwischen zu schwach gewesen sei. An der nächsten Station wusch Veronika das blutbefleckte Gesicht Jesu ab, und Halloran erzählte, einige Menschen glaubten, Jesus habe Veronika dadurch belohnt, daß er den Abdruck seines Gesichts auf dem Tuch zurückgelassen habe.

Halloran wandte sich von der Kreuzwegstation ab und blickte ins Gelände. An dieser Stelle verlief der Pfad dicht am Abgrund, einem mit ein paar Büschen bewachsenen nackten Felsen. Der Scholastiker wurde allmählich besorgt. Er ging schneller. »Jesus fällt zum zweiten Mal unter dem Kreuz.« Ein weißes Knäuel knieender, weinender Frauen, die Jesus vorübertaumeln sehen. Halloran blickte Robby an. Irgend etwas geschah mit dem Jungen. »Wir sollten lieber gehen«, sagte Halloran, zu Hasbrook gewandt.

»Jesus fällt zum dritten Mal unter dem Kreuz ... Jesus wird seiner Kleider beraubt ...«

Kurz vor der elften Station, »Jesus wird an das Kreuz geschlagen«, begann Robby zu schreien und zu laufen. Er sauste die Wiese hinauf, kehrte dann um und lief auf das Steilufer zu. Halloran rannte am Abgrund entlang und stürzte sich auf den Jungen. Er schaffte es gerade noch, ihn zu packen, bevor er hinunterstürzen konnte. Robby kämpfte und schlug mit den Fäusten auf Halloran ein. Hasbrook lief ebenfalls herbei und half, Robby auf der Erde zu halten. An einem Tag, der normal begann, hatte der Junge noch nie vor den Abendstunden einen Anfall gehabt. Halloran hoffte deshalb, er werde nur kurz sein, doch spürte er instinktiv, daß er und Hasbrook einen langen Kampf vor sich hatten.

Sie schleiften und trugen den Jungen zum Wagen. »Er war vollkommen wild«, wie sich Halloran später erinnerte. Während er Robby auf dem Rücksitz festhielt, startete Hasbrook den Wagen, verließ das Gelände und bog mit hoher Geschwindigkeit auf die Hauptstraße ein. »Wer uns da im Wagen hätte sehen können, hätte leicht glauben können, wir wollten den Jungen entführen. Ich hatte schon Angst, man könnte uns festnehmen.« Halloran mußte seine ganze Kraft aufbieten, um Robby zu

202

bändigen. Dem Jungen gelang es trotzdem, sich für einen Augenblick frei zu machen, über die Rücklehne des Fahrersitzes zu langen und das Lenkrad zu packen. Hasbrook schaffte es trotzdem, sicher zum Krankenhaus zurückzufahren.

Dort nahmen die Brüder Robby in Empfang und beruhigten ihn. Als Bowdern eher als Halloran und die anderen Angehörigen der Exorzismusgruppe kurz vor neun Uhr abends Robbys Zimmer betrat, war der Junge munter und fröhlich. Pater McMahon hatte ihm ein paar Puzzles gegeben, und als Robby auf der Bettkante saß, sagte er dem Priester, wie sehr ihm das Puzzeln Spaß mache. Hallorans Bericht über den Zwischenfall beim »White House« hatte Bowdern zwar beunruhigt, doch er deutete Robbys äußere Ruhe als Anzeichen des Fortschritts. Als er mit den Gebeten beginnen wollte, legte sich Robby aufs Bett. Halloran, McMahon und Bishop und ein diensthabender Bruder knieten nieder, ebenso wie Bowdern, der das *Rituale Romanum* aufschlug und mit der Allerheiligenlitanei begann.

Sofort bekam Robby einen Wutausbruch. Halloran packte ihn, und der Alexianer kam ihm schnell zu Hilfe. Zwei weitere Brüder, die vor dem Zimmer bereitstanden, kamen hinzugeeilt.

Als man den Jungen mit Gurten festgeschnallt hatte, beruhigte er sich ein wenig. Er öffnete den Mund, um etwas zu sagen. Einigen im Raum kam es vor, als sei die Stimme nicht die des Jungen. *Gott hat mir befohlen, heute abend um elf auszufahren*, sagte die Stimme. *Aber nicht ohne Kampf.* Dann folgte nach Bishops Aussage der heftigste Ausbruch, den er je miterlebt hatte. Zwanzig Minuten lang warf sich der Junge auf dem Bett hin und her, fluchte, schnitt Grimassen.

Bowdern setzte die Gebete fort. Beim *Praecipio* sprach er wie gewohnt die englische Übersetzung der Frage nach Tag und Stunde des Fortganges des Teufels, verlangte aber eine Antwort auf lateinisch. »Steck es dir doch in den Arsch!« Robby machte sich mit deutlich vernehmbaren Nachahmungen der lateinischen Wörter über den Text lustig. Er begann in der Fiestelstimme zu singen: »Steck es dir rein. Steck es dir rein.«

Er verfluchte und bedrohte alle Anwesenden im Raum. Dann schrie er aus vollem Hals »Feuer! Feuer!« Ein Alexianer stand auf, ging zur Tür und gab durch ein Klopfen zu verstehen, daß aufgemacht werden sollte. Er wußte, daß er sich auf der Station umsehen mußte. Wenn in irgendeinem Zimmer ein Patient einen Wutausbruch bekam und die übrigen Patienten das hörten, wirkte das ansteckend, daß kurz darauf viele Patienten zu toben begannen. Schon jetzt waren hinter mehreren Türen gedämpfte Schreie und lautes Pochen zu hören. Brüder in ihrem weißen Habit gingen auf dem schwach beleuchteten Korridor auf und ab. Stämmige Krankenpfleger betraten die Zimmer tobsüchtiger Patienten und banden sie mit Gurten fest.

In Robbys Zimmer jedoch wankte Bowdern keinen Augenblick. Er brachte die Gebete zu Ende und begann mit dem Rosenkranz. Die Brüder fielen ein, und dann erfüllten die Worte des Ave Maria den kleinen Raum. Das Summen der Stimmen hing in der Luft, und es war, als könnte nichts dieses ungeheure, endlose Bollwerk von Worten durchdringen.

Fünfzehn Minuten vor dem versprochenen Ausfahren um elf Uhr läutete eine Kirchenglocke. Robby begann das Glockengeläut nachzuäffen und dehnte den Laut in einer bemerkenswert guten Imitation. »Dong! D-o-o-n-g-g-g, D-o-o-n-g-g-g...« Um elf läutete die Glocke nochmals, und im Raum wurde es still, als alle auf das Ende warteten. Wie würde es aussehen? Würde es ein sichtbares »Ausfahren« geben? Würde ein lauter, dröhnender Laut ertönen wie bei anderen aktenkundigen Exorzismen?

Immer noch lachte Robby und äffte erneut das Glockengeläut nach. »Dong! D-o-o-n-g-g-g. D-o-o-n-g-g-g...« Das *Rituale Romanum* warnte ja vor solchen Enttäuschungen.

Das Gemurmel des Rosenkranzgebets schien nicht aufhören zu wollen. Die Alexianer sprachen in dieser Nacht mehr als fünfzig Dekaden des Rosenkranzes. Um Mitternacht entschloß sich Bowdern, Robby die heilige Kommunion zu spenden. *Das werde ich nicht zulassen*, sagte die Stimme, die aus Robbys Mund sprach. Bowdern versuchte es immer wieder. Schließlich nahm er wie schon zuvor zu der Notlösung der geistigen Kommunion Zuflucht. *Sag es einfach. Sag einfach: »Ich will dich in der heiligen Kommunion empfangen.«*

Die Stimme lachte – es war ein lautes, an- und abschwellendes

204

Lachen, das den Anwesenden das Blut in den Adern gerinnen ließ. Robby schien aufzuwachen. *Ich möchte... möchte...* Er konnte das Wort *Kommunion* nicht über die Lippen bringen.

Am nächsten Morgen, dem Morgen des Gründonnerstag, gelang es Pater Widman ohne Mühe, Robby die heilige Kommunion zu spenden. Irgendwann am Nachmittag kam Halloran dazu. Sie begannen sich darüber zu unterhalten, woran dieser Tag der Karwoche erinnerte. Halloran fielen die Kratzer und die Schmerzen ein, welche die Erwähnung des Worts *Kommunion* am Montag offenbar ausgelöst hatte. Aus diesem Grund fragte er ausdrücklich: »Würdest du es gern erfahren?«

»Ja, das wäre gut«, erwiderte Robby.

Da er so ruhig war und die Kommunion erst vor ein paar Stunden empfangen hatte, sah Halloran keine Gefahr darin, das Gespräch fortzusetzen. Er begann mit der Beschreibung des Letzten Abendmahls. Jesus habe, sagte er, ein Stück Brot gebrochen und es seinen Jüngern mit den Worten gegeben: »Dies ist mein Leib.« Dann erzählte er, das Letzte Abendmahl sei der Ursprung der Messe, und so sei es gekommen, daß die Kommunion ein zentrales Element des katholischen Glaubens sei.

Robby wurde unruhig.

»Was ist los?« fragte Halloran.

»Mir tun die Beine weh«, erwiderte Robby.

Halloran hob die Decke hoch und schob das Bein von Robbys Schlafanzughose hoch. Der Junge war überall mit Malen bedeckt – an Beinen, Brust, Unterleib, Armen.

»Es wäre mir lieber, Sie würden aufhören«, sagte Robby. »Ich halte das nicht mehr aus.«

Halloran schlug ein gemeinsames Gebet vor. Daraufhin ließ der Schmerz nach, und auch die Male begannen zu verschwinden.

Bruder Cornelius hatte eine Statue Unserer Lieben Frau von Fátima gekauft und stellte sie in der Halle des Erdgeschosses auf. Er weihte sie mit einer Bitte an Unsere Liebe Frau, sie möge sich für Robby verwenden. Die Alexianer beschlossen, Unsere Liebe Frau von Fátima besonders in ihre Gebete einzuschließen, damit Robby weitere Leiden erspart würden.

205

Nach der Messe in der Xavier Church am Donnerstag morgen führte der in violette Gewänder gekleidete Bowdern, der eine goldene Monstranz hochhielt, eine Prozession vom Hauptaltar durch den Mittelgang zu einem Nebengang. Er stellte die Monstranz mit dem heiligen Sakrament auf den Seitenaltar zwischen Blumenreihen und brennende Kerzen. Dann befreite er den Hauptaltar und den zweiten Seitenaltar von Altartüchern und Kerzen. Die Zeremonie erinnerte die Gläubigen daran, daß man Jesus vor der Kreuzigung seiner Kleidung beraubt hatte. Seine Passion hatte begonnen.

Zu dem Zeitpunkt, zu dem Bowdern am Abend des Gründonnerstag Robbys Zimmer betrat, strömten überall Katholiken in die Kirchen, um vor dem heiligen Sakrament zu beten. Es war Sitte, an jenem Abend sieben Kirchen zu besuchen. Es war ein Abend von so universaler und feierlicher Andacht, daß Bowdern gespürt haben muß, wie die Kraft des Glaubens ihn und die anderen Anwesenden einhüllte.

Gebete erfüllten den Raum. Anschließend wurde der Rosenkranz gebetet. Robby ließ die Gebete über sich ergehen, ohne sich zu rühren.

Am Morgen des Karfreitag, an einem Tag der Trauer und des Verlusts, stand Bowdern in der Xavier Church und hielt die Messe.

Katholiken verehren die drei Stunden von zwölf Uhr mittags bis drei Uhr nachmittags als die Stunden, in denen Jesus am Kreuz litt und starb. In der Kathedrale von St. Louis begann um zwölf Uhr mittags das *Tre Ore*, die Andacht der drei Stunden. Ein Radiosender von St. Louis übertrug den Gottesdienst. Unter den aufmerksamen Augen teilnehmender Alexianer lauschte Robby in seinem Zimmer aufmerksam den drei Stunden währenden Gebeten, Hymnen und Predigten über Jesu sieben letzte Worte.

Bruder Rektor Cornelius hatte inzwischen eine zweite Statue gekauft, diesmal eine von dem heiligen Michael, dem Erzengel. Eines der Gebete, die Cornelius für besonders wirksam hielt, war an den heiligen Michael gerichtet, »den höchst erhabenen Fürsten der himmlischen Heerscharen«, den Beschützer gegen

206

»die Herrscher über die Dunkelheit dieser Welt«. Das Gebet endet mit einer Vision, die an einen Abgrund gemahnt, einen Abgrund, wie Robby ihn gesehen hatte: »Ergreife den Drachen, die uralte Schlange, die niemand anderer ist als der Teufel, Satan, und wirf ihn gefesselt in den Abgrund, damit er die Menschheit nicht mehr verführen kann.«

Am Karsamstag brachte Cornelius die Statue in Robbys Zimmer. Er unterhielt sich ein paar Minuten mit dem Jungen, sprach einige Gebete und ließ die Statue in einer Ecke des Zimmers auf einen Tisch stellen. Sie war etwa neunzig Zentimeter hoch und stellte einen geflügelten Michael mit entblößtem Kopf dar, dessen Leib unter einem rot-gelben Gewand durch einen Harnisch geschützt war. Er hielt mit beiden Händen einen Speer, der einem sich windenden Dämon ihm zu Füßen die Kehle durchstieß.

Gründonnerstag, Karfreitag und jetzt der Karsamstag – drei Tage des Friedens in dem Zimmer im vierten Stock. An diesem Tag, den Katholiken den Ruhetag des Leibes des Herrn im Grab nennen, hatten die Katechumenen des frühen Christentums dem Teufel abgeschworen und waren in Vorbereitung auf die Herrlichkeit des Osterfests Christen geworden. Bowdern erwartete, daß Robbys Qual diesem uralten Zeitablauf folgen würde und daß er während des Triumphs von Ostern Frieden fand. Kurz nach Mitternacht, als die ersten Minuten des Ostersonntags verstrichen, sprach Bowdern mit den Alexianern. Sie sollten Vorkehrungen treffen, daß Robby um sechs Uhr dreißig geweckt wurde, die heilige Kommunion erhielt und zur Messe in die Kapelle der Brüder mitgenommen wurde.

Kurz vor sechs Uhr dreißig am Ostermorgen verließ Pater Widman den Fahrstuhl und ging mit gesenktem Haupt den Korridor entlang. Vor ihm ging ein Bruder im weißen Habit, der zum Zeichen, daß der Priester das heilige Sakrament trug, eine Glocke läuten ließ. Die beiden Männer betraten Robbys Zimmer. Bruder Theopane, der als Krankenpfleger Dienst hatte, kniete nieder.

Solange er im Dienst war, trug Bruder Theopane über seiner knöchellangen schwarzen Soutane ein Skapulier, ein umhangähnliches Kleidungsstück, das man über den Kopf zieht und das vorn und hinten bis zur Taille reicht. An diesem warmen Morgen hatte Bruder Theopane es ausgezogen und zusammengefaltet über einen Stuhl gelegt. Er sah jetzt zu dem Stuhl, als überlegte er, ob er es Widman zu Gefallen anlegen sollte.

Der Priester gab ihm durch ein Zeichen zu verstehen, er solle aufstehen, und wies ihn an, Robby zu wecken. Der Bruder schüttelte Robby sanft, doch der Junge öffnete nicht die Augen. Theopane schüttelte ihn erneut, diesmal etwas kräftiger. Robby schien trotzdem weiterzuschlafen. Theopane wandte sich mit einem fragenden Gesichtsausdruck an Widman. Der Priester stellte das Ziborium auf einen Tisch, trat ans Bett und faßte Robby an den Schultern. Er schüttelte ihn kräftig und versetzte ihm schließlich einen Klaps auf die Wange. Endlich wachte Robby auf, benommen und mürrisch.

Widman entnahm dem Ziborium die Hostie, hielt sie zwischen Zeigefinger und Daumen seiner rechten Hand und machte über Robbys geschlossenen Augen das Kreuzzeichen. Dann befahl er Robby, sich aufzurichten. Der Priester sprach ein kurzes Kommunionsgebet und führte dem Jungen die Hostie an die Lippen. Sie blieben geschlossen. *Mach die Lippen auf!* Robby wandte sich ab. *Öffne die Lippen!* Widman versuchte es ein zweites, dann ein drittes Mal. *Öffne die Lippen!* Beim vierten Versuch schließlich gelang es ihm, Robby die Hostie in den Mund zu geben.

Der Priester sprach ein Gebet und verließ das Zimmer. Dieser Ostermontag war für ihn voll von Pflichten. Es war seine Stimme, die beim Morgen- und Abendgebet aus den Lautsprechern des Krankenhauses ertönte, und außerdem hatte er zwei Messen zu lesen. Theopane, der gekniet hatte, als Robby das heilige Sakrament angeboten wurde, setzte sich wieder auf den Stuhl neben dem Bett und nahm schweigend seine Lektüre eines Buches mit Gebeten an die Heilige Jungfrau auf. Erst als ihm das Gebetbuch aus den Händen gerissen wurde, bemerkte er, daß der Junge nicht mehr im Bett lag.

Theopane versuchte, Robby zu fangen, aber der wich geschickt aus und riß das Skapulier, das auf dem Stuhl lag, an sich.

208

Der Bruder versuchte, es ihm wegzunehmen, doch Robby spie ihm nur eine Ladung Speichel ins Gesicht. Der verblüffte und verwirrte Ordensmann wischte sich das Gesicht ab, während Robby auf dem Skapulier herumhüpfte. Dabei sagte eine tiefe Stimme in ihm: »Ich werde nicht zulassen, daß er die Messe besucht. Alle scheinen zu denken, daß es ihm guttun würde.« Theopane holte Hilfe. Die Verstärkung überwältigte den Jungen und zwang ihn wieder ins Bett.

In der Xavier Church war Bowdern gerade dabei, die erste seiner Ostermessen zu zelebrieren. Er trug ein festliches Gewand in Weiß und Gold. Später am Morgen gelang es einem diensthabenden Krankenpfleger, ihm eine Nachricht zukommen zu lassen: Er werde dringend im Krankenhaus gebraucht. Es sei etwas passiert.

Als Bowdern erschien, wälzte sich Robby fluchend auf dem Bett. Minuten, nachdem der Jesuit das Zimmer betreten hatte, beruhigte sich der Junge. Als Bowdern ging, war all seine Hoffnung auf ein triumphales Osterfest zunichte.

Am späten Nachmittag gingen einige Brüder mit Robby ins Freie, um mit ihm Ball zu spielen und ihn ein paar Stunden abzulenken. Robby wirkte gelöst und sogar glücklich. Als die Dämmerung hereinbrach, sagte Emmet, der an Robby von Anfang an Gefallen gefunden hatte, es sei jetzt Zeit, wieder ins Haus zu gehen. Die beiden betraten das Krankenhaus durch eine Kellertür und gingen zum Fahrstuhl. Plötzlich blieb Robby stehen, drehte sich um und schlug Emmet mit der Faust ins Gesicht. Der Alexianer taumelte. Er war jedoch erfahren darin, mit gestörten Patienten umzugehen, und reagierte schnell. Er packte Robby, drehte ihn herum und bog ihm die Ellbogen auf den Rücken, aber der Junge war schneller als er. Er trommelte mit den Fäusten auf Emmet ein und stieß ihn in dem menschenleeren Keller gegen die Wand. Emmet rief um Hilfe.

Als andere Brüder erschienen, um Emmet zu helfen, war der völlig erschöpft. Ein Bruder, der erstaunt war, daß dieser zartgliedrige Junge so etwas tun konnte, trat vor – und wurde von einem kräftigen Faustschlag gebremst. Mehrere Alexianer rangen mit dem Jungen, der immer wieder schrie: *Ich bringe euch um. Ich bringe euch um.* Schließlich überwältigten sie ihn, und indem sie ihn an Armen und Beinen festhielten, schleppten sie ihn in einen Fahrstuhl und brachten ihn anschließend in sein Zimmer, wo sie das kreischende und spuckende Bündel auf dem Bett festschnallten.

Wieder einmal wurde Bowdern geholt. Robby bäumte sich mit geschlossenen Augen auf und kämpfte, um sich von den Gurten zu befreien. Er spie und kreischte. Während der Exorzismusgebete ertönte aus dem Körper des Jungen eine donnernde Stimme. Sie hörte sich wie die an, die gesagt hatte: »Ich werde nicht zulassen, daß er die Messe besucht.« Der Teufel, wie einige Zeugen die Stimme nannten, sagte, er werde wieder seine Macht zeigen: *Ich werde Robert aufwachen und um ein Messer bitten lassen.* Emmet, Theopane und die anderen Alexianer sahen sich betroffen an. Er hatte gedroht, seine Bändiger zu töten.

Unvermittelt wachte Robby auf und bat um ein Messer. Er sagte, er wolle ein Osterei zerschneiden. Dann verfiel er wieder in seinen Trancezustand und hielt die Augen geschlossen, worauf die Gebete wieder aufgenommen wurden. Nach einigen Minuten sagte die Stimme: *Ich werde Robby aufwachen und um ein Glas Wasser bitten lassen.* Der Junge schlug die Augen auf und bat um Wasser. Eine zitternde Hand hielt ihm ein Glas hin. Er trank das Wasser, worauf er sofort die Augen schloß und aufs Bett zurückfiel.

Die Exorzismussitzung am Ostersonntag, die Bowdern gar nicht hatte vornehmen wollen, endete mit Schmähungen und Flüchen durch den, der auf dem Bett lag, wer oder was immer er war. Robby schien völlig in der Gewalt einer unbekannten Macht zu sein. Wer war er jetzt? Und diese Stimme – war es die Stimme von etwas, das den Jungen für immer mit sich fortgerissen hatte?

Der Ostersonntag schien so etwas wie ein Wendepunkt zu sein. Die Stimme – die Stimme des Teufels, wie Bishop sie nannte – sprach jetzt öfter und gebieterischer. Das ließ sich nicht bestreiten. Und es lag etwas in der Luft, etwas, das jeden Mann anders berührte. Die Augenzeugen sind sich nicht darin einig, was sie sahen, hörten, fühlten und rochen. Als sie diesen Raum

210

betraten, schienen sich vor ihren Augen Schrecken aufzutun, die gleichzeitig in ihren Köpfen und im Zimmer existierten.

Einige Zeugen berichteten von einem eisigen Schauer, den sie gespürt hätten, als sie sich in dem Raum befanden. Bowdern, sagten sie, habe über seinem Chorrock und der Soutane einen Mantel getragen. Der Gestank sei fast unerträglich gewesen, heißt es in einem Bericht, der auf Aussagen von Augenzeugen beruht. Im selben Bericht heißt es, Robbys »Magen blähte sich auf, und seine Gesichtszüge waren so verzerrt, daß er ein völlig anderer Mensch zu sein schien«.

In anderen Zeugnissen wird erwähnt, daß Robby Latein verstanden habe und daß es ihm außerdem manchmal gelungen sei, die Gedanken der Anwesenden zu lesen. In einem weiteren Augenzeugenbericht heißt es, die »teuflische Persönlichkeit« in dem Jungen habe die Güte und die Sünden derer erspürt, die den Raum betraten, und habe »gebellt und gebrüllt«, wann immer »ein Mensch im Zustand der Gnade das Zimmer betreten habe«. Als ein Arzt während eines von Robbys Anfällen ins Zimmer kam, gab es keinerlei Reaktion. Bowdern soll sich an den Arzt gewandt und gesagt haben, dies sei ein Zeichen, daß er sich nicht im Zustand der Gnade befinde. Dem Bericht zufolge verließ der verwirrte Arzt das Zimmer und kam etwa eine halbe Stunde später wieder. Er wurde mit Gebrüll empfangen. In der Zwischenzeit war er zur Beichte gegangen, um von seinen Sünden losgesprochen zu werden.

Sowohl die physischen wie die psychischen Phänomene wurden am 18. April, am Ostermontag, noch stärker. Robby wachte um acht Uhr auf, versetzte einem an seinem Bett stehenden Bruder einen Fußtritt und sprang auf. Ein zweiter Alexianer eilte herbei. Robby ergriff eine Flasche mit Weihwasser und drohte, sie den Männern an den Kopf zu werfen. Dann schleuderte er sie hoch über ihre Köpfe hinweg. Die Flasche zerbrach an der Decke, so daß ein Schauer von Glassplittern und Wasser auf die Brüder herabregnete. Dies war für die Betroffenen ein besonders erschreckender Zwischenfall, da Weihwasser Teufel abschrecken, nicht aber Munition für sie sein soll.

Die Brüder waren noch dabei, die Glasscherben zusammenzufegen, als Pater Widman erschien, der hinter einem Bruder mit einem Glöckchen herging. Der Kaplan hatte die heilige Kommunion mitgebracht. Robby spie ihm ins Gesicht. Widman schreckte zurück und hielt das Ziborium umklammert. Die Hostie darin sollte das Böse zurückweichen lassen.

Widman bedrängte Robby – falls es noch Robby war –, eine geistige Kommunion zu empfangen. Robby spuckte erneut aus und verfehlte sein Ziel nicht. Der Kaplan wischte sich das Gesicht ab und glaubte, ein *Ich kann nicht* zu hören. Einen Augenblick später sprudelte Robby die Formel heraus: *Ich möchte Dich in der heiligen Kommunion empfangen.* Anschließend fiel er erschöpft aufs Bett. Er hat die geistige Kommunion empfangen, dachte Widman und hörte eine Stimme. Wie Bishop notiert hat, hörte es sich an wie: *EIN Teufel ist ausgefahren. Robert muß neun Kommunionen empfangen, dann werde ich ausfahren.*

Was immer gesprochen wurde: Widman blieb mehr als eine Stunde und versuchte, Robby dazu zu bringen, acht weitere geistige Kommunionen zu empfangen. Robby schien nicht fähig zu sein, etwas zu äußern. Widman kürzte die Formel auf *Ich wünsche Dich zu empfangen* ab, da er wußte, daß diese Worte in theologischer Hinsicht immer noch für eine gültige geistige Kommunion genügten.

Das, was Widman für die Stimme des Teufels hielt, lachte und sagte: »Das ist nicht genug. Er muß noch ein Wort sagen, ein kleines Wort. Ich meine ein GROSSES Wort. Er wird es nie äußern. Er muß neun Kommunionen empfangen. Er wird aber nie dieses Wort sagen. Ich bin immer in ihm. Es mag sein, daß ich nicht immer so viel Macht habe, aber ich bin in ihm. Er wird dieses Wort nie sagen.«

Widman ging. Er fühlte sich geschlagen und verwirrt. Was war das für ein Wort? Robby begann, unverständliche Lieder zu singen. Er urinierte reichlich, bedrohte die Brüder, fluchte. Urplötzlich beruhigte er sich und lächelte. Jetzt war er ein Junge, ein Junge mit Hunger. Er spürte, was für ein stinkendes Chaos er angerichtet hatte, und bat um ein Bad. Die Alexianer beschlossen, noch dreißig Minuten zu warten, um zu sehen, ob seine Stimmung wieder umschlagen würde.

Um zwölf Uhr mittags brachten sie ihm ein Tablett mit einem Glas Milch, einem Stück Kuchen und etwas Eiscreme. Er lächelte und schleuderte das Glas gegen die Wand, wo es in tausend Stücke zerbrach. Jetzt wollte sich ihm kein Alexianer mehr nähern. Er sah böse aus, und es ging von ihm ein Übel aus, das die Alexianer fast mit Händen zu greifen meinten.

Pater Van Roo kam und verbrachte den größten Teil des Tages in Robbys Zimmer. Er gab sich die größte Mühe, dieses Phänomen zu begreifen, das seinem Intellekt so unbegreiflich war. Für ihn war die Theologie die Grundlage von Glaube und Sinn. Was hatte sie mit diesem Schmutz, mit dieser bösen Sinnlosigkeit zu tun? »Ich war nur eine Art Beobachter«, wie er später berichtete. »Ich saß an seinem Bett. Ich beobachtete seine Augen... Es war alles unberechenbar; ich kann mich nicht an ein bestimmtes Verhaltensmuster erinnern.«

Nachdem Van Roo am späten Nachmittag gegangen war, brachten die Brüder ein Tablett herein und deckten einen kleinen Tisch. Sie wollten Robby aus dem Bett bekommen, um ihn zu baden, ihm frisches Nachtzeug anzuziehen und die mit Urin getränkte Bettwäsche zu wechseln. Robby stand auf, ging zu dem Tisch, lächelte und nahm einen Teller mit Rindfleischstreifen in die Hand. Er trat ans Fenster, drehte sich schnell um und, den Teller wie einen Diskus haltend, drohte er, jedem den Schädel einzuschlagen, der sich bewege.

Ein Bruder verschwand mit einem Hechtsprung unter dem Bett. Robby lachte. Das war jedoch kein Fluchtversuch gewesen. Der Alexianer kroch auf Robbys Füße zu, und als er sie mit einem Satz packte, trat ein anderer Bruder blitzschnell vor, um dem Jungen die Arme festzuhalten. Robby wirbelte herum und schleuderte den Teller an die Wand. Fleischstreifen segelten quer durchs Zimmer.

Bowdern hatte einen großen Teil des Tages damit zugebracht, sich erneut ins *Rituale Romanum* zu vertiefen, aus dem er inzwischen vieles auswendig kannte. Zwischen den immer wieder eingehenden Schreckensmeldungen aus dem Krankenhaus hatte er Berichte über andere Fälle von Besessenheit gelesen. Er spürte, daß ihm irgend etwas entgangen war. Das *Rituale Romanum*

213

ermahnte ihn, »auf Künste und Listen der Dämonen zu achten«. Er war der Meinung, genau das getan zu haben und immer auf der Hut gewesen zu sein.

Nein, die Dämonen hatten ihn nicht genarrt. Er hatte sich selbst genarrt. Er hatte zu sehr auf seine Theorie vertraut, daß die Teufel dem liturgischen Kalender folgen und Ostern ausfahren würden. Was hatte Ostern damit zu tun? Seine Theorie basierte auf menschlicher Vernunft. Ihm fiel wieder ein, wie er und Ray Bishop das X als Anzeichen dafür gedeutet hatten, daß die Teufel in zehn Tagen ausfahren würden. Das schien alles schon so lange her zu sein...

Zahlen. Es hatte so viele Zahlen gegeben. 4, 8, 10, 16, 18. 18 war die letzte Zahl gewesen. Heute war der 18. April. Wer weiß? Und was hatte der Junge über ein Wort gesagt, ein bestimmtes Wort? »Ich werde erst ausfahren, wenn ein bestimmtes Wort geäußert wird. Und dieser Junge wird es nie sagen.«

Bowdern rief Bishop und O'Flaherty zu sich und sagte ihnen, sie würden um sieben Uhr ins Krankenhaus fahren. O'Flaherty sollte den Wagen steuern. Und, fügte Bowdern hinzu, er habe einen neuen Plan. *Ich werde um Antworten auf englisch bitten.* Am 31. März hatte der Teufel gesagt, er reagiere nicht auf Latein, weil er die Sprache des besessenen Menschen verwende. *Da werden wir ihm entgegenkommen. Und wir werden Robby Medaillons anheften, was immer er dazu sagt. Und sobald er einen seiner Anfälle bekommt, werden wir ihm ein Kruzifix in die Hand geben.*

Und sollte Robby behaupten, jetzt frei von Teufeln zu sein, würde Bowdern dem keine Beachtung schenken. Das schwor er sich jetzt. Er würde einen Satz in den Richtlinien bis aufs i-Tüpfelchen befolgen: »Aber (der Exorzist) darf nicht aufhören, bis er die echten Zeichen der Befreiung wahrnimmt.« Bowdern wollte ein Zeichen, ein unmißverständliches Zeichen.

Als die Priester eintraten, fanden sie Robby, wie er von den Alexianern festgehalten wurde. Sie hätten ihn gerade hereingetragen, sagten sie. Vor ein paar Augenblicken war er zu einem netten kleinen Jungen geworden und hatte sie angefleht, seine Mutter anrufen zu dürfen. Sie begleiteten ihn zu einem Telefon,

214

und dort spielte er wieder verrückt. Sie mußten ihn zu Boden zwingen und zurückschleifen, doch um ein Haar wäre er entkommen. Die Alexianer mochten sich noch immer nicht vorstellen, was er hätte anrichten können, wenn er ihnen entwischt wäre. Er sei heute einfach mörderisch, einfach mörderisch.

Statt wie gewohnt mit gebieterischer Stimme die Gebete zu sprechen, versuchte es Bowdern jetzt mit einem ruhigeren Tonfall. Im *Praecipio* befahl er den Dämonen, auf lateinisch, ihm den Tag und die Stunde ihres Fortganges mit irgendeinem Zeichen kundzutun. Dann wechselte er ins Englische und sagte, die Antwort könne auf englisch erfolgen.

Nichts geschah. Bowdern fuhr mit den Gebeten fort, und zwar auf Latein. Während eines Gebets zu Gott als dem »Schöpfer und Beschützer des Menschengeschlechtes« machte er auf Robbys Stirn das Kreuzzeichen. Nach einigen weiteren Worten zeichnete er dem Jungen drei Kreuzzeichen auf die Brust und sprach dabei: »*Tu pectoris hujus interna custodias. Tu viscera regas. Tu cor confirmes.*« Als Bowdern beim *Tu viscera regas* angelangt war, fragte Robby nach der Bedeutung dieser Worte. »Behüte das Innere in dieser Brust, sei Du Herr über das innerste Wesen. Ermutige das Herz«, sagte Bowdern. Robby nickte und wiederholte dann die lateinischen Worte.

Bowdern zwang Robby ein Kruzifix in die rechte Hand. Der Junge warf sich herum und zappelte. Zwei Alexianer hielten ihn fest. Er schaffte es, eine Hand frei zu machen, und warf das Kruzifix auf den Fußboden.

Minuten später wachte er kurz aus seiner Trance auf und erkundigte sich nach Latein. O'Flaherty schlug vor, er solle versuchen, das »Gegrüßet seist du, Maria« auf lateinisch zu lernen. »*Ave Maria*«, begann der Priester ... Nach einer Viertelstunde konnte Robby einen großen Teil des Gebets ohne Hilfe nachsprechen. O'Flaherty versuchte, Robbys Aufmerksamkeit zu fesseln, indem er ihm die Geschichte von den Kindern erzählte, die Unsere Liebe Frau von Fátima gesehen hatten. Robby schien ihm aufmerksam zu lauschen. Er bat um ein katholisches Lesebuch und blätterte darin. Ab und an hielt er inne und las ein paar Absätze einer Kurzgeschichte oder die Verse eines Ge-

215

dichts. Dann klappte er das Buch urplötzlich zu und balancierte es erst auf den Knien, dann auf dem Kopf.

O'Flaherty und Bowdern wechselten Blicke. Da schien etwas bevorzustehen. Und dann – plötzlich flog das Buch quer durchs Zimmer und schlug mit einem dumpfen Aufprall gegen die Wand. Robby hielt die Augen geschlossen. Sein Körper war ganz steif. Bowdern sprach weiter seine Gebete. Es war etwa neun Uhr dreißig geworden.

Wieder ein Stimmungswandel. Robby wollte den Rosenkranz beten, und Bowdern und die Brüder sollten antworten. Bowdern nickte, lächelte und gab Robby einen Rosenkranz. Der Junge hielt das Kruzifix umklammert, das an dem Kranz baumelte, und begann mit stockender Stimme das erste Gebet des Rosenkranzes zu sprechen, das Apostolische Glaubensbekenntnis. »Ich glaube an Gott, den Vater, den Allmächtigen, den Schöpfer des Himmels und der Erde, und an Jesus Christus, seinen eingeborenen Sohn...« Dann kamen das Vaterunser und drei Ave Maria... Zu Beginn der ersten Dekade hielt er inne und murmelte etwas von den Geheimnissen. Jemand sagte ihm vor: »Glorreich, die glorreichen Geheimnisse.« Die Person, die das Rosenkranzgebet leitet, soll die Geheimnisse zitieren, Ereignisse aus dem Leben Jesu und seiner Mutter, über die die Betenden nachdenken sollen, während sie ihre Kugeln zählen. *Die Auferstehung.* Es ist das erste der glorreichen Geheimnisse.

Robby schien an diesem Abend von so etwas wie einer Aura der Ehrfurcht umgeben zu sein. Er sagte, er habe das Gefühl, beten zu müssen, wann immer er dazu in der Lage sei. *Kann ich auch aus eigener Kraft eine geistige Kommunion erreichen?* Er wurde von Zweifeln geplagt und fragte sich, was es sei, das ihn immer wieder in den Zustand der Besessenheit treibe. *Wenn ich bete, wird mich das...?* Seine Stimme verebbte. Er versuchte, eine geistige Kommunion zu erreichen. *Ich möchte... Ich möchte.* Und gleich danach war es wieder vorbei. Er wurde steif, fiel in den Trancezustand und war taub für die Welt der Gebete.

Mit geschlossenen Augen wand er sich, wälzte sich herum und jammerte über die religiösen Medaillons, die man ihm um den Hals gelegt hatte. *Sie sind heiß. Sie tun mir weh.* In dieser Nacht

216

nahm man sie ihm jedoch nicht ab. Bowdern gab Robby wieder das Kruzifix in die Hand. Diesmal ließ er es nicht fallen.

Widman trat hinzu. In der Hand hielt er sein kostbarstes Besitztum, das Kruzifix, das er bei seiner Priesterweihe in der Hand gehalten hatte. Er segnete Robby und forderte ihn auf, das Bild Jesu zu küssen. Robby wandte heftig den Kopf ab und bekam einen Wutausbruch.

Er »spie dem Exorzisten mit unheimlicher Genauigkeit ins Gesicht und traf unfehlbar die Augen des Priesters«, heißt es in einem Bericht, dessen Quelle O'Flaherty sein soll. Einer der Jesuiten hielt ein Kissen als Schutzschild zwischen Robby und Bowdern. Dann »streckte der Junge plötzlich die Zunge raus, ließ sie züngeln und bewegte den Kopf wie eine Schlange hin und her. Plötzlich machte er eine schnelle Bewegung, so daß sein Kopf über, unter oder neben dem Kissen auftauchte, und spuckte dem Exorzisten Speichel in die Augen.«

Bowdern betete in seinem neuen, leisen Tonfall weiter. Robby schrie und kreischte und bäumte sich gegen die Qual auf, während Bowdern sein letztes »Amen« sprach. Es folgte eine absolute Stille, eine Stille, die den Raum erfüllte. Bishop blickte verstohlen auf die Uhr. Es war zehn Uhr fünfundvierzig.

Aus Robbys Mund ertönte eine neue Stimme, eine klare, gebieterische Stimme, volltönend und tief: »Satan! Satan! Ich bin der heilige Michael, und ich befehle dir, Satan, dir und den anderen unreinen Geistern, den Körper im Namen des *Dominus* zu verlassen. Sofort! Jetzt! JETZT! JETZT!«

Dominus. Das war *das Wort,* das Wort, das, wie der Teufel gesagt hatte, Robby nie aussprechen würde.

Nun begannen, wie es in Bishops Tagebuch heißt, »die heftigsten und wildesten Zuckungen und Verrenkungen des gesamten Exorzismus«. In dem, was Bishop für den »Endkampf« hielt, schrie und kreischte Robby sieben oder acht Minuten lang, zuckte, strampelte und wälzte sich auf dem Bett herum. Dann sagte er ganz ruhig: »Er ist verschwunden!«

Robby blickte zu den Priestern und den Alexianern und erklärte, er fühle sich gut.

Es war vorbei. Alle wußten es. Der Teufel war ausgefahren.

217

Die Brüder erhoben sich, umarmten einander mit Tränen in den Augen. Bishop und O'Flaherty tätschelten Bowdern den Arm und warteten auf sein Lächeln, seine Tränen, seine Dankgebete. Doch Bowdern lächelte nicht und weinte auch nicht. Er wirkte grimmig und entschlossen. Er wartete auf das Zeichen.

Robby strahlte, als er den Priestern von dem erzählte, was sich gerade vor seinem inneren Auge abgespielt hatte. Es war ein Traum gewesen, aber doch auch mehr als ein Traum. Es war irgendwie wirklich gewesen. Er hatte eine schöne Gestalt mit langem, gewelltem Haar gesehen, die in strahlend weißem Licht dastand. Die Gestalt trug ein weißes Gewand, das sich eng an den Körper schmiegte. Es schien ein Harnisch zu sein. Robby erklärte, er habe gespürt, daß es ein Engel in Menschengestalt war. In der rechten Hand hielt der Engel ein flammendes Schwert, und mit der linken Hand zeigte er auf eine Höhle oder Grube, in der der Teufel inmitten von Flammen stand, umgeben von anderen Dämonen. Robby sagte, er könne immer noch die Hitze des Feuers spüren.

Der Teufel ließ ein irres Lachen hören, griff den Engel an und versuchte, mit ihm zu kämpfen. Der Engel aber wandte sich ihm, Robby, zu und lächelte, stellte sich dann dem Teufel entgegen und rief das Wort »Dominus«. Der Teufel und seine Dämonen rannten zu dem zurück, was jetzt klar als Höhle zu erkennen war. Nachdem sie dort verschwunden waren, so Robby, konnte er Gitterstäbe vor der Öffnung erkennen und Buchstaben, die das Wort BOSHEIT ergaben.

Beim Verschwinden der Dämonen, so Robby, habe er eine Art Ziehen und Zerren im Magen gefühlt. Dann machte es irgendwie Klick, und er habe sich plötzlich gelöst und glücklich gefühlt, so glücklich wie seit dem Abend des 15. Januar nicht mehr.

Am nächsten Morgen wachte Robby nach einem tiefen Schlaf auf. Er erzählte dem an seinem Bett wachenden Bruder noch einmal von seinem Traum und machte sich bereit, in der Krankenhauskapelle an der Messe teilzunehmen und die heilige Kommunion zu empfangen. Pater Van Roo, der reinblütige Intellektuelle, der hier in etwas hineingezogen worden war, was sein Vorstellungsvermögen überstieg, las die Messe. Als er sich anschickte, die heilige Kommunion zu spenden, schloß sich Robby den anderen Patienten und den Alexianern an, die zum Altargitter vortraten. Dort kniete er nieder, hob den Kopf und öffnete den Mund. Van Roo legte ihm eine geweihte Hostie auf die Zunge. Der Junge schien heiter und glücklich zu sein. Aber Bowdern hatte noch immer nicht sein Zeichen.

Robby blieb in seinem Zimmer. Nachmittags machte er ein Schläfchen, und als er aufwachte, schien er sich an nichts mehr zu erinnern. Er rieb sich die Augen und stand auf. »Wo bin ich? Was ist passiert?« fragte er den Alexianer, der an seinem Bett saß.

In diesem Augenblick erschütterte ein explosionsähnliches Geräusch, das einem Gewehrschuß ähnlich war, das Krankenhaus. Alle hörten es, von Bruder Rektor Cornelius bis hin zu den Köchen und Patienten. Cornelius, andere Alexianer, Krankenpfleger – alle rannten zum Fahrstuhl oder zur Treppe, um in den vierten Stock zu kommen. Robby stand lächelnd neben seinem Bett.

Der Nachhall des Geräuschs war noch immer in den Korridoren zu hören. Bowdern hatte endlich sein Zeichen. Es gibt ein Gebet, das nach der Befreiung des Besessenen gesprochen werden soll, und irgendwo und irgendwann sprach Bowdern es: »Wir bitten Dich, allmächtiger Gott: der böse Geist habe nicht länger Macht über diesen Deinen Diener Robert, sondern er fliehe und kehre nicht mehr zurück...«

Kapitel 14

Das Geheimnis wird enthüllt

Als Robby das Krankenhaus verlassen hatte, begab sich Bruder Rektor Cornelius, ein kleiner, schweigsamer Mann mit dunklen Augen, in den Korridor des vierten Stocks im alten Flügel, ließ die Statue des heiligen Michael aus Robbys Zimmer entfernen, verschloß die Tür und verkündete, das Zimmer sei ab jetzt auf Dauer verschlossen. Er und seine Mitbrüder wollten das Geheimnis des Exorzismus wahren. Die Jesuitengemeinde schloß sich aus Respekt vor der Zusage, die Bowdern Erzbischof Ritter gegeben hatte, der Geheimhaltungspflicht an.

Reverend Luther Miles Schulze hatte keine solche Zusage gegeben. Kurz nach der Rückkehr der Mannheims im April fiel Schulze auf, daß die Familie am Sonntag nicht mehr in seine Kirche kam. Er besuchte sie daraufhin, um zu fragen, ob sie aus der Kirche ausgetreten wären. Karl und Phyllis Mannheim erklärten ihm, Robby sei zum Katholizismus übergetreten und sie planten ebenfalls zu konvertieren.

Schulze war anscheinend der Auffassung, der Glaubensübertritt befreie ihn von jeder Schweigepflicht, die er über den Fall einmal gehabt hatte. Am 9. August berichtete er vor einer Versammlung der Washingtoner Gruppe der Gesellschaft für Parapsychologie, er habe im Haus von »Mr. und Mrs. John Doe«, die in einem Vorort von Washington lebten, einen Poltergeist gesehen. Er nannte »Robbys« richtigen Vornamen und erzählte den anwesenden Anhängern der Parapsychologie, der Junge habe im Mittelpunkt der Poltergeist-Erscheinungen gestanden. Dann berichtete er von den merkwürdigen Ereignissen, die sich während der Nacht ereignet hatten, in der der Junge bei ihm geschlafen habe. Schulze schloß seine Ansprache mit der Bemerkung, man habe den Jungen später in eine Stadt im Mittelwesten gebracht. (Auf Anregung Schulzes untersuchte Dr. J. B. Rhine, der Pionier der Parapsychologie, persönlich den Fall, den er als klassische Poltergeist-Manifestation beschrieb.)

So konnte es nicht ausbleiben, daß die Washingtoner Zeitungen nach kurzer Zeit durch den Vortrag von dem Poltergeist Wind bekamen. In den Berichten wurde Schulzes Name jedoch nicht erwähnt, obwohl der Reverend sich für ein Interview zur Verfügung stellte. In diesem Interview wurde jedoch nichts von einem Exorzismus gesagt und überdies die Anonymität aller Beteiligten gewahrt. In einem Zeitungsartikel, der vielleicht ein verstümmelter Bericht über Schulzes Äußerungen bei dem Treffen gewesen sein mag, hieß es, der Junge habe sich in der ungenannten Stadt im Mittelwesten *drei* Exorzismen unterzogen. Einer sei von einem protestantischen Pfarrer vorgenommen worden, einer von einem Priester der Episkopalkirche sowie einer von einem römisch-katholischen Priester. (Es finden sich keinerlei Belege für einen Exorzismus der Episkopalkirche, und bei den Protestanten gibt es keine Exorzismusriten.)

Ein Exorzismus war damals etwas so Exotisches, daß die Reporter das Interesse an dem Poltergeist verloren und sich statt dessen auf die angeblichen Exorzismen konzentrierten. Immer wieder riefen sie ihre Kontaktleute in der Kanzlei der Erzdiözese Washington an. Diese Anfragen lösten eine Kettenreaktion aus. Sprecher von Erzbischof O'Boyle verweigerten der Washingtoner Presse jede Information. Einzelheiten sickerten jedoch zu *The Catholic Review* durch, einem landesweit verbreiteten halbamtlichen Wochenblatt. In der Ausgabe vom 19. August hieß es unter der Ortsangabe »Washington« in einem kurzen Artikel:

Ein vierzehnjähriger Junge aus Washington, dessen Teufelsbesessenheit vergangene Woche in der Presse ein breites Echo fand, wurde nach seiner Aufnahme in die katholische Kirche erfolgreich von einem Priester exorziert, wie wir hier erfahren haben.
Die beteiligten Priester haben sich geweigert, sich zu dem Fall zu äußern. Es ist jedoch bekannt, daß mehrere Versuche

unternommen worden sind, den Jungen von den Erscheinungen zu befreien.

Es wurde ein katholischer Priester um Hilfe ersucht. Als der Junge mit Zustimmung seiner Eltern um Aufnahme in die Kirche bat, erhielt er Religionsunterricht. Er wurde später von dem Priester getauft, woran sich der erfolgreiche Ritus des Exorzismus anschloß. Die Eltern des betroffenen Jungen sind Nicht-Katholiken.

Die »Teufelsbesessenheit« hatte jedoch keineswegs ein »breites Echo« gefunden; es hatte nur den eher verwirrenden als aufklärenden Hinweis auf drei Exorzismen gegeben. Die in *The Catholic Review* abgedruckten Sätze sehen verdächtig nach einer Anstrengung der Erzdiözese aus, die Berichte über den Exorzismus mit Hilfe der katholischen Presse unter Kontrolle zu halten. Die Veröffentlichung hatte jedoch nicht den gewünschten Effekt: Sie machte den Presseleuten in Washington erst recht Appetit.

Jeremiah O'Leary, ein junger Lokalredakteur der *Washington Star-News*, entdeckte die Geschichte, schnitt den Artikel aus und heftete ihn an eine Pinnwand. Er nahm sich vor, einen Reporter auf den Fall anzusetzen, um mehr über den Exorzismus zu erfahren. »Als Katholik«, wie O'Leary später schrieb, »hatte ich eine vage Ahnung davon, daß es so etwas wie Teufelsbesessenheit gibt und daß die Kirche irgendwie darüber Buch führt, wie Teufel mit Hilfe des Exorzismusritus ausgetrieben werden.«

Er sprach mit seinem Vorgesetzten über den Fall, mit Daniel Emmett O'Connell, dem geschäftsführenden Leiter des Lokalressorts. Der meinte: »Ich glaube, wir sollten lieber die Finger davon lassen.« O'Leary ließ nicht locker, und O'Connell schickte ihn zu Charles M. Egan, dem Nachrichtenchef des Blatts. Egan stimmte nach einigem Zögern zu, wies O'Leary jedoch an, die Geschichte selbst zu recherchieren statt sie einem Reporter zu überlassen.

O'Leary rief jeden einzelnen der vielen Priester an, die er kannte, und schrieb einen kurzen Artikel, der am 19. August erschien, jedoch nicht auf der Titelseite. Am folgenden Tag veröffentlichte die *Washington Post* auf der Titelseite eine lange

222

und ausführliche Geschichte über den Exorzismus, der dem Blatt zufolge in Washington und St. Louis stattgefunden hatte. Der Exorzist wurde als »Jesuit Anfang fünfzig« bezeichnet.

Unter den Lesern der Geschichte war auch William Peter Blatty, ein Student der Georgetown University. Blatty war damals in seinem vorletzten Studienjahr und dachte daran, Jesuit zu werden. Statt dessen wurde er Schriftsteller und veröffentlichte 1970 ein Buch, das auf dem Zeitungsausschnitt in der *Washington Post* beruhte. Das Buch hatte den gleichen Titel wie der spätere Film: *Der Exorzist.*

Bei den Recherchen zum Buch spürte Blatty Pater Bowdern auf, der die St. Louis University inzwischen verlassen hatte und jetzt die Exerzitien im »White House« leitete. Bowdern erzählte Blatty von dem Tagebuch, erklärte aber, er könne ihm nicht helfen, da er Ritter Stillschweigen zugesagt habe und überdies fürchte, das Leben des Jungen könne durch eine solche Publicity Schaden nehmen.

»Ich selbst war der Meinung«, schrieb Bowdern an Blatty, »daß es viel Gutes hätte bewirken können, wenn über den Fall berichtet worden wäre. Dann wäre den Leuten aufgegangen, daß Gegenwart und Handeln des Teufels sehr reale Dinge sind. Und wahrscheinlich nie realer als gerade jetzt ... Ich kann Ihnen eines versichern: Der Fall, an dem ich beteiligt gewesen bin, war echt. Ich hatte damals keine Zweifel und habe sie auch heute nicht.«

Auf Bowderns Bitte hin machte Blatty aus dem vom Teufel besessenen Jungen ein Mädchen, um die Identität des im vorliegenden Buch »Robby« genannten Jungen zu schützen. Überdies schmückte er den Fall mit fiktiven Zutaten aus. Im Film spielte Linda Blair das besessene Mädchen Regan, und das Umfeld des Exorzismus wurde nach Washington verlegt, wo die Jesuiten der Georgetown University und der Fordham University dem Vorhaben mit Rat und Tat zur Seite standen. Obwohl Blatty Buch und Film den Exorzismus von 1949 zugrunde legte, verarbeitete er auch weitere Fälle und fügte erfundene Details hinzu. Dadurch jedoch, daß er Regan in eine von Haß beherrschte Umgebung stellte – in eine Atmosphäre, die von ihren feindseligen

223

Eltern erzeugt wurde –, schuf Blatty ein psychologisches Klima, das Besessenheitsexperten bekannt vorkam.

»Das bekommen wir oft zu sehen«, sagte ein Priester, der mit mehreren Fällen von Besessenheit zu tun gehabt hat. »Das Opfer ist unschuldig, sieht sich aber großem Haß oder anderen bösen Mächten ausgesetzt.« Dieser Priester, ein Jesuit, meinte auch, Robby habe in einer von Rassenhaß geprägten Umgebung gelebt. Denn in dem damaligen Klima der Rassentrennung war der Ku-Klux-Klan in den Villenvierteln Marylands sehr aktiv, und in St. Louis herrschte im Gefolge der Aufhebung der Rassentrennung in der Erzdiözese und an der Universität noch viel Heuchelei.

Der Hauptschauplatz des Films, ein Nachbau des Interieurs eines Stadthauses von Georgetown, wurde in einem Lagerhaus in New York errichtet. Pater Thomas Bermingham, S.J., vom Jesuitenkonvent an der Fordham University, wurde neben Pater John J. Nicola technischer Berater bei den Dreharbeiten. Nicola war zwar kein Jesuit, hatte jedoch bei jesuitischen Theologen am St. Mary of the Lake Seminary in Mundelein, Illinois, studiert. Während seines weiteren Studiums in Rom hatte Nicola eine Doktorarbeit über Besessenheit geschrieben. Nicola war damals stellvertretender Leiter des National Shrine of the Immaculate Conception in Washington, so daß er bei den Dreharbeiten in dieser Stadt als Berater zur Verfügung stand. In New York assistierten Bermingham und Pater William O'Malley, S.J., dem Filmteam.

Die Dreharbeiten in New York wurden durch so viele Zwischenfälle behindert, daß der Regisseur William Friedkin Pater Bermingham darum bat, das Lagerhaus zu exorzieren. Bermingham wandte ein, es gebe nicht genug Beweise für ein Wirken des Satans, um einen Exorzismus zu rechtfertigen. Immerhin segnete Bermingham den Drehort in einer feierlichen Zeremonie, an der jeder teilnahm, der mit dem Film zu tun hatte, angefangen bei Friedkin und Max von Sydow (der Pater Merrin spielte, den Exorzisten) bis hin zu LKW-Fahrern und Bühnenarbeitern. »Nach dieser Segnungszeremonie passierte nichts mehr«, sagte Bermingham. »Aber etwa um diese Zeit gab es in der Jesuitenresidenz in Georgetown einen Brand.«

224

Als der Film 1973 in die Kinos kam, sahen Halloran und Bowdern ihn sich in einem Kino von St. Louis an. »Als Billy nach der Vorstellung auf die Straße kam, schüttelte er den Kopf über das kleine Mädchen, das auf dem Bett herumzappelte und auf das Kruzifix urinierte«, wie sich Halloran erinnert. »Er war ziemlich wütend. ›Trotzdem gibt es eine gute Botschaft, die dieser Film vermitteln kann‹, sagte er. Die Botschaft war die Tatsache, daß in unserer Welt böse Geister am Werk sind.«

Der Film löste ein lebhaftes Interesse am Phänomen des Exorzismus aus. In der kalifornischen Stadt Daly City in der Nähe von San Francisco beispielsweise vollzog Pater Karl Patzelt, ein katholischer Priester, im Hause des jungen Angestellten einer Fluglinie einen Exorzismus, der in der Presse weite Beachtung fand. Patzelt nahm später noch ein halbes Dutzend weitere Exorzismen vor. Ein neuer Erzbischof, der sich um das Presseecho sorgte, beendete Patzelts Karriere als Exorzist.

In St. Louis blieb Bishops Tagebuch ein Geheimnis, und das gesicherte Zimmer im vierten Stock des Alexian Brothers Hospital – ein Raum, in dem aus unerfindlichen Gründen eine Kopie des Tagebuchs aufbewahrt wurde – blieb verschlossen. Alle, die im Krankenhaus arbeiteten, von den dreißig oder mehr Brüdern bis zu den Laien unter den Handwerkern und Aushilfskräften, wußten, weshalb der Raum verschlossen war.

Als die Jahre vergingen, wurden Geschichten über den verschlossenen Raum an die neuen Alexianer weitergegeben, die inzwischen im Krankenhaus arbeiteten. Sie wußten von dem Raum im Flügel für die schwerkranken Patienten. Bruder Bruno und andere, die in diesem Flügel gearbeitet hatten, waren daran gewöhnt, mit Geisteskranken umzugehen. Wozu also den Raum verschlossen halten?

Mehrere Jahre nach dem an Robby vorgenommenen Exorzismus arbeitete einer der Alexianer als Sanitäter im Don Bosco Camp, einem Sommerlager für Jungen, das die Erzdiözese St. Louis in der Nähe von Hillsboro, Missouri, eingerichtet hatte. Er war ein sanfter, freundlicher Mann, 1,92 Meter groß und gut zweihundert Pfund schwer. Eines Tages saß er mit mehreren anderen jungen Männern von verschiedenen religiösen

225

Orden im Speisesaal. Sie unterhielten sich und genossen ihre Mahlzeit, so daß sie kaum dem Radio im Hintergrund zuhörten. Da ertönte ein Song, der der Erkennungsmelodie der Woody-Woodpecker-Cartoons nachempfunden war – ein Song mit Woodys schrillem, irrem Lachen: »Ha-Ha-Ha-*Ha*-Ha.« Der stämmige Alexianer langte über den Tisch und riß den Radiostecker heraus. »Ich kann diesen Song nicht ausstehen«, sagte er. Er setzte sich zitternd hin, und Schweiß trat ihm auf die Stirn. Als er sich beruhigt hatte, erzählte er seinen Tischgenossen, im Frühjahr 1949 hätten er und andere Brüder wegen eines irren Lachens, das ihnen kalte Schauer über den Rücken gejagt habe, kaum eine Nacht schlafen können. Es sei aus einem der Zimmer im alten Flügel des Alexianer-Krankenhauses gekommen.

Ein anderer Alexianer berichtete von einem lauten Pochen an seiner Zellentür. Nacht für Nacht habe er sie daraufhin geöffnet, nur um festzustellen, daß niemand dagewesen sei.

Die wenigen Alexianer, die wirklich über das Geheimnis dieses Zimmers Bescheid wußten, waren sich nur über eines klar: daß alles, was sich dort abgespielt hatte, mit irdischem Wahnsinn nichts zu tun gehabt hatte. Selbst nachdem sie gestorben waren und selbst nachdem die Erinnerungen an diesen Raum zu verblassen begannen, wurde das Zimmer noch verschlossen gehalten.

Im Mai 1976 begann man mit einem Neubau des Krankenhauses. Während des ersten Bauabschnitts wurden einige alte Nebengebäude abgerissen und ein neuer sechsstöckiger Mittelbau mit zweistöckigen Flügeln errichtet. In der Endphase schließlich, im Oktober 1978, nachdem man die Patienten aus dem einhundertzehn Jahre alten ursprünglichen Gebäude verlegt hatte, ordnete der Bauunternehmer den Abriß des letzten, ältesten Flügels an.

Zunächst durchsuchten die Bauarbeiter das Gebäude nach Einrichtungsgegenständen, die sich noch verkaufen ließen. Einer von ihnen entdeckte in dem alten Psychiatrieflügel ein verschlossenes Zimmer und brach das Schloß auf. Der Raum war vollständig möbliert – er enthielt ein mit Staub bedecktes Bett, einen Nachttisch, Stühle, einen Tisch mit Schublade. Bevor er den

226

Tisch hinaustrug, durchwühlte der Arbeiter aus Neugier die Schublade. Er fand einige Papiere darin. Weder er noch sonst jemand sollte je erfahren, warum dieser Bericht im Tisch dieses Zimmers geblieben war.

Sämtliche Möbel des alten Krankenhausgebäudes, darunter auch die aus dem verschlossenen Zimmer, wurden an ein Unternehmen verkauft, das fünf Häuserblocks entfernt ein Krankenpflegeheim besaß. Zu diesem Zeitpunkt war der Exorzismus im Krankenhaus vielen Menschen in St. Louis bekannt. Das aus dem Krankenhaus stammende Mobiliar wurde in einem Raum im dritten Stock des Pflegeheims eingeschlossen und nie benutzt. Als dieses Gebäude später abgerissen wurde, weigerten sich viele der Bauarbeiter ebenso wie die Angestellten und städtischen Inspektoren vor ihnen, den dritten Stock zu betreten.

Die Papiere, die der Arbeiter gefunden hatte, schienen eine Art Tagebuch zu sein. Beigelegt war ein an Bruder Cornelius gerichteter Brief vom 29. April 1949. »Der beigefügte Bericht«, begann der Brief, »ist eine Zusammenfassung des Falls, der Ihnen seit einigen Wochen bekannt ist. Die Alexianer haben dabei eine so wichtige Rolle gespielt, daß ich der Meinung bin, Sie sollten für Ihr Archiv einen Bericht erhalten.«

Der Arbeiter übergab die Papiere seinem Chef, der sie an den Verwaltungschef des Krankenhauses weiterleitete, einen Laien. Der las den Brief, der von Pater Raymond J. Bishop unterzeichnet war, einem Jesuiten der St. Louis University. Dann wandte der sich dem Tagebuch zu. Bestimmte Wörter, die er las – *Satan ... teuflisch ... ein riesiger roter Teufel ... Exorzismus* –, machten ihn sprachlos. Mit Entsetzen erkannte er, daß der Bericht das Geheimnis des verschlossenen Zimmers enthüllte.

Seine Tochter, die in St. Louis eine Sekretärinnenschule besuchte, schaffte es noch, einen Blick auf das Dokument zu werfen, bevor ihr Vater es aus dem Haus beförderte. Sie las den Namen Hallorans, eines der im Tagebuch erwähnten Jesuiten. Er war der Onkel einer ihrer Mitschülerinnen. Der Verwaltungschef übergab dem Bruder des Jesuiten die Papiere, worauf das Geheimnis schnell wieder weggeschlossen wurde, diesmal in einem Bankschließfach.

227

Als ich an diesem Buch zu arbeiten begann, machte ich den Jesuiten ausfindig, der im Tagebuch erwähnt worden war: Pater Walter Halloran, S.J. Er gelangte in den Besitz der Aufzeichnungen, die er noch nicht gesehen hatte, und erkannte sie als eine Kopie des Tagebuchs, das Pater Bishop in jenen langen Nächten des Jahres 1949 geführt hatte. Pater Halloran ließ die Seiten kopieren und das Tagebuch wieder ins Schließfach zurücklegen. Anschließend schickte er mir die Kopien und erklärte sich damit einverstanden, daß ich sie als Quelle für dieses Buch verwendete.

Pater Bishop bewahrte das Geheimnis seines Tagebuchs bis ins Grab, ebenso Pater Bowdern. Es gibt einige Hinweise darauf, daß Bowdern in mindestens einen weiteren Exorzismusfall verwickelt war. Im Juni 1950 schrieb der Bischof von Steubenville, Ohio, der von dem ein Jahr zuvor in St. Louis vorgenommenen Exorzismus wußte, an Erzbischof Ritter und bat diesen um Hilfe: Ein junger Mann in der Diözese Steubenville greife Priester und Nonnen an, und man habe den Verdacht, daß Teufelsbesessenheit vorliege. Ritter ließ Bowdern durch seinen Kanzler bitten, sich um die Angelegenheit zu kümmern. Damit enden jedoch die dürftigen aktenkundigen Hinweise. Halloran sagt, Bowdern habe nie von einem weiteren Exorzismus gesprochen.

Die Alexianer bewahrten das Geheimnis ebenfalls. Einige, die mit dem Fall zu tun gehabt hatten, waren der Meinung, jedwede Enthüllung werde auch die Identität der Person preisgeben, um die es in diesem Fall gegangen war, nämlich die Identität des Jungen, den ich Robby nannte. Der Standort seines Elternhauses in Mount Rainier, Maryland, ist in der Öffentlichkeit genannt worden. Sein Name, der mir bekannt ist, wurde jedoch nie enthüllt, und auch ich habe nicht die Absicht, es je zu tun.

Robby war ein normaler, typischer amerikanischer Junge der damaligen Zeit. Was ihm widerfuhr, ist, davon bin ich überzeugt, ohne jedes Zutun oder eine Provokation seinerseits geschehen. Er scheint ein unschuldiges Opfer dieser Schrecken geworden zu sein. Es war so, als wäre er an einem schönen Tag auf einer menschenleeren Straße vom Bürgersteig auf die Fahrbahn getreten und plötzlich von einem Wagen angefahren worden, den weder er noch sonst jemand gesehen hatte. Ich bin der festen Überzeugung, daß er einem sonderbaren, unbegreiflichen Ereignis zum Opfer gefallen ist, einem unirdischen Ereignis, dessen kulturelle und psychologische Wurzeln tiefer liegen als die des Christentums.

Der einzige Mensch, der möglicherweise wissen könnte, was geschehen war, ist Robby selbst. Doch er möchte offenbar über die Ereignisse dieses schrecklichen Winters und Frühlings im Jahre 1949 nicht sprechen. Bekannte, die das Thema behutsam angesprochen haben, erklären, er erinnere sich nicht einmal an die damaligen Geschehnisse. Nach dem Exorzismus besuchte er eine katholische High School und ist bis heute ein praktizierender Katholik geblieben. Auch seine Eltern traten zum Katholizismus über und empfingen ihre Erstkommunion am Weihnachtstag 1950. Man hat mir erzählt, der Junge von 1949 sei zu einem Mann herangewachsen, der ein glückliches und erfülltes Leben führe. Man hat mir auch erzählt, daß er seinen ersten Sohn nach dem Erzengel Michael benannt hat.

Wie Robby gingen auch die an dem Exorzismus beteiligten Jesuiten unversehrt aus jenem bösen Alptraum hervor. Keine der von Robby ausgestoßenen Todesdrohungen für das Jahr 1957 erfüllte sich. Bowdern blieb bis 1956 Pfarrer der Xavier Church, bevor er andere Aufgaben übernahm. Er beendete seine Jesuitenkarriere als Beichtvater der Jesuiten an der Xavier Church. 1983 starb er im Alter von sechsundachtzig Jahren. Pater Bishop wurde nach zweiundzwanzig Jahren an der St. Louis University an die Creighton University in Omaha, Nebraska, berufen, wo er noch zwanzig weitere Jahre unterrichtete. Er starb 1978 im Alter von zweiundsiebzig Jahren. Pater O'Flaherty, der bis 1976 als Vikar und Pfarrer an Xavier und anderen Kirchen arbeitete, wechselte als Dozent an das Regis College in Denver, Colorado, wo er auch in Pension ging. Im Alter von achtzig Jahren starb er 1987 im Universitätskrankenhaus von St. Louis an Lungenentzündung. Pater Halloran und Pater Van Roo leben noch.

Der einzige Priester, der nicht unversehrt aus dem Exorzismus hervorging, war Pater E. Albert Hughes, doch sein Zusammenbruch währte nur einige Monate. Nach anderen Aufgaben kehrte er 1973 als Pfarrer an die St. James Church zurück. »Er

229

war inzwischen frommer geworden«, wie sich ein Gemeindemitglied erinnert. »Er war bewußter geworden, durchgeistigter, verständnisvoller.« Er sprach jedoch nie über das, was 1949 geschehen war. Seine Zurückhaltung scheint tief verwurzelt zu sein, mag aber auch auf die Anweisung zurückgehen, keinerlei schriftliche Aufzeichnungen zu machen. Im Mai 1950 jedoch hielt Hughes auf Einladung der Theologen der Georgetown University vor einer Versammlung von Dozenten und Studenten einen mehr als einstündigen Vortrag. Er las aus Papieren, die sein offizieller Bericht an Erzbischof O'Boyle gewesen zu sein scheinen. Dieser Bericht liegt heute jedoch wie der von Pater Bowdern an Erzbischof Ritter in Geheimarchiven, die nur dem jeweiligen Erzbischof selbst zugänglich sind. Der Archivar der Georgetown University war bei dem Vortrag jedoch anwesend und machte sich auf der Grundlage von Hughes' Bericht acht Seiten Notizen. Diese Notizen dienten als eine der Quellen zu diesem Buch.

Viele Gemeindemitglieder von St. James waren sich bewußt, daß ihr Seelsorger bei dem Fall von Besessenheit, der durch den Film berühmt wurde, irgendeine rätselhafte Rolle gespielt hatte. Und die Nonnen der St. James School erzählten ihren Schülern und Schülerinnen gerade so viel über den Exorzismus, »um uns die Angst vor dem Teufel einzupflanzen«, wie sich ein damaliger Schüler erinnert.

1980 wurde Pater Frank Bober an der St. James Church Pater Hughes' neuer Hilfspfarrer. Bober, der Gerüchte über den Exorzismus gehört hatte, brachte schließlich den Mut auf, Hughes danach zu fragen. »Es war am 8. Oktober«, wie sich Bober erinnert. »Wir sprachen etwa zwei Stunden, und ich glaube, mir war es gelungen, ihn davon zu überzeugen, daß junge Priester wie ich nur davon profitieren könnten, wenn wir Näheres über den Exorzismus wüßten. Er sagte etwas von einem Seminar. Er wünschte, daß jüngere Theologen etwas über den Teufel und seine Macht erführen.« Bober sagt, Hughes habe immer geglaubt, daß Robby ihn in »einer Aufwallung satanischer Macht« verletzt habe. Er meinte aber auch, dieses Erlebnis habe seinen Glauben vertieft. »Er erzählte mir«, erinnert sich Bober, »das

230

damals Erlebte habe ihm die ungeheure Macht des Priestertums bewußt gemacht. Die Macht Christi durch das Priestertum habe die schwere Prüfung zu einem guten Ende geführt.«

Nachdem er sich seine Gedanken über den Exorzismus endlich von der Seele geredet hatte, schien Hughes erschöpft zu sein. Er sagte Bober, sie würden das Gespräch vorerst aufschieben müssen, ebenso die Pläne für das Seminar. Vier Tage später, am 12. Oktober, erlitt Pater Hughes einen Herzanfall und starb. Er war zweiundsechzig Jahre alt. Einige Gemeindemitglieder glauben, daß der damals fünfundvierzigjährige Robby an Pater Hughes' Beisetzung teilnahm.

Obwohl die an dem Exorzismus beteiligten Geistlichen die Identität des Jungen geheimhielten, wußten die Nachbarn der Mannheims in Mount Rainier, wer dieser Junge war. Sie betrachteten sein Elternhaus als eine Bedrohung für das ganze Viertel. Kurz nachdem im Januar 1949 das Scharren und Kratzen in der Matratze begonnen hatte, zog Robbys Familie aus und ließ sich in einiger Entfernung in einem anderen Haus nieder. Nach dem Auszug der Familie spazierten Nachbarn mindestens einmal um das Haus herum und besprengten es mit Weihwasser.

Das Haus stand jahrelang leer. Von Zeit zu Zeit wagten sich ein paar Teenager aus der Nachbarschaft in das Gebäude. Sie nannten es das »Teufelshaus«. Kinder warfen mit Steinen die meisten Fenster ein. Türen standen offen. »Tramps«, wie man Landstreicher damals nannte, schliefen manchmal dort und betranken sich mit billigem Wein. Am Tag darauf waren sie wieder verschwunden. Im Winter machten Landstreicher manchmal Lagerfeuer im Haus, um sich warm zu halten, und es kam vor, daß so ein Feuer außer Kontrolle geriet, so daß ein Nachbar die freiwillige Feuerwehr von Mount Rainier rief.

Die Feuerwache war nur wenige Straßenzüge entfernt. Wenn der Feuerwehrwagen eintraf, brachten die Freiwilligen ihre Arbeit schnell hinter sich, rollten ihre Schläuche auf und kehrten in die Wache zurück. Sie hatten das Feuer zwar schnell gelöscht, aber ihnen war trotzdem unbehaglich zumute. Da war etwas, was sich nicht erklären ließ. Hier ein Feuer zu löschen war nicht das gleiche wie in einem anderen, bewohnten Haus.

231

Im April 1964, nachdem es in dem leeren Haus schon mehrere Einsätze gegeben hatte, begannen die Freiwilligen, sich Gedanken zu machen. Keiner ging gern in dieses Geisterhaus. Die Arbeit war zwar mit den üblichen Risiken verbunden – man konnte durch verrottete Fußbodendielen fallen, auf einer Treppe ausrutschen oder eine Rauchvergiftung bekommen. Doch da war noch etwas, die Furcht davor, irgendwie in die Falle zu geraten – wer konnte schon wissen, was da wirklich los war? Es war ein Haus, das Feuerwehrleute zu den Flammen lockte, sie in Gefahr brachte und sie zwang, es zu retten. Einige der Feuerwehrmänner wünschten sich, der Kasten würde einfach abbrennen.

Der Bürgermeister und die Feuerwehrleute von Mount Rainier wußten, was 1949 in dem Haus geschehen war. Als sie sich endlich zu einem Gespräch darüber aufrafften, was zu tun sei, kamen sie rasch zu einer Einigung. Der Leiter der Feuerwehr erwirkte die Genehmigung zu einer Übung im »Teufelshaus«. An einem warmen Frühlingstag im April 1964 rollten die Feuerwehrwagen an. Schläuche wurden an den Hydranten angeschlossen und vor dem Haus ausgerollt. An zwei Seiten des Hauses wurden perforierte Schläuche gelegt. Als das Wasser angestellt wurde, bildeten sie einen Wasserschild, der die Nachbarhäuser davor schützte, Feuer zu fangen.

Auf dem Bürgersteig auf der anderen Straßenseite versammelten sich kleine Gruppen von Nachbarn, die schweigend zusahen. Ein paar Freiwillige in Stiefeln, Helmen und glitzernden Öljakken verschwanden im Haus. Durch ein zerbrochenes Fenster konnte man sehen, wie Flammen an den Wänden eines Zimmers hochschossen. Ein paar jüngere Männer, die bei dieser Übung etwas Praxis bekommen sollten, betraten hinter einem starken Wasserstrahl das Haus.

Sie nannten das ein »kontrolliertes Feuer«: Man setzt einen Raum in Brand und schickt einen Trupp hinein, um die Flammen zu löschen. So wurde nach und nach jeder Raum angezündet, und alle Männer konnten trainieren, ein brennendes Zimmer zu betreten und das Feuer zu löschen. Als die Übung vorbei war, stellten sich die Feuerwehrleute am Rand des Grundstücks

232

auf. Männer mit Benzinkanistern gingen ins Haus. Man konnte sie von außen beobachten, wie sie von einem verkohlten Raum zum nächsten gingen. Ein paar Minuten später tauchten sie wieder auf, und im Haus begannen Flammen emporzuzüngeln.

Die Feuerwehrleute standen da und sahen zu, als das gesamte Haus bis auf die Grundmauern niederbrannte.

Später erschienen Arbeiter und transportierten das verkohlte Holz und das geschwärzte Betonfundament ab. Ein Bulldozer füllte den Keller mit Erdreich auf und glättete den Erdboden. Heute sieht man nur noch sieben Treppenstufen aus zerbrökkelndem Beton, die vom Bürgersteig zu dem ehemaligen Standort des Hauses führen. Aus Spalten in den Treppenstufen sind ein paar dünne Bäumchen emporgewachsen. Dort, wo die Treppe endet, ist alles mit Unkraut und Buschwerk bewachsen. Mitten auf dem Grundstück ragt eine verrostete, durch Buschwerk halb verdeckte Wasserleitung aus dem Erdboden auf.

Der Eigentümer des Grundstücks hat sorgfältige Vorkehrungen getroffen, um anonym zu bleiben. Die Grundbuchakten zeigen, daß das Grundstück seit 1953 unverändert dieselben Eigentümer gehabt hat, zwei Geschäftsleute aus Mount Rainier. Ich habe mit einem der beiden gesprochen. Es stellte sich heraus, daß er Immobilienmakler war. Er sagte, sein Name sei von einem Verwandten benutzt worden, der ebenfalls Immobilienmakler sei. Dieser Mann, der zunächst jedes Gespräch verweigerte, gab schließlich zu, nicht der wirkliche Eigentümer zu sein. »Der wahre Eigentümer möchte unerkannt bleiben«, sagte er mir. Als ich fragte, ob der Wunsch des Mannes nach Anonymität etwas mit dem Ruf zu tun habe, in dem das Haus stehe, behauptete der Makler, nichts über die Geschichte des »Teufelshauses« zu wissen.

Das letzte Geheimnis, das zu lösen bleibt, ist die Frage, was in Mount Rainier und in St. Louis tatsächlich geschehen ist. War Robby von Dämonen besessen? Oder haben religiöse Glaubensvorstellungen ein psychiatrisches Phänomen verdeckt?

Die römisch-katholische Kirche hat nie öffentlich dazu Stellung bezogen, ob Robby tatsächlich von Dämonen besessen

233

gewesen war oder nicht. Und dies trotz all der kirchlichen Belege, die ein Urteil darüber durchaus möglich erscheinen lassen. Pater Bishops Tagebuch ist die ausführlichste Chronik einer Besessenheit, die in unserer Zeit geschrieben worden ist. Zu diesem Tagebuch lassen sich die Berichte in den Geheimarchiven der beiden Erzdiözesen und der Gesellschaft Jesu hinzufügen. Ein Priester, der einen Teil dieser Archive eingesehen hat, hat mir erzählt, der Hauptbericht über diesen Exorzismus sei von achtundvierzig Zeugen unterschrieben worden. Bishops Tagebuch führt neun Jesuiten auf, die Robby im Zustand der Besessenheit gesehen haben.

Somit dürfte die Kirche genug Informationen besitzen, um sich zu diesem Exorzismus äußern zu können. Die Geschichte, die an die Presse durchsickerte und in *The Catholic Review* erschien, ist bis heute der einzige, halboffizielle kirchliche Bericht, der je über den Fall erschienen ist.

Dem in der katholischen Amtskirche vorgeschriebenen Verfahren gemäß ernannte Erzbischof Ritter einen Prüfer – einen Jesuitenprofessor für Philosophie an der St. Louis University –, der den Exorzismus untersuchen sollte. Dieser Prüfer besaß die Vollmacht, die Teilnehmer unter Eid zu vernehmen. Nach einem mit den Ergebnissen dieser Untersuchung vertrauten Jesuiten kam dieser Prüfer zu dem Schluß, Robby sei *nicht* das Opfer einer Teufelsbesessenheit gewesen. Dieser Bericht wurde durch Äußerungen von Psychiatern an der Washington University untermauert. Sie erklärten, keinerlei Anzeichen von übernatürlichen oder außernatürlichen Erscheinungen zu erkennen.

»Der Prüfer erklärte, der Fall lasse sich als psychosomatische Störung erklären sowie als Fall von Psychokinese, die wir zwar nicht verstehen, die aber nicht unbedingt übernatürlich zu sein braucht«, wurde mir gesagt. (Der kirchliche Prüfer hat seinen Hinweis auf »Psychokinese« nicht näher erläutert, aber viele Spezialisten für Parapsychologie glauben an die Psychokinese, die Bewegung von Gegenständen durch mentale Kräfte.)

»Als Erzbischof Ritter diesen Bericht erhielt«, erklärte meine jesuitische Quelle weiter, »forderte er jeden auf, nicht mehr über diesen Fall zu sprechen. Es war nicht so, daß man etwas verbergen wollte. Man hatte einfach nur das Gefühl, daß die Gesamtwirkung der Angelegenheit nicht im Interesse der Kirche liege.«

Doch weder der Bericht dieses Prüfers noch irgendein anderer ist je veröffentlicht worden. »Von seiten der Kirche wurde offiziell nie festgestellt, ob es sich um einen wahren Fall von Besessenheit gehandelt hat oder nicht«, sagt Halloran. »Ich weiß noch, daß ich mich mit Pater Bowdern darüber unterhalten habe, und wie er sagte, sie würden sich nie dazu äußern.«

Halloran zitiert Bowdern wie folgt: »Was macht es denn für einen Unterschied? Wenn man eine Erklärung dazu abgibt, hat man eine ganze Gruppe von Leuten, die sich dagegen wenden, und eine andere, die den Fall zu einem wirklichen Exorzismus machen möchte. Ich glaube nicht, daß sie (die Amtskirche) je auch nur ein Wort darüber äußern wird. Ich glaube, die Kirchenoberen werden niemals sagen, ob es ein echter Fall war oder nicht.« Wie sich Halloran erinnert, habe Bowdern eine Pause gemacht und dann hinzugefügt: »Du und ich, wir wissen Bescheid. Wir waren dabei.«

Ja, Halloran war tatsächlich dabei, und dennoch bleibt im Rückblick auf das, was er sah, berührte und roch, ein Rest des Unfaßbaren und Unerklärlichen: »Mir wäre äußerst unwohl dabei, eine endgültige Feststellung zu treffen. Ich wäre gar nicht dazu fähig. Wissen Sie, es gibt ein paar Dinge, die als Erkennungsmerkmale eines Exorzismus gelten. Falls etwa dieser kleine Junge übermäßige Kraft an den Tag gelegt hätte. Nun, das hat er nicht. Und das zweite ist die Fähigkeit, fremde Sprachen zu sprechen, ohne sie je gelernt zu haben. Wenn also jemand besessen ist, könnte er vielleicht Suaheli sprechen. Andere Dinge sind ungewöhnliche Behendigkeit, wenn jemand es etwa schafft, eine steile Wand hinaufzuklettern und derlei. Solche Dinge sind jedoch nie passiert. Ich habe nicht die leiseste Ahnung, weshalb der Teufel überhaupt eine Besessenheit brauchen sollte. Der Satan dürfte über weit wirksamere Mittel verfügen, das Böse zu verbreiten, als von einem Menschen Besitz zu ergreifen.«

Halloran, der Robbys Faust selbst zu spüren bekommen hat, glaubt nicht, daß die Körperkraft des Jungen mehr gewesen ist als das, was ein erregter Heranwachsender hätte aufbieten kön-

235

nen. Was Robbys lateinisch gesprochene Sätze angeht, schreibt Halloran sie der Tatsache zu, daß der Junge den Exorzisten wiederholt lateinische Sätze hat sprechen hören.

Halloran war Armeekaplan der U.S. Army in Vietnam. »Dort habe ich mehr Böses gesehen«, sagt er, »als ich je in diesem Krankenhausbett erblickt habe.« Er glaubt jedoch an das Böse, an das Böse eines Ortes. Er erinnert sich, wie er einmal mit einem Jesuiten gesprochen hat, der nach langer Dienstzeit in Afrika in die USA zurückgekehrt sei. »Er erzählte mir, an dem Ort, an dem er gearbeitet habe, hätte er zunächst das Gefühl gehabt, ständig mit der Gegenwart des Bösen konfrontiert zu werden. Es hörte nie auf, sagte er, bis er die Präsenz des heiligen Sakraments etabliert habe. Danach scheine der Bann gebrochen gewesen zu sein.« Für Halloran war dies »ein praktisches Beispiel des Bösen«. Doch damit sprach er als Katholik über etwas, was für ihn die ehrfurchtgebietende Kraft war, die sich im heiligen Sakrament äußert.

Selbst die Beteiligten sind also unterschiedlicher Meinung über Robbys Fall.

Wer außerhalb der Religion nach Anzeichen des Bösen sucht, stellt den kritisch denkenden Verstand auf eine harte Probe, vor allem im Zeitalter der Psychiatrie. Doch in der jüdisch-christlichen Überlieferung ist die Existenz des Bösen ein Dogma. Aber die Zahl der Dämonen, die den Mann aus Gerasa in der Bibel heimsuchten, ist ebenso Legion wie die Theorien über das Böse. Woher kommt es? Welche Macht hat es?

Zu Lebzeiten Christi wurde in Galiläa allgemein geglaubt, Geisteskrankheiten würden durch Dämonen ausgelöst. Die Fähigkeit, solche Dämonen auszutreiben, war damals ebenso wie heute eine große Macht. Wie ein heutiger katholischer Theologe festgestellt hat, »liegt der Unterschied zwischen der antiken Vorstellung von Teufelsbesessenheit und der modernen Vorstellung von Geisteskrankheit überwiegend in der Terminologie. Obwohl die Teufelsbesessenheit heute Neurose oder Psychose genannt wird, ist das Heilmittel das gleiche, nämlich Suggestion.«

Nach der Zerstörung Jerusalems und des Tempels ver-

236

schwand die Teufelsbesessenheit aus dem jüdischen Glauben, doch unter den Juden des mittelalterlichen Europa entstand ein neuer Begriff der Besessenheit: der Glaube, eine tote Seele könne in einen lebenden Körper eindringen. Erzählungen von jüdischen Exorzismen ähneln den Berichten über christliche. Doch der von dem Menschen Besitz Ergreifende, der Dibbuk, ist der Geist eines Toten. In christlichen Berichten ist der von einem Menschen Besitz Ergreifende ein Geist aus der Dämonenschar des Teufels oder der Teufel selbst. Das heutige Judentum akzeptiert die Idee von Besessenheit in keinerlei Form mehr.

Im Christentum ist von Anfang an über die Existenz des Bösen und des Teufels debattiert worden. In dieser Diskussion entstand die folgende Vorstellung: Gott ist der Schöpfer aller Lebewesen und Dinge. Satan und seine Dämonen sind ihrer Natur nach gut erschaffen worden, aus eigenem Antrieb jedoch böse geworden. Sie sind die abtrünnigen Engel, göttliche Wesen, die sich infolge von Stolz, Neid und schließlich Verzweiflung gegen Gott gewandt haben.

Der Erste Brief des Johannes personifiziert den Teufel und sagt, Christus sei erschienen, um ihn zu stürzen: »Wer die Sünde tut, stammt vom Teufel; denn der Teufel sündigt von Anfang an. Der Sohn Gottes aber ist erschienen, um die Werke des Teufels zu zerstören.« Der Kampf zwischen Gut und Böse wird jedoch nicht leicht sein, wie das Neue Testament mahnt. Der Teufel ist so stark und entschlossen, daß er es wagt, Christus herauszufordern. An anderer Stelle, im Matthäus-Evangelium, nennt Christus den Exorzismus als weiteren Beweis seiner geistlichen Macht und Herrschaft: »Wenn ich aber die Dämonen durch den Geist Gottes austreibe, dann ist das Reich Gottes schon zu euch gekommen.« Die Rolle Christi als Exorzist lieferte dem Christentum die Grundlage für den Glauben, daß der Teufel von einem Menschen Besitz ergreifen und Gott durch das Ritual des Exorzismus den Teufel aus dem Opfer austreiben kann.

Pater Juan Cortes, S.J., ein Psychologe mit langjährigem Interesse an Fällen von Teufelsbesessenheit, stellte sogar die von Christus vorgenommenen Exorzismen in Frage. Er hat die Akten aller bekannten Exorzismusfälle untersucht, darunter auch den von Robby, und ist zu dem Schluß gekommen, daß nirgends wirkliche Hinweise auf Besessenheit zu finden sind. Er glaubt, »Fehlinterpretationen der geschriebenen Worte und Ausdrücke der Evangelisten« sind »in erster Linie für den tiefen Glauben in den Köpfen so vieler Menschen sowohl an Teufelsbesessenheit als auch an die Möglichkeit und sogar Notwendigkeit verantwortlich, solche Dämonen mit Hilfe von Exorzismen auszutreiben. Das gilt sowohl für frühere Zeiten wie für heute.«

Einige der Mißverständnisse seien vielleicht darauf zurückzuführen, schrieb er, daß die Worte »Teufel« und »Dämonen« fälschlich für austauschbar gehalten worden seien. Nach Cortes' Interpretation muß man den biblischen Ausdruck, der mit »von Dämonen besessen« übersetzt worden sei, als »von schädlichen Kräften betroffen« deuten, als »fremde, unbekannte Mächte« oder »böse Geister«, letzteres im Sinn des heutigen Ausdrucks »mir ist heute gar nicht gut zumute«. Die Evangelien, schrieb Cortes, »enthalten keinen einzigen Fall von Besessenheit durch den *Teufel*... Man kann in ihnen keinen einzigen realen, klar umrissenen Fall von *Besessenheit* durch Dämonen finden...«

Die Exorzismen Jesu waren nach Cortes' Interpretation Heilungen von Krankheiten und keine wahren Exorzismen: »Wenn die Besessenen geheilt waren, mußte die unsichtbare Ursache, die als ›Teufel‹ mißdeutet wurde, ausgetrieben werden, und in der Konsequenz wurden die unverbürgten, jedoch langjährigen Überlieferungen von Exorzismen (oder Teufelsaustreibungen) durch Jesus zu einer Realität. Die Methoden jedoch, die Jesus bei seinen Heilungen der von dieser oder jener Krankheit (innerlichen wie äußerlichen) Befallenen verwendete, war immer genau die gleiche: seine Gegenwart, seine Berührung, sein Wort, sein Wille oder Befehl. Es gibt keinerlei Grund, einige dieser Heilungen als Exorzismen anzusehen und andere nicht.«

In der heutigen Welt glauben Menschen vieler Kulturen, aggressive, böse Geister könnten von ihnen Besitz ergreifen. Und jede Kultur besitzt ein Ritual für die Austreibung der Dämonen, ob diese nun aus dem Jenseits oder aus irgendeinem Höllenreich des Bösen stammen. Der Exorzist, der die Autorität der Gemeinschaft sowie eine wohlwollende übernatürliche Macht

238

vertritt, behandelt die betroffene Person, indem er diesen Dämon austreibt. Wenn der Exorzismus erfolglos bleibt, wird der Besessene seinem Schicksal überlassen und muß erleiden, was immer die Gemeinschaft für gerecht und angemessen hält. Vielleicht wird die betreffende Person als Hexe oder Zauberer angesehen und zum Tode verurteilt. Oder sie erfährt Mitleid und wird als Opfer von Dämonen betrachtet, das einfach Pech gehabt hat.

In Kulturen, in denen die Psychiatrie eine heilende Kraft ist, übernimmt der Psychiater oft die Rolle des Exorzisten. Psychiater, die ich dazu befragt habe, haben mehrere denkbare Erklärungen für dieses Phänomen angeboten. Ein Spezialist für multiple Persönlichkeitsstörungen sagte, ein Exorzist tue im wesentlichen das, was auch er zu tun versuche, nämlich das Gebilde oder Wesen loszuwerden, das sich in dem gequälten Patienten befinde.

»Ich habe mit etlichen Patienten mit multiplen Persönlichkeitsstörungen zu tun gehabt, die vom Satan besessen zu sein glaubten«, sagte er. »Sie sind für Autosuggestion hoch empfänglich und für hypnotische Suggestion erstaunlich offen.« Er erzählte von einem sehr typischen Fall. Er habe die Hand vor einer Patientin hochgehalten und ihr gesagt, seine Hand verschwinde allmählich. »Sie glaubte, die Hand verschwinden zu sehen. Sie zweifelte nicht im mindesten daran, daß meine Hand verschwunden war, ebensowenig wie sie bezweifelte, besessen zu sein. Dieser Glaube ist so tief, daß er sich nur mit größten Mühen beseitigen läßt. Bei Patienten mit multiplen Persönlichkeitsstörungen kann jeder Nervenstrang ein eigenes Wesen sein.« Meist seien dies menschliche Personen. Gelegentlich könne der »Bewohner« eines solchen Menschen auch ein Dämon oder Satan sein.

Dieser Psychiater wußte nicht zu sagen, wodurch seine Patienten zu Besessenen würden, obwohl er in der frühen Kindheit fast immer die Geschichte eines sexuellen Mißbrauchs entdeckt habe. Er fragte sich, ob das auch bei Robby der Fall war, und interessierte sich besonders dafür, wie Tante Harriet das erste Stadium der Besessenheit beeinflußte und wie Robby auf die

Konfrontation mit den Stationen des Kreuzwegs Christi reagierte, vor allem bei der, die Jesus nach der Wegnahme seiner Kleidung zeigte. »Hat es eine Art von sexueller Begegnung gegeben?« fragte er sich. »Gab es Schuldgefühle und Verdrängung?«

Andere Psychiater sehen im Tourette-Syndrom die medizinische Erklärung für das Phänomen »Besessenheit«. Opfer dieser Störung fluchen und schreien unkontrolliert, grunzen, zucken und winden sich, und es kommt auch vor, daß sie unfreiwillig obszöne Wörter äußern. Einige Spezialisten des Tourette-Syndroms sagen, Regan, das besessene junge Mädchen in *Der Exorzist* habe so viele Anzeichen des Tourette-Syndroms gezeigt, daß sie einigen ihrer Patienten geähnelt habe, wenn auch in übertriebener Darstellung. Robby hingegen schien von allem geheilt zu sein, was ihm je zugesetzt hatte, während das Tourette-Syndrom nach dem heutigen Stand der Forschung unheilbar ist.

Dr. Judith L. Rapoport, eine weltbekannte Spezialistin für obsessiv-zwanghafte Persönlichkeitsstörungen, glaubt, vermeintlich vom Teufel Besessene könnten Opfer einer Überängstlichkeit sein, einer Form obsessiv-zwanghafter Persönlichkeitsstörungen, die seit langem auch von der katholischen Kirche anerkannt und definiert ist, nämlich als »gewohnheitsmäßiges und unüberlegtes Zögern oder Zweifeln, verbunden mit Ängstlichkeit bei der Äußerung moralischer Werturteile«. Frau Rapoport nennt solche Opfer von Überängstlichkeit »unschuldige Sünder«, die »Gott gegenüber tausendfältige Verpflichtungen eingehen«.

Der Gründer der Gesellschaft Jesu, Ignatius von Loyola, »lieferte der katholischen Kirche ihre erste Definition der Überängstlichkeit, nämlich durch eine Beschreibung seines eigenen zwanghaften Verhaltens und seine Einsicht in dessen irrationale, doch quälende Kraft«, schreibt sie. Als Beispiel dafür nennt sie die folgende Passage aus seinen *Geistlichen Übungen:*

Wenn ich auf ein durch zwei Strohhalme gebildetes Kreuz getreten bin oder auch nur etwas anderes gedacht, gesagt oder

240

getan habe, kommt mir von »außerhalb« der Gedanke, ich hätte gesündigt, und andererseits scheint mir, ich hätte nicht gesündigt; gleichwohl empfinde ich einiges Unbehagen bei diesem Thema, nämlich in Anbetracht der Tatsache, daß ich zweifle und doch nicht zweifle.

Daß Robby überängstlich gewesen sein soll, kommt mir höchst unwahrscheinlich vor: Er war nicht katholisch und ließ auch keinerlei Anzeichen eines religiösen Fanatismus erkennen.

Rapoport vermutet, es könne auch eine äußerst seltene Geisteskrankheit vorgelegen haben: Kindheitsschizophrenie. Im allgemeinen tritt Schizophrenie in der späten Jugend oder bei jungen Erwachsenen auf. Allerdings, sagt sie, »gibt es auch atypische Fälle bei Kindern – meist Jungen –, die sich bis zum Alter von etwa acht Jahren normal entwickeln und dann erste typische Schizophreniesymptome zeigen, etwa das Hören von Stimmen«. Sie erzählt aus ihrer eigenen Praxis von einem Jungen, der Stimmen hörte, darunter auch die des Teufels, »der ihm befahl, Menschen weh zu tun und gefährliche Dinge anzustellen«.

Pater Nicola, der Priester, der zum Kreis der Berater für den Film *Der Exorzist* gehörte, berät heute Psychiater, die der Meinung sind, ihre Patienten bedürften eines Exorzismus. Er rät von Exorzismen ab, es sei denn, es liegen – wie er sie nennt – »außernatürliche Zeichen« vor – etwa die Fähigkeit, Gedanken zu lesen oder eine Sprache zu sprechen, die dem Besessenen bis dahin unbekannt gewesen ist. Er ist davon überzeugt, daß Robby vom Teufel besessen war.

Nicola sagt, die Kirche versuche in der Frage der Besessenheit einen Mittelweg einzuhalten und in theologischer Hinsicht daran festzuhalten, daß es einen Teufel gibt, der in unserer Welt am Werk ist. »Die Kirche vollführt damit einen Drahtseilakt«, sagt er. »Wenn der Teufel in der Welt am Werk ist, sollten wir den Exorzismus vornehmen. Doch wenn man es von der wissenschaftlichen Seite betrachtet, ist Besessenheit nicht Besessenheit. Es geht vielmehr darum zu erkennen, was Glaube und Natur jeweils zu zeigen vermögen.« Wie einige andere Exorzismusspezialisten fragt auch er sich, ob nicht die Parapsychologie vielleicht einige Antworten auf die unerklärlichen Phänomene bereithält, die mit Besessenheit zusammenhängen.

Pater Herbert Thurston, S.J., eine Autorität in Fragen des Okkulten, der über vom Teufel Besessene geschrieben hat, machte sich ebenfalls Gedanken darüber, was es mit den Kräften auf sich hat, die wir noch nicht verstehen: »Ich leugne nicht, daß etwas Teuflisches oder zumindest Böses in ihnen liegen mag, aber andererseits ist ebenfalls denkbar, daß natürliche Kräfte daran beteiligt sind, die uns bisher so wenig bekannt sind wie den Griechen der Antike die latenten Kräfte der Elektrizität es waren. Möglicherweise stellt die Verflechtung dieser beiden Elemente den Kern des Mysteriums dar.«

Schließlich, denke ich, hat der Exorzismus etwas Mythisches an sich, etwas, das ins Reich der Fabel gehört – wenn man davon ausgeht, daß in jeder Fabel ein Körnchen Wahrheit liegt. Ich unterhielt mich eines Tages mit einem jesuitischen Theologen über Besessenheit und die komplexen Zusammenhänge von Gut und Böse. Er ratterte sofort die Bücher herunter, die ich zu diesem Thema lesen müsse, und zeigte die gewohnte jesuitische Verachtung für alles, was den Maßstäben des schneidend scharfen Intellekts nicht standhält. Als das Gespräch zu Ende ging, fragte er mich beiläufig, ob ich davon gehört hätte, was nach dem Ende des Exorzismus in der Xavier Church geschehen sei. Ich hatte es nicht. Und da erzählte er es mir – und zwar so, als wäre auch dies für eine Diskussion über Gut und Böse von Bedeutung.

Kurz nach dem erfolgreichen Ende des Exorzismus im Krankenhaus, sagte er, habe sich in der St. Francis Xavier Church etwas Seltsames ereignet. Es sei Nacht gewesen, und die Kirche habe zum Teil im Dunkeln gelegen. Mehrere Jesuiten waren zu einem Gottesdienst zusammengekommen. Plötzlich sei die im Schatten liegende hohe Apsis in gleißendes Licht getaucht gewesen. Die Jesuiten hätten hinaufgeblickt und dort oben in luftiger Höhe über dem Altar gesehen, was auch Robby zu sehen behauptet hatte – den Erzengel Michael mit dem Flammenschwert in der Hand, Michael, der das Gute beschützt und das Böse abwehrt.

Nachwort

Mein Interesse an diesem Exorzismus wurde durch einen kurzen Artikel in der *Washington Post* geweckt. Darin hieß es, Pater Walter Halloran, S.J., habe in einem Interview über einen Exorzismus gesprochen, an dem er teilgenommen habe. Nach diesem Interview war es schwierig, Pater Halloran aufzuspüren. Als ich ihn endlich fand, war er Pfarrer einer Kirche in einer Kleinstadt im südwestlichen Minnesota. Er erklärte sich einverstanden, mich zu empfangen. Er war zunächst sehr zurückhaltend, öffnete sich dann jedoch mehr und mehr. So kam es, daß ich für ihn nicht mehr nur ein Schriftsteller war, und er war für mich nicht nur eine Quelle. Wir fanden schnell zueinander und wurden Freunde. Das lag wohl daran, daß wir beide irischer Herkunft sind. Doch uns verband noch etwas anderes – er war ein Mitglied der Gesellschaft Jesu, und ich hatte eine Jesuitenschule besucht.

Pater Halloran dürfte meine Neugier wegen des Exorzismus verstanden haben, sobald ich ihm erzählte, ich hätte eine Jesuitenschule besucht. Wenn es überhaupt etwas gibt, was man von jesuitischen Lehrern lernen kann, dann intellektuelle Neugier, die sich gleichermaßen auf das Sakrale wie das Profane erstreckt. Und man lernt auch, daß man nichts für selbstverständlich halten darf, weder auf dieser Erde noch in dem, was nicht von dieser Welt ist.

Ich bewundere die Jesuiten seit vielen Jahren, was ich dem Leser nicht verschweigen möchte. Ich habe eine High School der Jesuiten besucht, die Fairfield College Preparatory School in Fairfield, Connecticut, und anschließend zwei Jahre an der Fairfield University studiert, die ebenfalls von Jesuiten geleitet wird.

243

Ich arbeitete damals bei einer Zeitung und konnte das College nur durch Belegung von Abendkursen beenden. So wechselte ich von Fairfield zur University of Bridgeport, an der ich später mein Examen ablegte. Bei meiner Umschreibung war in meinem Abgangszeugnis auch eine Einführung in die katholische Glaubenslehre aufgeführt. Die University of Bridgeport erkannte diesen Kurs als »geisteswissenschaftlich« an.

Um die Zeit, als ich die Jesuiten der Fairfield University verließ, war die katholische Religion ein wichtiger Bestandteil meines Denkens, jedoch nicht mehr meines Alltags. Dennoch bezeichne ich mich selbst als Katholiken, nicht weil ich katholisch *bin*, sondern weil ich es gewesen war und weil mein Katholizismus zu tief in mir verwurzelt ist, um einfach abgetan zu werden. Obwohl ich kein praktizierender Katholik mehr bin, kann ich mich vom Katholizismus nicht einfach befreien und will es auch gar nicht.

Als ich mit den Recherchen zu diesem Buch begann, kam mir ein Gebet in die Hände, das ich als Kind oft gesprochen hatte. Es war ein Gebet an meinen Schutzengel: »Heiliger Schutzengel, Gottes liebende Sorge hat dich mir zum Begleiter gegeben. Du bist sein Anruf an mein Gewissen: Verhilf mir zu klarer Entscheidung. Du bist seine führende Hand: Bleibe bei mir Tag und Nacht. Du bist sein machtvoller Arm: Kämpfe mit mir für sein Reich.« Damals glaubte ich an dieses und ähnliche Gebete, und zwar Wort für Wort. Heute glaube ich nicht mehr daran. Allerdings glaube ich an das Gute ebenso wie an das Böse.

Als Junge war ich Chorknabe und lernte, die fremdartigen und feierlichen lateinischen Antworten auf das zu geben, was der Priester sprach. Wenn dieser sagte: »*Dominus vobiscum*«, mußte ich antworten: »*Et cum spiritu tuo*«. Wenn ich bei der Messe vor dem Altar niederkniete, empfing ich die Heilige Kommunion und glaubte, es seien wirklich Leib und Blut Christi, die der Priester mir auf meine zitternde, ausgestreckte Zunge legte. Ich besuchte die Sonntagsschulen von St. Charles und St. Patrick und lernte aus den erbaulichen oder erschreckenden Geschichten, die fromme Nonnen erzählten, und aus den Fragen und Antworten des *Katechismus von Baltimore*.

244

In Fairfield führten mich die Jesuiten in eine weitere Welt des Katholizismus ein, in der die historische Wirklichkeit mehr bedeutete als fromme Geschichten, in der Lehrer wie Schüler Fragen stellen konnten, für die es keine vorgefertigten Antworten gab. Ich besuchte immer noch die Messe, wenn auch nicht mehr als Chorknabe. Die Jesuiten brachten mir Latein bei, doch nicht, weil es die Sprache der Messe ist, sondern weil sie glaubten, die Kenntnis des Lateinischen sei für die Bildung eines Menschen von entscheidender Bedeutung. Jetzt konnte ich das zeremonielle Murmeln der Messe ins Englische übersetzen – *Dominus vobiscum et cum spiritu tuo* bedeutet einfach: »Der Herr sei mit dir und mit deinem Geist.«

Unter den Jesuiten setzte ich mein Studium des Katholizismus mit einem sogenannten Apologetikkurs fort, der systematischen Verteidigung katholischer Lehren und katholischer Tradition. Die Jesuiten legten weit mehr Gewicht auf eine rigorose Analyse des Katholizismus als auf Heilige und Reliquien. Natürlich gab es die Heiligen, die Reliquien, Messe und Kommunion auch bei den Mitgliedern der Gesellschaft Jesu. Bei Klassenarbeiten schrieb ich als erstes die Buchstaben *A.M.D.G.* hin, ob es nun eine Geometrie- oder eine Apologetikarbeit war: die Abkürzung von *Ad Majorem Dei Gloriam* (Zum Höheren Ruhme Gottes), dem Motto der Gesellschaft Jesu. Die Jesuiten hatten uns am ersten Unterrichtstag angewiesen, so zu verfahren, und so geschah es auch. Dieses mystische Fundament des Katholizismus – das Lob Gottes – hing in jedem Klassenzimmer. Es gab das *Ich*, das eigene körperliche Selbst, das in dieser Welt zu leben lernen mußte. Und dann gab es noch *Deinen Geist*, die Seele, das spirituelle Selbst, den Wesenskern der Menschlichkeit jedes einzelnen.

Bei Jesuiten erfuhr ich auch zum ersten Mal etwas über Agnostizismus. Wann immer ein neues Wort vorgestellt wurde, wurde auch dessen Herkunft erläutert: »aus dem Lateinischen für...« oder: »aus dem Griechischen für...« *Agnostisch* ist aus dem Griechischen abgeleitet und bedeutet »unbekannt«. Ich liebte das Wort, kaum daß ich es kennengelernt hatte. Ich betrachtete mich sofort als jungen Agnostiker, der Gott unerkennbar und unbeweisbar gemacht hatte. Im Lauf der Zeit wurde mir mein Agnostizismus selbstverständlicher, mehr zu einem wirklichen Teil von mir als zu einer aufgesetzten Pose, die ich bei bestimmten Gelegenheiten einnahm.

Ich habe dieses Buch als Journalist geschrieben, der eine Geschichte so verständlich und gründlich wie möglich zu erzählen versucht. Allerdings habe ich noch nie so wie hier das Bedürfnis gespürt, über meine Absichten und meinen persönlichen Hintergrund Auskunft zu geben. Meine Leser sollen jedoch wissen, daß das, was sie lesen, von einem Agnostiker geschrieben worden ist, der als Katholik aufwuchs, von Jesuiten erzogen wurde und sich gleichwohl noch heute fragt, was es mit dem Begriff *spiritus* eigentlich auf sich hat.

Wie dieses Buch entstand

Kein Exorzismus der Neuzeit ist so gründlich dokumentiert wie der, der 1949 an dem von mir »Robby« genannten Jungen vorgenommen worden ist. Die Hauptquelle dieser Dokumentation ist das Exorzismustagebuch von Pater Raymond J. Bishop, S.J. Dieses Tagebuch war als Dossier für Priester gedacht, die in späteren Jahren Exorzismen würden vornehmen müssen. Man hat mir gesagt, daß es so auch benutzt worden ist. Da die katholische Amtskirche mit Informationen über Exorzismen jedoch sehr zurückhaltend ist, wurde die Existenz dieses Tagebuchs geheimgehalten.

Ich habe durch Pater Walter Halloran, S.J., der bei dem beschriebenen Exorzismus assistierte, ein Exemplar der Aufzeichnungen erhalten. Er hat die Echtheit des Tagebuchs bestätigt, das, wie er sagte, von dem Exorzisten selbst, Pater William Bowdern, S.J., durchgesehen und gebilligt worden sei. Das Original ist zusammen mit einem von Bowdern erstellten offiziellen Bericht über den Exorzismus und einer Zeugenaussage Hallorans dem Jesuitenprovinzial der Provinz Missouri und der Erzdiözese St. Louis vorgelegt worden. Kopien dieser Dokumente sollen auch der Erzdiözese Washington zugeleitet worden sein.

Das vollständige Tagebuch besteht aus sechsundzwanzig maschinegeschriebenen Seiten. Das Exemplar, das ich erhielt, hatte vierundzwanzig Blatt und wurde zufällig in dem zum Abriß bestimmten Alexian Brothers Hospital gefunden, in dem der Exorzismus durchgeführt wurde. Die letzten beiden Seiten sind anscheinend beim Abriß des Gebäudes verlorengegangen. Später erhielt ich aus anderer Quelle, die über ein vollständiges Exemplar verfügte, die fehlenden zwei Seiten. Seite 25, die letzte

247

Seite des eigentlichen Tagebuchs, beschreibt mit lebhaften Worten das Ende des Exorzismus mit dem strahlenden und glücklichen Robby, der davon erzählt, wie der Engel die Dämonen vertreibt. Seite 26 ist auf einer anderen Schreibmaschine geschrieben worden und trägt die Überschrift »Ergänzung«. Darin wird erwähnt, daß Robby mit seinen Eltern 1951 das Alexian Brothers Hospital besucht habe. Ferner wird vom Übertritt der Eltern zum Katholizismus berichtet. Eine zweite Notiz, die auf einer dritten Schreibmaschine geschrieben worden ist, stammt vom 8. November 1970 und enthält dunkle Angaben über Robbys Aufenthalt um diese Zeit – als nämlich der Roman *Der Exorzist* erschien und das Interesse an Exorzismen wiederbelebte.

Ein vollständiges Exemplar des Tagebuchs mit sechsundzwanzig Seiten befindet sich im Besitz der Alexianer. Pater Bishop hat es Bruder Rektor Cornelius am 29. April 1949 übergeben. Seite 26 scheint von jemandem bei den Alexianern hinzugefügt worden zu sein.

In dem Begleitbrief Bishops, der zusammen mit dem Tagebuch beim Abriß des Krankenhauses gefunden wurde, heißt es: »Das Kanzleibüro (der Erzdiözese St. Louis) hat uns davon in Kenntnis gesetzt..., daß der Fall nicht an die Öffentlichkeit gelangen soll. Ich fürchte jedoch, daß die Nachricht schon in verschiedenen Teilen der Stadt bekanntgeworden ist, einmal durch Einzelpersonen, die um Fürbitten nachgesucht haben, vielleicht auch durch jemanden, der mit dem Fall in nähere Berührung gekommen ist. Es ist uns inzwischen praktisch unmöglich geworden, bestimmte Tatsachen geheimzuhalten, doch soweit es in unserer Macht steht, sollten wir diesen Fall erst dann der Öffentlichkeit zugänglich machen, wenn uns eine endgültige Freigabe durch das Kanzleibüro vorliegt.« Eine solche Freigabe ist jedoch nie erfolgt.

Das Tagebuch beginnt mit dem 7. März 1949 und endet mit dem 19. April. Bevor er mit seinen täglichen Aufzeichnungen über den Exorzismus begann, sprach Bishop mit Robby und unterhielt sich ausgiebig mit dessen Eltern, Tanten und Onkeln. Aus diesen Interviews setzte Bishop seine sogenannte »Fallstu-

248

die« zusammen. Dieser mit zahlreichen Details versehene Teil des Tagebuchs liefert eine Beschreibung von Robbys persönlichem Umfeld und den frühen Umständen seiner Besessenheit. Er beginnt mit den Tropfgeräuschen, die von Robby und seiner Großmutter das erste Mal am 15. Januar 1949 gehört wurden. Bishop hat auch ein kurzes Dossier über Robby selbst, seine Eltern und Großeltern angelegt. In den Anmerkungen zu den einzelnen Kapiteln am Ende dieses Buches bezieht sich der Begriff »Fallstudie« auf diesen Teil des Tagebuchs.

Daneben gibt es noch zwei weitere Hauptdokumente über den Fall, nämlich ausschließlich für den kirchlichen Gebrauch abgefaßte Berichte, die in katholischen Archiven liegen und nie an die Öffentlichkeit gelangen werden. Nach Aussagen des Archivars der Erzdiözese Washington befinden sich Informationen über den ersten, in Maryland vorgenommenen Exorzismus in Archiven, die nur dem Erzbischof von Washington zugänglich sind. Der zweite offizielle Bericht befindet sich in einem ähnlichen Archiv in der Erzdiözese St. Louis. Ein Priester, der diese Dokumente eingesehen hat, sagte mir, daß sich bei dem zweiten Bericht vierzig Zeugenaussagen befinden. In Bishops Tagebuch findet sich in einer Passage, die vor dem zweiten Exorzismus entstanden ist, ein Hinweis auf »vierzehn verschiedene Zeugen, die unterschiedliche Phänomene bestätigen und bezeugen«. Die meisten dieser Zeugen sind inzwischen verstorben, aber ihre Aussagen sind im Tagebuch erhalten geblieben.

Ich habe das Glück gehabt, die Mitarbeit von Pater Halloran zu gewinnen, der mir über seine Erinnerungen als Teilnehmer am Exorzismus berichtet hat. Wenn ich *Halloran* als Quelle zitiere, beziehe ich mich auf diese Erinnerungen, die mir in zahlreichen Interviews und Gesprächen mitgeteilt worden sind. Weitere Quellen werden bei ihrer ersten Nennung ausführlich vorgestellt, um anschließend nur noch mit einem einzigen Wort zitiert zu werden.

Zwischen dem, was Bishop niederschrieb, und dem, woran sich andere erinnert haben, gibt es kleinere Diskrepanzen. Es gibt auch einige Lücken in der Geschichte, und gelegentlich fehlen Details. Mit Hilfe des Tagebuchs und anderer Quellen habe ich den Versuch unternommen, Widersprüche aufzulösen und Lücken zu meiden. Ich habe die Quellen gewichtet und bei Widersprüchen Konflikte zu lösen versucht, indem ich die Quellen nach dem Grad ihrer Zuverlässigkeit einstufte, angefangen bei »Augenzeuge« (*Tagebuch* und *Halloran*) bis hin zu »Bericht«. Auch die »Berichte« weisen eine große Bandbreite auf, angefangen bei Beschreibungen von Augenzeugen bis hin zu Rekonstruktionen auf der Grundlage von Gesprächen. *Bober* beispielsweise ist Pater Frank Bober, der durch den ersten Exorzisten Pater E. Albert Hughes vom ersten Exorzismus erfahren hat. *Nitka* ist ein Beispiel für eine Rekonstruktion, wie sie in diesem Fall auf Informationen der Jesuitengemeinschaft an der St. Louis University beruht. Sie alle sind unter »Quellenverzeichnis« aufgeführt. Bei der Verwendung und Bewertung all dieser Quellen habe ich mich bemüht, eine leidenschaftslose und rationale Schilderung der Ereignisse zu geben, die für Logik und Vernunft eine immer neue Herausforderung darstellen.

Als ich mit der Arbeit an diesem Buch begann, waren nur noch zwei der an dem Exorzismus von St. Louis direkt beteiligten Jesuiten am Leben – Pater Halloran und Pater William A. Van Roo, S.J. Halloran erklärte sich bereit, mir zu helfen; Van Roo hatte innerlich längst mit dem Exorzismus abgeschlossen und wollte es dabei belassen.

Ich erfuhr bald, daß man Robby *zwei* Exorzismen unterzogen hatte. Der erste, der in Maryland begonnen wurde, endete schnell und mit einer Katastrophe. Es hatte zunächst den Anschein, als gäbe es keine Zeugen oder schriftliche Belege für diesen Exorzismus. Ich wußte jedoch, daß ich diesen ersten Exorzismus rekonstruieren mußte, um den zweiten, wohldokumentierten Exorzismus überhaupt verstehen und erzählen zu können. Es fand sich jedoch zunächst niemand, der darüber sprechen wollte. »Robby« – ein inzwischen längst erwachsener Mann, der ein glückliches, ausgeglichenes und produktives Leben führt – hat auf meine Anfragen nicht geantwortet. (Ich kannte seinen Namen und glaubte, auch seine Adresse zu kennen. So schrieb ich ihm an diese Adresse und erklärte, an einem Buch »über eine Begebenheit« zu arbeiten, »die sich 1949 in

250

Mount Rainier und St. Louis« zugetragen habe. Ich erwähnte auch, daß ich den Namen des Betroffenen nicht preisgeben würde. Doch erhielt ich keine Antwort und habe daraufhin auf weitere Versuche verzichtet.)

Im Lauf der Zeit fand ich drei äußerst zuverlässige Quellen, was die Fakten des ersten Exorzismus betraf: Pater Frank Bober, der mir wiedergegeben hat, was er von Pater Hughes erfahren hat; Pater John J. Nicola, der eine Studie über diesen Exorzismus verfaßt und mit Hughes darüber gesprochen hat. Beide Priester sind in den Anmerkungen und im Quellenverzeichnis als *Bober* und *Nicola* aufgeführt. (Ein Asteriskus nach *Nicola* bezieht sich auf sein Buch und nicht auf Interviews.)

Wie im letzten Kapitel des Buches geschildert, war Bober die letzte Person, der Hughes die Geschichte des ersten Exorzismus erzählt hat. Bober hat mit mir Einzelheiten durchgesehen und ist mir eine große Hilfe gewesen. Wie viele andere Priester, die mit diesem und anderen Exorzismen vertraut sind, ist auch er der Meinung, daß man über Besessenheit und Exorzismen nur schreiben darf, wenn man mit den Fakten verantwortungsbewußt umgeht.

Nicola interessierte sich gegen den Rat seiner Oberen schon am Priesterseminar für Dämonologie. Er hat mehr als vierzig Fälle von Exorzismus untersucht. Die meisten Aspekte des Falls von Robby wollte er nicht mit mir besprechen, weil man ihm Zugang zu den Geheimarchiven gewährt hatte und er die so gewonnenen vertraulichen Informationen nicht weitergeben wollte. Er erlaubte mir allerdings, seine Doktorarbeit über Besessenheit zu lesen, und war überdies äußerst hilfreich bei der Klärung von Einzelfragen zu Besessenheit und Exorzismus.

Eine weitere wichtige Informationsquelle sind Notizen über einen Vortrag von Pater Hughes am 10. Mai 1950 an der Georgetown University. Als ich mit Pater Joseph M. Moffitt, S.J., sprach, der Hughes damals eingeladen hatte, erinnerte er sich daran, daß sich jemand Notizen gemacht hatte. Mit Hilfe von Pater Joseph T. Durkin, S.J., dem bekannten Historiker der Georgetown University, und Jon Reynolds, dem Kurator der Spezialsammlungen dieser Universität, gelangte ich in den Besitz

251

einer Kopie dieser unveröffentlichten Aufzeichnungen. Sie sind von Pater William C. Reppetti, S.J., geschrieben, einem Archivar der Georgetown University und Autor des zehnbändigen Geschichtswerks *The Society of Jesus in the Philippines*. Er starb 1966.

Diese Aufzeichnungen (zitiert als *Reppetti*) befanden sich jedoch nicht mehr im Urzustand. Sie sind anscheinend in den siebziger Jahren »gereinigt« worden, nachdem der Film mit dem Titel *Der Exorzist* in die Kinos gekommen und die Georgetown University mit dem in Buch und Film dargestellten Exorzismus in Verbindung gebracht worden war. »Robby« rief damals den Präsidenten der Universität an und erhielt die Zusicherung, die Universität werde keine Informationen über ihn preisgeben, die seine Identität enthüllen könnten. Die Namen von Priestern in Reppettis Aufzeichnungen wurden vorsorglich geschwärzt, um keine Informationen in falsche Hände gelangen zu lassen. Bei der Durchsicht der Aufzeichnungen konnte ich jedoch aus dem Zusammenhang folgern, daß die geschwärzten Namen die von Pater Hughes und Pater Bowdern waren.

Sämtliche Zitate in diesem Buch stammen direkt aus dem Tagebuch oder aus genannten Quellen wie etwa *Halloran*, der mir entweder die damals von ihm verwendeten Worte widergab oder Worte, die er selbst gehört hatte. Wo ich mir des Kerns oder des Themas einer Aussage sicher bin, verwende ich Kursivschrift, um anzudeuten, daß es sich um ein rekonstruiertes Zitat handelt.

Anmerkungen

Die Texte des *Rituale Romanum* sind zitiert nach: *Der Exorzismus der katholischen Kirche. Authentischer lateinischer Text nach der von Papst Pius XII. erweiterten und genehmigten Fassung mit deutscher Übersetzung,* hrsg. v. Prof. Dr. Dr. Georg Siegmund, Stein am Rhein: Christiana Verlag ²1989.

Bibeltexte sind wiedergegeben in der Übersetzung nach *Die Bibel. Altes und Neues Testament. Einheitsübersetzung,* Freiburg/Basel/Wien: Herder 1980.

Mit einem Asteriskus versehene Eintragungen verweisen auf in der Bibliographie genannte Titel.

Kapitel 1:
»Bist du es, Tante Harriet?«

S. 13 ff. **Beschreibung der Familie Mannheim:** »Fallstudie« im *Tagebuch* und bei *Halloran.* Robbys Körpergewicht und seine Vorliebe für Brettspiele finden sich unter den vielen in der »Fallstudie« genannten Details.

S. 15 **Harriet und Spiritismus:** Bishop erfuhr bei Interviews für seine »Fallstudie« von der Tante. Er erwähnt Spiritismus und Ouija-Brett, sagt jedoch nichts von einer Séance. Die Informationen über Spiritismus sind dem *Spiritualist Manual* von 1955 entnommen, wie sie bei *Isaacs* zitiert sind.

S. 15 f. **Bibelzitate:** Fünftes Buch Mose, Kap. 18, 10–12; Drittes Buch Mose, Kap. 20, 27; König Saul wird im Ersten Buch Samuel erwähnt, Kap. 28, 7–19.

S. 16 ff. **Die Ereignisse vom 15.–26. Januar einschließlich der Zitate:** »Fallstudie«, *Tagebuch*. Tod von Tante Harriet ebenda. Ich habe das Datum ihres Todes sowie das Fehlen eines gerichtlich bestätigten Testaments durch Prüfung statistischer Angaben beim Einwohnermeldeamt sowie von Gerichtsakten verifiziert.

S. 19 **Tischrücken:** »Fallstudie«, *Tagebuch*.

S. 20 **Fliegende Gegenstände und umkippender Stuhl:** »Fallstudie«, *Tagebuch; Reppetti*. Viele Details sind dem Buch *Diabolical Possession*∗ *von Nicola* entnommen. Dort wird Robbys Fall nicht direkt erwähnt, und Nicola erklärt, er habe Details »erdacht, verändert und ausgelassen«, um die Identität der betroffenen Personen zu schützen. Es geht bei diesem Fall jedoch unzweifelhaft um Robby. Ich habe eine Kopie der Beschreibung *Halloran* vorgelegt, der mir bestätigte, von den meisten Einzelheiten gehört zu haben, darunter auch von dem umkippenden Stuhl und der durch die Luft fliegenden Vase.

S. 22 **Bemerkungen von Psychiater und Arzt:** »Fallstudie«, *Tagebuch*.

S. 23 **Spekulation des Psychiaters über die Untersuchung Robbys:** *Rapoport*.

S. 23 f. **Reverend Schulze:** Schulzes persönlicher Bericht über seine Begegnungen mit Robby erschien im *Parapsychology Bulletin*, Nr. 15, August 1949, veröffentlicht von Dr. J. B. Rhine's Institute of Parapsychology. Schulze spricht in einem Interview von 1980 über den Fall; veröffentlicht in *Enchanted Voyager*∗, einer autorisierten Biographie Rhines, eines Pioniers der Parapsychologie. Rhine erwähnt den Fall von Mount Rainier überdies mehrmals in seiner damals geführten Korrespondenz (J. B.

254

Rhine Papers, Special Collections Department, Duke University Library, Durham, North Carolina). Rhine ist auch nach Washington gereist, um mit Schulze persönlich über den Fall zu sprechen.

Kapitel 2:
Die Jagd nach einem Poltergeist

S. 25 f. **Äußerungen der Familie über Robbys Zustand:** »Fallstudie«, *Tagebuch; Schulze.*

S. 26 **Martin Luther:** *Österreich*∗, der zwei deutsche Werke über Luther als Quelle nennt.

S. 26 **»Zunächst versuchte ich es mit Gebeten...«:** *Schulze* in *Enchanted Voyager*∗.

S. 28 **Spiritismus und Fox-Schwestern:** *Gauld*∗; *Spiritualist Manual*, wie bei *Isaacs* zitiert.

S. 30 f. **Poltergeist-Berichte:** *Gauld*∗. *Österreich*∗, *Nicola* und *Balducci*∗ spekulieren alle über mögliche Verbindungen zwischen Poltergeist-Erscheinungen und Besessenheit. Alle drei halten bei einigen Fällen von Besessenheit auch parapsychologische Einflüsse für möglich.

S. 31 ff. **Schulze nimmt Robby für eine Nacht zu sich nach Hause:** *Schulze.*

S. 34 **Fall Zugun:** *Österreich*∗.

S. 35 **Kratzspuren:** *Schulze*, »Fallstudie«.

Kapitel 3:
»Sondern erlöse uns von dem Bösen«

S. 37 f. **Bibel-Zitate:** Jesu Kampf mit dem Teufel: Matthäus-Evangelium, Kap. 4, 1–11; Markus-Evangelium, Kap. 1, 12–13; Lukas-Evangelium, Kap. 4, 1–13. Jesus verleiht seinen Jüngern Kräfte, Geister auszutreiben: Matthäus-Evangelium, Kap. 10, 1; Markus-Evangelium, Kap. 3, 15, Kap. 16, 17–18; Lukas-Evangelium, Kap. 9, 1, Kap. 10, 17; Apostelgeschichte, Kap. 5, 16, Kap. 8, 7. Von Jesus vorgenommene Teufelsaustreibungen: Matthäus-Evangelium, Kap. 8, 28–34, Kap. 15, 21–28, Kap. 17, 14–21; Markus-Evangelium, Kap. 1, 21–28, Kap. 3, 11–12, Kap. 5, 1–20, Kap. 7, 25–30, Kap. 9, 14–29, Kap. 16, 9; Lukas-Evangelium, Kap. 4, 31–37, Kap. 6, 18, Kap. 8, 26–39, Kap. 9, 37–43; Apostelgeschichte, Kap. 10, 38.

S. 38 ff. **Anruf bei und Treffen mit Hughes:** *Reppetti.* (Die Umstände sind in der »Fallstudie«, bei *Nicola*∗ und *Schulze* jeweils etwas anders dargestellt. Ich gebe *Reppetti* den Vorzug, da er die einem Augenzeugen am nächsten kommende Quelle ist.) Hughes hat keine eindeutigen Aufzeichnungen darüber zu Papier gebracht, wie er mit Robby in Berührung gekommen ist und den Exorzismus durchgeführt hat. *Reppetti*, der während eines Vortrags von Hughes über den Exorzismus Notizen machte, bleibt in Details unklar. Es erscheint unglaubwürdig, daß Hughes nicht erst in Robbys Elternhaus gegangen ist, um mit dem Jungen zu sprechen und eine Vorstellung davon zu bekommen, was mit dem Jungen geschah. Die Verwirrung über Hughes' Rolle mag auf die Verwirrung des Priesters zurückzuführen sein, die durch den Schock von Robbys Attacke ausgelöst wurde. Was Hughes bei dieser Sitzung widerfuhr, hat sein Gemüt und sein Gedächtnis so sehr beeinflußt, daß er für lange Zeit nicht fähig war, einen schlüssigen Bericht über seine Begegnungen mit Robby abzugeben. *Nicola*, der Hughes' Namen nicht nennt, wird von Peter Travers und Stephanie Reiff in *The Story Behind the Exorcist* (New York: Signet Books, 1974) zitiert: »Ein Priester von hier, aus der (Erz-)Diözese Washington, war an dem

256

Fall von 1949 beteiligt und hat als Folge davon einen leichten Zusammenbruch erlitten... Er scheint nicht darüber sprechen zu wollen, so daß ich ihn deswegen nur selten anspreche.« Dann erzählt Nicola die Geschichte mit der Sprungfeder und fügt hinzu: »Es war ein tiefer Schnitt, der sich dann entzündete, so daß (Hughes) seinen Arm acht Wochen lang in einer Schlinge tragen mußte.« In einem unbestätigten Bericht heißt es, Hughes' Auftauchen in Robbys Zimmer im Georgetown Hospital habe einen Wutausbruch ausgelöst, obwohl Hughes als Arzt verkleidet aufgetreten sein soll. Wie es auch immer zu dem Angriff gekommen ist, Hughes war nicht darauf vorbereitet. Mindestens eine Nonne hat den vergeblichen Exorzismus als Zeugin miterlebt. Das Pflegepersonal des Georgetown Hospital wurde damals von Nonnen des Ordens der Barmherzigen Schwester von Nazareth gestellt. Die Geheimhaltung des Falles war so streng, daß manche Nonnen bis heute nicht darüber sprechen mögen, selbst solche, die damals noch nicht im Krankenhaus gearbeitet haben. Wie man mir erzählt hat, wird der Fall in den Annalen des Ordens mit keinem Wort erwähnt.

S. 39 **Vergleich mit dem Film** *Going My Way*: *Bober*, der Gemeindemitglieder zitiert. Die Beschreibung von Hughes durch ein anonymes Gemeindemitglied wird in *The Sentinel* des Prince George's County (Maryland) vom 4. Februar 1981 zitiert.

S. 40 **Unterhaltung der Mutter mit Hughes:** Rekonstruktion nach dem Bericht bei *Reppetti*.

S. 40 **Robbys Lateinkenntnisse:** *Nicola*∗, *Faherty*∗. Andere Berichte lassen den Jungen aramäisch sprechen, aber die beiden Augenzeugenberichte, *Tagebuch* und *Halloran*, erwähnen es mit keinem Wort. Zu Beginn des Exorzismus bestand die Neigung, nach einem solchen traditionellen Zeichen von Teufelsbesessenheit wie dem Sprechen einer fremden Sprache Ausschau zu halten. Halloran hat Robby lateinisch sprechen hören, schrieb das jedoch der Tatsache zu, daß der Junge sich während der

257

Exorzismusgebete bestimmte lateinische Sätze eingeprägt habe. Das »O *sacerdos Christi*...« jedoch kam zu einer Zeit, in der Robby noch kaum Latein gehört hatte.

S. 41 *Rituale Romanum:* Sämtliche in diesem Buch zitierten Gebete und Exorzismusformeln in sowohl deutscher wie lateinischer Sprache sind der in der Bibliographie genannten Ausgabe des *Rituale Romanum* entnommen.

S. 41 f. **Biographische Anmerkungen über O'Boyle:** *Patrick Cardinal O'Boyle As His Friends Know Him*, Anthologie, herausgegeben von William S. Abell. Privatdruck, 1986.

S. 44 **Bericht über Hughes' Berufung als Exorzist:** *Reppetti.*

S. 44 f. **Hintergrund der Ausbildung in Dämonologie:** *Nicola.*

S. 45 **»Alter weißhaariger Priester«:** *Kelly.* Keine andere Quelle nennt einen zweiten Exorzisten, doch es ist möglich, daß Hughes, der junge, unerfahrene Hilfspfarrer, seinen eigenen Pfarrer überging und einen älteren Priester um Hilfe bat.

S. 46 **Georgetown Hospital:** Es wurde mir nicht erlaubt, die Patientenliste einzusehen. Eine zuverlässige Quelle hat diese Akten jedoch für mich untersucht und bestätigt, daß Robby unter einem falschen Namen im Krankenhaus aufgenommen wurde. Das *Tagebuch* erwähnt den Zwischenfall im Krankenhaus nicht, und die Jesuiten der Universitäten Georgetown und St. Louis haben zu der fraglichen Zeit nichts davon gewußt.

S. 46 **Beschreibung des Krankenhauszimmers:** *Hendrick; O'Leary.*

S. 48 **Attacke auf Hughes:** *Reppetti*, der seine Informationen direkt von Hughes bezieht, stellt den Angriff weniger dramatisch dar. »Bei einem seiner Anfälle«, heißt es in den Aufzeichnungen Reppettis, »hat Pater (geschwärzter Name) den Jungen am Handgelenk festgehalten, doch dieser drehte die Hand so weit herum, daß er den Arm des Paters so schwer zerkratzen konnte, daß dieser mehrere Wochen lang unfähig war, ihn zu heben und (bei der Messe) die Hostie mit einer Hand hochhalten mußte.«

Der Priester ist offensichtlich Hughes, da im *Tagebuch* kein solcher Zwischenfall erwähnt wird. Der »Kratzer« bei *Reppetti*, der Hughes so schwer verletzt hat, wird von *Nicola*∗, der auch von der Sprungfeder als Waffe erzählt, als Wunde beschrieben, die mit einhundert Stichen vernäht werden mußte. *Bober* erwähnt in seiner Wiedergabe von Hughes' Bericht ebenfalls die Wunde mit den hundert Stichen und die Sprungfeder.

Kapitel 4:
Die Spuren der Krallen schreiben »St. Louis«

S. 49 **Gerüchte in der Nachbarschaft, Umzug der Familie:** Interviews mit Nachbarn; Berichte auf der Grundlage von *Bober* in *The Sentinel* des Prince George's County (Maryland) vom 4. Februar 1981 und 28. Oktober 1983. Diese Berichte und andere siedeln die Familie »Mannheim« in Mount Rainier in Maryland an. Angehörige der Freiwilligen Feuerwehr von Mount Rainier nannten mir die Anschrift, wo das »Teufelshaus« stand, bis es von der Feuerwehr niedergebrannt wurde. Die Adresse stimmt mit der 1983 in dem *Sentinel*-Artikel genannten überein, ebenso mit der aus einem am 6. Mai 1985 in der *Washington Post* erschienenen Artikel. Die Grundbuchakten zeigen, daß das Grundstück 1952 von einem Immobilienmakler gekauft wurde, der unter dem Namen eines Dritten auftrat. Das Gelände, heute ohne Haus, ist immer noch unverkauft. Der gegenwärtige Eigentümer ist unbekannt, da er in den Grundbuchakten durch die Verwendung des Namens eines Dritten geschützt wird. Als Pater Bishop seine »Fallstudie« zusammenstellte, erhielt er von der Familie eine Anschrift, die nicht mit der des »Exorzistenhauses« übereinstimmt, sondern etwa achthundert Meter entfernt ist. Die Existenz dieser zwei Adressen hat mich zu dem Schluß gebracht, daß die Familie irgendwann im Februar 1949 in ein nahegelegenes Haus umgezogen ist.

S. 50 »Die waren drauf und dran, das Handtuch zu werfen«: *Halloran.*

S. 50 f. Worte, die auf der Brust des Jungen erschienen: »Fallstudie«, *Tagebuch; Nicola*; Reppetti, Halloran, Bober, Hatfield, Mann, McGuire, Nitka, O'Leary, Faherty*, Schulze.* Alle diese Quellen machen leicht voneinander abweichende Angaben über die genaue Position der Wörter oder die Tage, an denen sie erschienen. Ich habe eine Abfolge rekonstruiert, die vorwiegend auf der »Fallstudie« beruht.

S. 51 Reise nach St. Louis, Tod von Tante Harriet: »Fallstudie«, *Tagebuch.* Die Todesanzeige in einer Tageszeitung von St. Louis bestätigt das Datum ihres Todes.

S. 53 Religion von Robby und Angehörigen: »Fallstudie«, *Tagebuch.*

S. 53 Séance am Küchentisch: »Fallstudie«, *Tagebuch.*

S. 54 ff. Umzug in das Haus anderer Verwandter und dortige Geschehnisse: »Fallstudie«, *Tagebuch.*

Kapitel 5:
Der schützende Segen eines Priesters

S. 57 Elizabeth spricht mit Pater Bishop: »Fallstudie«, *Tagebuch; Halloran. Faherty*, der mit Pater Kenny gesprochen hat, schildert auf der Grundlage von Kennys Erinnerung einen etwas anderen Ablauf. Es ist möglich, daß die Familie in St. Louis mit einem protestantischen Pfarrer sprach, der sich vielleicht mit Kenny in Verbindung gesetzt hat. Ich folge jedoch dem *Tagebuch* und *Halloran.*

260

S. 57 f. **Beschreibungen der Jesuiten:** Persönliche Beobachtungen; Interview mit mehreren Jesuiten; *Harney*; *McDonough*.

S. 59 f. **Anmerkungen über die St. Louis University:** Reinert-Zitat bei *McDonough*.

S. 62 ff. **Beschreibung Pater Bishops:** *Halloran;* Personalakten der Gesellschaft Jesu und Nachruf.

S. 63 **»Glocken fürs Aufstehen...«:** *McDonough*.

S. 64 ff. **Bishop besucht Familie und erhält Hintergrundinformationen:** *Tagebuch, Halloran.*

S. 66 **Ignatius' Exorzismus:** Der Exorzismus ist auf dem Rubens-Gemälde *Das Wunder des heiligen Ignatius* abgebildet (Kunsthistorisches Museum Wien).

S. 67 **Exorzismus eines Orts und Abhandlung über Exorzismus:** Das Zitat stammt aus *Exorcism*, herausgegeben von Dom Robert Petitpierre, O.S.B. (The Findings of a Commission Convened by the Bishop of Exeter, 1972.)

S. 67 **Del Rio:** *Disquisitionum Magicarum*, zitiert bei *Gauld*.

S. 67 f. **Definition von 1906:** A. Poulain, *Des Grâces d'oraison. Traité de théologie mystique*, zitiert bei *Österreich*.

S. 68 f. **Heilige Marguérite Marie:** *The New Catholic Encyclopedia; A History of Private Life*, herausgegeben von Roger Chartier, III. Band (Cambridge: Belknap Press, Harvard University Press 1989).

261

Kapitel 6:
Die Nächte der Priester beginnen

S.70 Zitate und Beschreibungen des Schlafzimmers: *Tagebuch*.

S.71ff. **Beschreibung Pater Bowderns:** *Halloran;* Personalakten der Gesellschaft Jesu und Nachruf; *Flaherty*.

S.71 **St. Francis Xavier Church:** Persönliche Beobachtung und Informationsbroschüre über die Kirche.

S.72f. **Profeß:** *McDonough*, Diskussion mit zwei Jesuiten.

S.75f. **Xaver-Reliquie:** Gespräche mit Jesuiten; *The New Catholic Encyclopedia*. Informationen über Canisius und die Nordamerikanischen Märtyrer in *Encyclopedia* und bei *Harney*.

S.76ff. **Ereignisse im Haus:** *Tagebuch, Halloran*.

S.78f. **Unsere Liebe Frau von Fátima:** *The New Catholic Encyclopedia*.

S.82f. **Tante Harriets Blechschachtel:** *Tagebuch*. Weil es mir nicht möglich gewesen ist, mit einem Mitglied der Familie zu sprechen, weiß ich nicht mehr über diese Schachtel. Akten des Nachlaßgerichts in Missoure deuten darauf hin, daß »Tante Harriet« kein Testament hinterlassen hat, so daß die Verteilung ihres Vermögens formlos innerhalb der Familie erfolgt sein muß.

S.85 **Bowderns Recherchen:** *Halloran* ist die Quelle des Zitats, »er machte sich sofort über die Bücher her«. Welche Bücher? Del Rio dürfte in der Bibliothek verfügbar gewesen sein. Der Ablauf Heimsuchung-»Umsessenheit«-Besessenheit ist in Werken über Besessenheit wohlbekannt, und *Halloran* erinnert sich, damals davon gehört zu haben.

262

Kapitel 7:
Der Erzbischof wird eingeschaltet

S. 87 ff. **Beschreibung der Ereignisse von Loudun:** Bei seinen Nachforschungen in der Universitätsbibliothek von St. Louis dürfte Bowdern Material über diese berühmte Affäre gefunden haben. *Sœur Jeanne des Anges, Autobiographie d'une hystérique posédée*, herausgegeben und mit einer Einführung und Anmerkungen versehen von Gabriel Legué und Gilles de la Tourette, war 1886 erschienen und dürfte, wenn schon nicht wegen seiner Berichte über die Fälle von Besessenheit, dann wegen seines Rufs als psychiatrisches Standardwerk in der Bibliothek vorhanden gewesen sein. Gilles de la Tourette hatte bei seinen Studien über Besessenheitsfälle nämlich die nervöse Störung entdeckt, die seinen Namen trägt, das sogenannte Tourette-Syndrom (siehe S. 240). Eine Autobiographie Surins auf der Grundlage seiner Briefe wurde 1926 in Frankreich veröffentlicht und dürfte Bowdern ebenfalls vorgelegen haben.

S. 89 **Warnung vor dem Wunsch nach Besessenheit:** A. Poulain, S.J., in *The Graces of Interior Prayer*, zitiert bei *Huxley*∗.

S. 89 f. **Surins Beschreibung der Besessenheit:** *Österreich*∗.

S. 90 f. **Niedere Weihestufen:** Die niederen Weihestufen von Pförtner, Exorzist und Subdiakon wurden 1972 durch päpstlichen Erlaß abgeschafft, aber geweihte Priester behielten die Vollmacht, mit Genehmigung eines Bischofs oder Erzbischofs Exorzismen vorzunehmen. Laien erhielten das Recht, als Lektoren und Meßgehilfen eingesetzt zu werden.

S. 91 ff. **Broschüre über den Fall von Iowa:** Diese Broschüre, »Hinfort, Satan«, war auf deutsch geschrieben und von einem Benediktinermönch übersetzt worden. *Halloran* sagt, Bowdern habe von dem Fall gelesen, und die Broschüre sei das einzig verfügbare Dokument gewesen.

263

S. 94 **Neue Ereignisse im Haus:** *Tagebuch*.

S. 94 **»Die beiden, die sich weigerten...«:** *Halloran*.

S. 95 **Beschreibung von Ritter:** »His Eminence Joseph Cardinal Ritter«, in: *St. Louis Review*, 1961; *Faherty*.

S. 97 **Bibel-Zitate:** »Brüllender Löwe«: Erster Brief des Petrus, Kap. 5, 8; »Denn in meinem Innern...«: Brief des Paulus an die Römer, Kap. 7, 22–25.

S. 97 f. **Definition von Besessenheit:** *Balducci (The Devil)*.

S. 99 **»Da ist wohl nichts zu machen...«:** *Halloran*.

Kapitel 8:
»Ich treibe dich aus«

S. 100 **Bowderns Entscheidung wegen des Tagebuchs:** Das Zitat stammt aus einem Brief Bowderns an William Peter Blatty, den Autor des Romans *Der Exorzist* und Drehbuchautor des gleichnamigen Films. Blatty zitiert den Brief unter Weglassung des Absenders in *William Peter Blatty on the Exorcist from Novel to Film* (New York: Bantam 1974).

S. 100 f. **Beschreibung von Halloran:** *Halloran*.
Zitate und Ereignisse: Wenn nicht anders vermerkt, stammen alle Zitate von Teilnehmern von jetzt an von *Halloran*. Zitate in Kursivschrift sind wie bisher Rekonstruktionen von Unterhaltungen, sowohl aus *Halloran* wie aus anderen Quellen. Die »Richtlinien« im *Rituale Romanum* geben dem Exorzisten die Möglichkeit, über die Abfolge der Gebete selbst zu entscheiden. Nach Auskunft *Hallorans* ist Bowdern im wesentlichen dem *Rituale Romanum* gefolgt. In besonders langen Nächten dürfte er die Reihenfolge der Gebete variiert haben. Bishop hält in seinem *Tagebuch* nur selten fest, welche Gebete gesprochen

264

wurden. Wenn nicht anders angegeben, stammen die Beschreibungen sämtlicher Ereignisse aus dem *Tagebuch*.

S. 108 **Dreiundfünfzigster Psalm:** In der Einheitsübersetzung der Bibel und in der Luther-Bibel ist dies der 54. Psalm.

S. 110 **Kratzer und Male an Robbys Körper:** *Tagebuch, Halloran, Faherty*, Nicola*, Mann, McGuire, Nitka, Reppetti, Schulze.*

S. 115 **Spucken:** *Tagebuch, Halloran, Faherty*, Nicola*, Reppetti.*

S. 121 **Robby singt:** *Tagebuch, Halloran.*

Kapitel 9:
»Er weicht! Er weicht!«

S. 122 **Bowderns Ansicht über Exorzismus:** Die Einschätzung stammt von *Halloran* und aus dem Brief Bowderns an Blatty. Die Bemerkung, er »mache es sich nicht leicht«, stammt aus *Faherty*.

S. 122 **Fasten:** *Halloran.*

S. 122 f. **Bibelzitat:** Matthäus-Evangelium, Kap. 17, 19–20.

Kapitel 10:
Das Zeichen

S. 132 **Bowdern bereitet sich auf die Messe vor:** Römisch-katholische Liturgie der Zeit.

S. 134 **Bowdern wußte, daß letztlich der Exorzist die Beute war:** In der römisch-katholischen Literatur über Besessenheit findet sich der weitverbreitete Glaube, daß der Exorzist und nicht der Besessene die Zielscheibe des Dämons sei. Moderne katholische Theologen sind von diesem Glauben abgerückt.

S. 135 **Urinieren:** *Tagebuch, Halloran, Nicola∗.* In diesem wie in anderen Exorzismusfällen wird über große Mengen Urin berichtet.

S. 139 f. **Beschreibung der Alexianer:** *Faherty∗, Hatfield.*

S. 141 **Besuch durch Bubb:** »Professor Bubb and the Paranormal« von John M. McGuire in: *St. Louis Post-Dispatch* vom 9. Mai 1988. Ebenso bei *Halloran.* Ein Physiker der Washington University hat Bubbs Interesse für das Paranormale bestätigt.

S. 143 **Von Robby gesprochene Gebete:** Die Information über die erste Beichte und die Erstkommunion basiert auf den Angaben in *The Little Key of Heaven*, einer Sammlung von Gebeten für katholische Kinder im Erstkommunionsalter, erschienen bei der Catholic Publications Press. Das Büchlein fand in den USA in den dreißiger und vierziger Jahren weite Verbreitung. Die deutschen Gebete stammen aus dem Gebet- und Gesangbuch der katholischen Kirche »Gotteslob« in der Fassung für das Bistum Hildesheim, Hildesheim 1975.

S. 143 **Beschreibung Van Roos:** *McGuire, Halloran.* Van Roo hat es abgelehnt, sich für dieses Buch interviewen zu lassen.

S. 145 **Ich hörte dieses wilde, idiotische Lachen«:** Pater Lucius F. Cervantes, S.J., zitiert bei *McGuire.*

Kapitel 11:
Botschaften

S. 156 **Schreiben auf Bettlaken:** *Tagebuch.* Bei diesem Zwischenfall habe ich das *Tagebuch* exakt zitiert, habe aber nicht

266

den richtigen Namen der weiblichen Verwandten verwendet. Ich habe nicht in Erfahrung bringen können, wie »Dorothy Mannheim« mit Robby verwandt war. Ihr wirklicher Name erscheint nicht in der Todesanzeige, in der »Tante Harriets« Angehörige genannt sind.

S. 162 ff. **Information über Taufe:** *Handbook of Christian Feasts and Customs* von Francis X. Weiser, S.J. New York: Harcourt, Brace & World 1952.

S. 164 ff. **Zwischenfall auf dem Weg zur Kirche und Nachspiel:** *Tagebuch, Nicola*, Faherty*, Nitka.*

Kapitel 12:
Die Suche nach einem ruhigen Ort

S. 175 f. **Robbys Anfall am Tage:** *Tagebuch.*

S. 175 **Psychiater-Zitat:** *Isaacs.*

S. 177 **»Billy, Billy. Du wirst heute nacht sterben«:** *Tagebuch.* Dem jungen Vetter ist jedoch nichts zugestoßen.

S. 178 **Ereignisse auf der Bahnfahrt:** *Tagebuch, Halloran.* Van-Roo-Zitat: *McGuire.*

S. 179 **Bowdern begegnet Hughes:** *Tagebuch. Reppetti* erwähnt die Begegnung, doch es gibt keinerlei Hinweis darauf, daß Hughes Bowdern von dem Angriff im Georgetown Hospital erzählt hat. *Halloran*, der bei diesem Exorzismus größtenteils anwesend war und von Bowdern darüber aufgeklärt wurde, was in seiner Abwesenheit geschehen war, wußte nichts von diesem Angriff, bis ich ihm davon erzählte. Es hat den Anschein, als wollten Hughes und später auch Bowdern die Attacke geheimhalten, um Robby davor zu bewahren, ihrer Obhut entzogen und in psychiatrische Behandlung gegeben zu werden.

S. 180 f. **Schwierigkeiten, für Robby einen Platz zu finden:** *Tagebuch*. Es findet sich keinerlei Hinweis auf O'Boyles Gleichgültigkeit in dieser Angelegenheit; ich habe dies nur vermutet.

S. 183 **HÖLLE und BOSHEIT:** *Tagebuch, Cortes*.

S. 183 **»Ich werde nicht weichen...«:** *Reppetti*.

S. 183 **Beschreibung von Höhle oder Grube:** *Reppetti, Tagebuch*.

S. 183 **Mindestens zwanzig Wunden:** *Tagebuch*.

S. 184 **Ein Viertelliter Speichel:** Diese großzügige Schätzung erscheint nur bei *Reppetti*. Obwohl es bei Hughes' Vortrag an der Georgetown University um seine Teilnahme am Fall Robby ging, zeigen die Notizen Pater Reppettis, daß Hughes sogar Einzelheiten über die Ereignisse in St. Louis mitteilte. Diese Information muß von Bowdern stammen, der Hughes in Maryland begegnet war, sowie aus dem kircheninternen Bericht in den Akten der Erzdiözese Washington. Mehrere Quellen sprechen von einer solchen Washingtoner Akte, obwohl Erzbischof O'Boyle angeordnet haben soll, über den Fall keinen schriftlichen Bericht zu erstellen. Pater Joseph M. Moffitt, S.J., der Hughes' Vortrag beiwohnte, hat mir erzählt, daß Hughes aus einem etwa zwanzig Seiten langen Dokument gelesen habe. Zufällig stimmt dies mit der geschätzten Länge von Bowderns kircheninternem Bericht an Erzbischof Ritter überein. Ich glaube, daß Ritter eine Kopie des St. Louis-Berichts an O'Boyle geschickt hat und daß es dieser Bericht ist, der sich zusammen mit einigen Angaben über die Ereignisse in Maryland im Geheimarchiv der Erzdiözese Washington befindet. Demnach dürfte Washington einen Bericht über den Fall im Archiv haben, obwohl O'Boyles Anordnung, mit der ein schriftlicher Bericht verboten wurde, befolgt worden ist.

268

S. 184 **Handtuch als Schutzschild:** *Cortes*∗*, Reppetti, Nitka.*

S. 184 **HÖLLE und CHRISTUS auf Robbys Brust:** *Tage-buch.*

S. 184 **Ich werde euch wachhalten...:** Ich habe hier die im *Tagebuch* in der dritten Person geäußerten Worte in die erste Person transponiert.

S. 185 ff. **Ereignisse vor der Rückkehr nach St. Louis:** *Tage-buch.*

S. 186 **Das Vorgehen von Hughes' Pfarrer:** *Tagebuch, Reppetti.*

S. 187 **Robbys »unfaßbares Wissen« um das Privatleben von Priestern:** Nicola∗, *Mann, Nitka;* Hughes-Zitat bei *Reppetti. Halloran* bestätigt dies nicht.

S. 187 **Hinweise auf andere Jesuiten:** Personalakten der Gesell-schaft Jesu und Nachrufe.

Kapitel 13:
Im vierten Stock des Alexian Brothers Hospital

S. 190 **Beschreibung des Krankenhauses:** *Faherty*∗*, Hatfield.*

S. 192 **»Er sah schrecklich aus...«:** Dr. Bowderns Erinnerun-gen finden sich bei *McGuire.* Sein Sohn, Pater Bowderns Neffe, Ned Bowdern, hat mir dieses Zitat in einem Gespräch bestätigt. *Halloran* erinnert sich nicht, daß Bowdern je mit Wasser und Brot fastete (was in Jesuitenkreisen auch »schwarzes Fasten« heißt.) Die Bowdern-Familie glaubt jedoch, daß Pater Bowdern in dieser Zeit ausschließlich von Wasser und Brot gelebt hat. Fest steht, daß er Gewicht verlor. Ich glaube, daß er insgeheim stär-ker fastete, als sich der Exorzismus in die Länge zog.

S. 192 ff. **Beschreibung der Ereignisse im Krankenhaus:** *Tagebuch.*

S. 194 f. **Hinzuziehung eines Kinderarztes:** Daran erinnert sich der Sohn dieses Kinderarztes, dessen Äußerungen die Grundlage der rekonstruierten Zitate bilden. Der Sohn erklärte, er habe vor der Premiere des Films *Der Exorzist* im Jahre 1973 nichts davon gewußt, daß sein Vater in den Exorzismus verwickelt gewesen war. Sein Vater erzählte ihm damals, er wolle sich den Film nicht ansehen, um nicht wieder an die Geschichte erinnert zu werden. Er habe dann sein Schweigen gebrochen und geschildert, wie man ihn hinzugezogen habe und welche Phänomene er miterlebte, etwa durch die Luft fliegende Gegenstände, die er sich nicht habe erklären können.

S. 196 **»Wie gefällt dir das?...«:** *Halloran.*

S. 197 **»Ich werde nicht zulassen...«:** *Tagebuch.*

S. 198 **Ich bin der Teufel...:** Ich habe die im *Tagebuch* in der dritten Person geäußerten Worte in die erste Person gesetzt.

S. 199 ff. **Ausflug zum »White House«:** *Halloran.* Ich habe das »White House« besucht und bin auch den Kreuzweg entlanggegangen. Hintergrundinformationen über das Gebäude verdanke ich dem liebenswürdigen Verwaltungschef des Instituts sowie Beschreibungen, die er mir zur Verfügung gestellt hat. Pater Bowdern war von 1956 bis 1959 Exerzitienmeister am »White House«.

S. 203 ff. **Ereignisse im Krankenhauszimmer:** *Tagebuch, Faherty*, Hatfield.*

S. 205 **»Mir tun die Beine weh«:** *Halloran.*

S. 206 **Robby hört das** *Tre Ore:* *Tagebuch.*

270

S. 206 f. **Statue des heiligen Michael:** *Tagebuch, Faherty*. Die Statue befindet sich heute in einem kleinen Museum am Hauptsitz der amerikanischen Alexianer in Elk Grove Village, Illinois.

S. 207 ff. **Ereignisse mit Pater Widman und den Brüdern Theopane und Emmet:** *Tagebuch, Reppetti.*

S. 211 **Eisiger Schauer, Bowdern im Mantel:** *Faherty*, *Nitka.* *Halloran* erinnert sich nicht, von Kälte im Raum gehört zu haben. Allerdings war der Gründonnerstag auch der letzte Tag, an dem er direkt mit dem Exorzismus zu tun hatte. Nach seinen Angaben »erfuhr der Provinzial am Morgen des Karfreitag, daß ich an dem Exorzismus beteiligt war. Da rief er in der Universität an und sagte dem für die Disziplin der Scholastiker zuständigen Jesuiten, Halloran dürfe sich nicht mehr beteiligen. Damit war ich aus der Sache raus«.

S. 211 **Der Arzt nicht im »Zustand der Gnade«:** *Nicola*. Auf Befragen erklärte *Halloran*, sich nicht daran zu erinnern. »Falls es in meiner Abwesenheit geschehen sein sollte«, sagte er mir, »bin ich sicher, daß Bill (Bowdern) es mir erzählt hätte. Bill hatte viel Sinn für Humor.«

S. 212 **»Ich meine ein GROSSES Wort...«:** *Tagebuch.*

S. 213 **Erinnerung von Van Roo:** *McGuire.*

S. 213 **Ereignisse im Krankenhauszimmer:** *Tagebuch, Nitka, Reppetti, Hatfield.* Dem *Tagebuch* zufolge beklagte sich Robby, die Medaillons würden auf der Haut brennen, und es heißt in Bishops Aufzeichnungen, »die Medaillons wurden nicht abgenommen. Pater Bowdern zwang R. ein kleines Kruzifix in die Hand, als er wieder einen seiner Anfälle hatte.«

S. 217 **Spie »mit unheimlicher Genauigkeit« ... Zunge wie eine Schlange:** *Nitka.* Hier dürfte Pater John G. O'Flaherty, S.J., mit an Sicherheit grenzender Wahrscheinlichkeit der Augenzeuge

271

und die Quelle gewesen sein. *Halloran* bezeugt ebenfalls Robbys unglaubliche Zielgenauigkeit – immer mit geschlossenen Augen.

S. 217 **Robby spricht mit klarer, volltönender Stimme:** *Nitka, Reppetti, Faherty*.

S. 218 **Robbys Vision:** Das *Tagebuch* enthält einen detaillierten Bericht über die Vision. In Details abweichende Versionen erscheinen bei *Reppetti, Faherty*, Nicola*, Nitka*. Die dem *Tagebuch* am nächsten kommende Quelle ist *Faherty**, der als Historiker der Alexianer zu den Augenzeugen der Ereignisse Zugang hatte und vielleicht auch das Tagebuch hat einsehen können. *Halloran* betont, daß eine Vision in technischer Hinsicht eine Erscheinung sei, die objektiv auch von anderen gesehen werden könne; Robby habe einen Traum oder eine innere Vision gehabt.

S. 219 **Explosion wie Gewehrschuß:** *Faherty**.

Kapitel 14:
Das Geheimnis wird enthüllt

S. 220 **Verschlossenes Zimmer:** Quellen bei den Jesuiten und Alexianern.

S. 220 **Schulze erfährt von der Konversion:** *Reppetti.*

S. 220 f. **Schulzes Vortrag:** *Schulze*, 1949.

S. 221 **Durchsickern der Geschichte:** Der kurze Artikel erschien am 19. August 1949 auf der Titelseite von *The Catholic Review.*

S. 222 **Erinnerung O'Leary:** *O'Leary.*

S. 223 f. **Hintergrund von Blatty:** Blatty schildert die Vorgeschichte zu seinem Buch in *William Peter Blatty on The Exorcist*

272

from Novel to Film (New York: Bantam 1974). Hier ist auch der Brief eines Jesuiten an Blatty abgedruckt, in dem der Name des Absenders weggelassen wurde. Der Briefschreiber war Bowdern.

S. 224 **Zwischenfälle am Drehort:** Interview mit Bermingham.

S. 225 **Halloran und Bowdern sehen sich den Film an:** *Halloran.*

S. 225 **Patzelts Exorzismen:** Sein Nachruf in der *Los Angeles Times* vom 23. Mai 1988.

S. 225 f. **Irres Lachen:** Thomas L. Mullen, ein ehemaliger Priester, der sich damals in dem Sommerlager aufhielt. Mullen ist in der *St. Louis Post-Dispatch* zitiert worden.

S. 226 f. **Auffinden des Tagesbuchs in dem alten Krankenhausbau:** *Halloran.* Ich habe diese Geschichte durch einen Rechtsanwalt erfahren, der mit Menschen gesprochen hat, die an der Entdeckung beteiligt waren. Er hat für mich einen schriftlichen Bericht erstellt, dem die Einzelheiten der Entdeckung entnommen sind. Die Informationen über die Möbel, die in ein Krankenpflegeheim transportiert wurden, stammen aus: »Tearing Down a Devil of a Rumour« in *St. Louis Post-Dispatch* vom 12. Juli 1988.

S. 228 **Zwischenfall in Steubenville, Ohio:** *Faherty*∗ erwähnt in einer Fußnote die Korrespondenz des Bischofs von Ohio mit Erzbischof Ritter. Ein weiterer Priester, der diese Korrespondenz gesehen hat, wußte auch von der Anfrage aus Ohio. Es ist mir jedoch nicht möglich gewesen, in Akten einer Zeitung aus Steubenville oder in Bibliotheken weitere Hinweise zu finden.

S. 229 **Übertritt der Eltern zum Katholizismus:** *Tagebuch*, in dem sich auch eine »Ergänzung« findet, die über einen Besuch Robbys und seiner Eltern im Alexian Brothers Hospital am

19. August 1951 berichtet. »R., heute sechzehn, ist ein angenehmer junger Mann«, heißt es im Tagebuch.

S. 229 f. **Information über das Leben der Jesuiten:** Personalakten der Gesellschaft Jesu und Nachrufe.

S. 229 ff. **Informationen über Pater Hughes:** *Bober, Kelly:* »The Priest behind ›The Exorcist‹«, *National Catholic Register* vom 5. Juni 1983; Interview mit einem ehemaligen Schüler.

S. 232 f. **Niederbrennen des »Teufelshauses«:** Interviews mit Robert J. Craemer, einem ehemaligen Stadtratsmitglied, mit Angehörigen der Freiwilligen Feuerwehr sowie Nachbarn, die anonym bleiben wollten. Außerdem *Washington Post* vom 6. Mai 1985.

S. 234 **Bericht des Prüfers an Ritter:** Informationen dazu stammen von einem Jesuiten, der an dem Exorzismus nicht teilgenommen hat, jedoch wegen seiner Stellung in der Amtskirche mit dem Fall und dem Ritter-Bericht vertraut ist.

S. 235 f. **Hallorans Urteil über Robbys Besessenheit:** *Halloran.*

S. 236 **»Unterschied zwischen der früheren Vorstellung von Teufelsbesessenheit und... Geisteskrankheit:** *Nicola* in seiner Dissertation über Besessenheit.

S. 236 f. **Haltung des Judentums zur Besessenheit:** Ich habe diese Frage mit zwei Rabbinern erörtert, einem Orthodoxen und einem Chassiden. Beide waren sich darin einig, daß Besessenheit und die Vorstellung vom Dibbuk keine Bestandteile des jüdischen Glaubens mehr sind. Dies fand ich auch in *The Encyclopedia of Judaism* bestätigt (New York: Macmillan 1989).

S. 237 **Bibel-Zitate:** »...ein böser Geist, der vom Herrn kam«: 1. Buch Samuel, Kap. 16, 14; »Der Sohn Gottes aber ist erschienen, um die Werke des Teufels zu zerstören«: Erster Brief des

274

Johannes, Kap. 3, 8; »Wenn ich aber die Dämonen durch den Geist Gottes austreibe, dann ist das Reich Gottes schon zu euch gekommen«: Matthäus-Evangelium, Kap. 12, 28.

S. 237 f. **Cortes' Ansichten zu Besessenheit und Exorzismus:** *Cortes*. Mehrere Jesuiten, mit denen ich sprach, haben mir die Lektüre des Buches von Cortes empfohlen. Dort wird implizit eine moderne theologische Sicht dargestellt. Cortes hat Zugang zu *Reppetti* gehabt, jedoch aus Gründen, die ungenannt bleiben, nur einen Teil des *Tagebuchs* eingesehen. »Ein Freund bei den Jesuiten«, heißt es in den Quellenangaben bei Cortes, »hat jedoch das gesamte Tagebuch gelesen und mir seine Erinnerung daran mitgeteilt sowie von einem Gespräch berichtet, das er 1949 mit einem Priester geführt hat, der dem Exorzisten assistierte.« Cortes hat auch das kurze Dokument eines Jesuiten gelesen, der anscheinend zusammen mit Reppetti beim Vortrag von Hughes anwesend war. »Als die zuverlässigsten Dokumente«, schloß Cortes, »haben sich die der Jesuiten erwiesen.«

S. 240 **Tourette-Syndrom:** *Rapoport*. Siehe auch Arthur K. Shapiro und Elaine Shapiro, *American Journal of Psychotherapy* (Juli 1982). Sie sind der Meinung, das Syndrom mit Exorzismen in Verbindung bringen zu können, die sie bis in das Jahr 1489 analysiert haben.

S. 240 **Rapoport über die möglichen Ursachen:** *Rapoport:* Interview im National Institute of Mental Health, wo sie der Abteilung für Kinderpsychiatrie vorsteht. Ebenso ihr Buch (siehe Bibliographie). Die Definition von Überängstlichkeit ist der *New Catholic Encyclopedia* entnommen.

S. 241 **Nicola über die Haltung der Kirche:** *Nicola.*

S. 242 **Thurston-Zitat:** Siehe Bibliographie.

Quellenverzeichnis

Bober: Interview mit Pater Frank Bober.

Halloran: Interviews mit Pater Walter Halloran, S.J.

Hatfield: Scott Hatfield, »Ghostly True Tales Are Part of Haunted Hospital Lore«, *Advance for Medical Technologists*, 23. Oktober 1989. Dieser Bericht über den Exorzismus im Alexian Brothers Hospital wurde mir zusammen mit denen von *Mann* und *Nitka* gegeben, als ich sowohl Angehörige des Ordens wie Laien um Informationen bat. Damit durfte ich davon ausgehen, daß die drei Quellen als korrekt angesehen wurden. Ich erhielt überdies *Faherty*∗, eine weitere Quelle, die offensichtlich als zuverlässig galt. Faherty ist Jesuit und angesehener Historiker.

Hendrick: Tom Hendrick, Fernsehkorrespondent, der für die Firma Fox Television ein kurzes Feature über Exorzismus produziert hat. *O'Leary* beschrieb darin das Krankenzimmer. Der Film war Teil einer Serie mit dem Titel *Beyond the Senses.* Bober und *Nicola* erscheinen ebenfalls in dem Film und stimmen mit der Beschreibung des Krankenhauszimmers überein. Der Film, von dem mir Hendrick freundlicherweise eine Kopie überlassen hat, wurde im Mai 1986 gesendet.

Isaacs: T. Craig Isaacs, »The Possessive States Disorder: The differentiation of involuntary spirit-possession from present diagnostic categories«, Dissertation Abstracts International, Juni 1986, Bd. 46 (12-B, 1. Teil), 4403.

276

Kelly: Winfield Kelly, späterer Erster Geschäftsführender Beamter des Prince George's County und Innenminister von Maryland. Kelly wußte durch Gerüchte in der Nachbarschaft von dem Exorzismus und glaubte damals, daß der die Ursache für Hughes' kränkliches Aussehen war.

McGuire: John M. McGuire, »The Exorcist Revisited«, *St. Louis Post-Dispatch* vom 17. April 1988.

Mann: Mary Mann, »Setting the Exorcism Record Straight«, *South Side Journal*, St. Louis, Missouri, 14. März 1990. (Der Artikel erschien ursprünglich in den *University of St. Louis News* und enthält mehrere Zitate von Jesuiten, die mit dem Exorzismus vertraut waren.)

Nicola: Interviews mit Pater John J. Nicola. Nicola ist einer direkten Diskussion dieses speziellen Falles mit mir sorgfältig aus dem Weg gegangen. Doch, wie schon oben festgestellt, wird er dazu in *The Story Behind the Exorcist* zitiert.

Nitka: Beth Nitka, »A Tale of Sound and Fury, Signifying Exorcism«, *St. Louis University News* vom 24. April 1981. Beth Nitka war noch Studentin, als sie diese Geschichte für die Studentenzeitung schrieb. Der Artikel ist zu einem quasi-offiziellen Bericht über den Exorzismus geworden; eine Kopie davon ist mir sowohl von Jesuiten als auch Alexianern mit dem Hinweis zur Verfügung gestellt worden, es handle sich um einen wahrheitsgemäßen Bericht. Nitka schreibt die vielen Zitate ihrer Geschichte keinem namentlich genannten Urheber zu. »Es ging alles ziemlich husch-husch«, wie sie mir sagte. Ich habe später von einem Jesuiten erfahren, daß Nitkas Quelle der verstorbene Pater John G. O'Flaherty, S.J., gewesen ist, der dem Exorzismus mehrere Tage lang beigewohnt hat. Ohne ihre Quelle zu nennen, sagte Nitka, sie habe am Ende ihres Interviews den Priester gefragt, ob er an Besessenheit glaube. »Dazu habe ich Ihnen nur eines zu sagen, mein Fräulein«, sagte er, »nämlich daß Sie lieber an den Teufel glauben sollten.«

O'Leary: Jeremiah O'Leary, »›The Exorcist‹: Story That Almost Wasn't«, *Star News* (Washington, D.C.), 29. Dezember 1973. O'Leary hat mir erzählt, er habe seinen Bericht über die Szene im Krankenhauszimmer »aus zweiter Hand«, nämlich von einem Priester, mit dem er im August 1949 gesprochen habe.

Rapoport: Interview mit Judith L. Rapoport, M.D., Autorin des Buches *The Boy Who Couldn't Stop Washing* (siehe Bibliographie) und Leiterin der Abteilung für Kinderpsychiatrie am National Institute of Mental Health.

Reppetti: Aufzeichnungen von Pater William C. Reppetti, S.J., Archivar der Georgetown University, beim Vortrag von Pater Hughes in der Georgetown University am 10. Mai 1950. Nach Pater Joseph M. Moffitt, S.J., einem Theologen, der Hughes zu dem Vortrag eingeladen hat, sprach Hughes anhand eines Manuskripts von etwa zwanzig Blatt, das wie ein Bericht ausgesehen habe. Hughes gab den Bericht nicht aus der Hand, doch Reppetti machte sich während des Vortrags Notizen. Pater John J. Nicola, der mit Hughes über den Fall sprach, sagte, Erzbischof Patrick A. O'Boyle der Erzdiözese Washington habe Hughes angewiesen, nichts über den Fall zu Papier zu bringen. Diese Anweisung erstreckte sich vermutlich nicht auf einen kircheninternen Bericht, der in den Archiven der Erzdiözese gelandet ist. Hughes dürfte aus diesem Bericht gelesen haben.

Schulze: Interview mit Reverend Luther Miles Schulze in *The Enchanted Voyager* (siehe Bibliographie); Schulzes anonymer Bericht im *Evening Star* (Washington, D.C.) vom 10. August 1949; *Washington Post* vom 10. August 1949; *Times-Herald* (Washington, D.C.) vom 11. August 1949. Schulzes Bericht über die Ereignisse in seinem Schlafzimmer ist in allen hier genannten Quellen in etwa gleichlautend.

Bibliographie

Balducci, Corrado, *The Devil,* übersetzt und bearbeitet von Jordan Aumann, New York: Alba House 1990. – »Parapsychology and Diabolic Possession«, in: *International Journal of Parapsychology* VIII (1966): 193–212.

Brian, Denis, *The Enchanted Voyager,* New York: Prentice-Hall 1982.

Cortes, Juan B., S.J., Gatti, Florence M. LL.B., *The Case Against Possessions and Exorcisms,* New York: Vantage Press 1975.

Faherty, William Barnaby, S.J., *To Rest in Charity: A History of the Alexian Brothers in Saint Louis (1869–1984),* St. Louis: River City Publishers 1984. Faherty, der dem Exorzismus im Alexian Brothers Hospital vier Seiten widmet, hat mit den Patres Bowdern und Kenny gesprochen und überdies zu Teilen des Archivs der Erzdiözese St. Louis Zugang gehabt. Das Buch trägt das Imprimatur des Generalvikars der Erzdiözese St. Louis. Die Verbreitung des Buches wird im wesentlichen von den Alexianern kontrolliert.

Gauld, Alan/Cornell, A. D., *Poltergeists,* London: Routledge & Kegan Paul 1979.

Harney, Martin P., S.J., *The Jesuits in History,* Boston: Boston College 1941.

Huxley, Aldous, *The Devils of Loudun,* New York: Harper and Brothers 1953. (deutsch: *Die Teufel von Loudun,* München 1955.)

McDonough, Peter, *Men Astutely Trained: A History of the Jesuits in the American Century,* New York: Free Press 1992.

Nicola, John J., *Diabolical Possession and Exorcism,* Rockford (Illinois): TAN Books 1974.

–, *Is Solemn Public Exorcism a Viable Rite in the Modern Western World? A Theological Response*, Rom: Pontifical Gregorian University 1975.

Österreich, Traugott Konstantin, *Possession: Demonical & Other*, New York: University Books 1966. (Deutsch: *Die Besessenheit*, Langensalza 1921.) Das Buch untersucht zahlreiche Fälle von Besessenheit von einem psychiatrischen Standpunkt aus. Es ist in seiner Analyse der Besessenheit als eines weltweiten Phänomens überzeugend und ohne Beispiel.

Rapoport, Judith L., M.D., *The Boy Who Couldn't Stop Washing*, New York: Signet 1991. (deutsch: *Der Junge, der sich immer waschen mußte – Wenn Zwänge und Ticks den Alltag beherrschen*, München: Goldmann 1990.)

Rituale Romanum: Der Exorzismus der katholischen Kirche. Authentischer lateinischer Text nach der von Papst Pius XII. erweiterten und genehmigten Fassung mit deutscher Übersetzung, hrsg. von Prof. Dr. Dr. Georg Siegmund, Stein am Rhein: Christiana-Verlag ²1989. Die Fassung des Exorzismus im *Rituale Romanum* geht auf Papst Paul V. zurück (1614). Der Vergleich der Gebete im Tagebuch und in der vorliegenden Fassung bestätigt die Übereinstimmung der Texte.

Thurston, Herbert, S.J., *Ghosts and Poltergeists*, Chicago: J. H. Crehan 1954.

Danksagungen

Ich möchte mich besonders bei Pater Walter Halloran, S.J., bedanken, der mir bei den Recherchen für dieses Buch und bei dessen Ausarbeitung eine außergewöhnliche Hilfe gewesen ist. Er hat auch das Manuskript durchgesehen – für mich eine neue und schwierige Erfahrung, da es seit meiner Zeit am College das erste Mal war, daß ich eine Arbeit einem Jesuiten vorlegte. Pater Hallorans Bruder Jack und seine Schwester Ann, eine Nonne der Sinsinawa-Dominikanerinnen, haben mir nicht nur ihre Freundschaft geschenkt, sondern mich auch mit Hintergrundinformationen versorgt.

Schwester Ann erinnerte sich an die Begegnung mit einem Priester, der an einer Doktorarbeit über Besessenheit arbeitete. Dies führte mich zu Pater John J. Nicola, dessen Dissertation über Teufelsbesessenheit ein einzigartiger Beitrag zu einem Thema ist, das von Theologen sträflich vernachlässigt wird. Pater Nicola hat mir wertvolle Ratschläge gegeben und dieser Arbeit große Hilfe angedeihen lassen. Ich schulde ihm besonderen Dank für seine geduldigen Antworten auf meine vielen Fragen zu seinem Spezialgebiet.

Ein großer Teil meiner Recherchen über die Liturgie des Exorzismus ist in der Woodstock Theological Library an der Georgetown University erfolgt, dessen Direktor, Pater Eugene Rooney, S.J., und die hilfsbereite Nora O'Callaghan meine Unwissenheit großzügig übersahen und mich mit den Büchern bekannt gemacht haben, die ich brauchte. In dieser Bibliothek bin ich auch einer Legende von Georgetown begegnet, dem herausragenden Historiker Pater Joseph Durkin, S.J., der mir ebenso wie John Reynolds, der Archivar der Georgetown University, sehr geholfen hat. Pater Allan Mitchell, S.J., ein Theologe der Georgetown University, hat mir die Hilfsmittel dieser *Alma mater* zur Verfügung gestellt und mir erste Kenntnisse in Theologie und Psychologie der Besessenheit vermittelt. Pater Joseph M. Moffitt, S.J., ist ein weiterer Theologe der Georgetown University, dem ich zu großem Dank verpflichtet bin. Bruder Bernier, Archivar der Erzdiözese Washington, hat alte Zeitungsausschnitte ausgegraben, die ich sonst nirgends gefunden hätte.

An der St. Louis University wurden mir Hilfe und wertvolle Vorschläge zu weiteren Nachforschungen von Pater Francis X. Cleary, S.J., zuteil, einem Theologen, der über das Böse lehrt. Jay Nils von den *University News* an der St. Louis University hat für mich ältere Ausgaben dieser Zeitschrift ausfindig gemacht, die wertvolle Informationen enthielten.

Meine Kollegin Lisa Feerick hat mir ihr Wissen um die Produktion des Films *Der Exorzist* großzügig zur Verfügung gestellt. Den gleichen Dank schulde ich Pater Thomas Bermingham, S.J., der bei den Dreharbeiten ebenfalls anwesend war. Dr. Richard Broughton, Forschungsdirektor am Institute of Parapsychology in Durham, North Carolina, hat mich mit dem parapsychologischen Element des Falls »Robby« bekannt gemacht und mir den Weg zu Dokumenten gewiesen, die mir sehr dabei geholfen haben, die Rolle von Reverend Schulze in diesem Fall zu rekonstruieren. Ähnlich hat mir Pater Frank Bober unschätzbare Informationen über den ersten der zwei Exorzismen gegeben, denen »Robby« unterzogen worden ist. Judy Folkenberg nannte mir psychiatrische Quellen zum Verständnis moderner Ansichten über Besessenheit.

Meine Frau Scottie, die mir bei jedem meiner Bücher mit ihrer liebevollen Unterstützung geholfen hat, hat bei diesem Buch wertvolle Recherchen gemacht und mir unverzichtbare Informationen und Einsichten vermittelt.

Schließlich danke ich meinen Lektoren Leslie Meredith und Tom Cahill dafür, daß sie Dinge gesehen haben, die sich meinem Blick zunächst entzogen. Ohne ihr Vertrauen und ihre Zuversicht hätte dieses Buch nicht geschrieben werden können. Tom hatte die Aufgabe, die Urfassung des Manuskripts zu redigieren.

Er hat mir Fragen gestellt und zur Klärung von Details beigetragen, wie nur ein Profi es kann. Wenn mich künftig jemand fragt, was ein guter Lektor leisten kann, um einem Autor und einem Buch zu helfen, werde ich ihm von Tom Cahill erzählen.

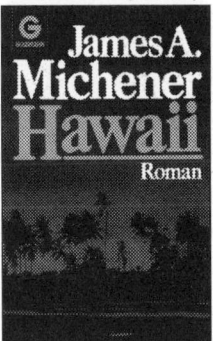

Ausgewählte Belletristik bei C. Bertelsmann

F. Paul Wilson
Die Prüfung
Roman. 416 Seiten

Pete Dexter
Bruderliebe
Roman. 288 Seiten

Stefan Heym
Radek
Roman. 600 Seiten

Martina Navratilova
Spiel, Satz und Tod
Roman. 384 Seiten